掌故叢書

文人心性

老画报中的文人逸事

周利成　著

浙江古籍出版社

图书在版编目（CIP）数据

文人心性：老画报中的文人逸事 / 周利成著. --
杭州：浙江古籍出版社，2023.4
（掌故丛书）
ISBN 978-7-5540-2534-5

Ⅰ.①文… Ⅱ.①周… Ⅲ.①文人－社会生活－研究
－中国－近代 Ⅳ.①D691.71

中国国家版本馆 CIP 数据核字 (2023) 第 049236 号

掌故丛书

文人心性

周利成　著

出版发行　浙江古籍出版社
（杭州体育场路 347 号　电话：0571-85068292）
网　　址　https://zjgj.zjcbcm.com
责任编辑　周　密
封面设计　常　菁
责任校对　吴颖胤
责任印务　楼浩凯
照　　排　杭州立飞图文制作有限公司
印　　刷　浙江海虹彩色印务有限公司
开　　本　787mm × 1092mm　1/32
印　　张　10.625
字　　数　204 千字
版　　次　2023 年 4 月第 1 版
印　　次　2023 年 4 月第 1 次印刷
书　　号　ISBN 978-7-5540-2534-5
定　　价　55.00 元

前　言

2000 年初，我在旧书摊上见到十期《北洋画报》，当时正在写第一本书，需要一些配图，便以 200 元买了下来。画报印刷之精美、图片之清晰、排版之新颖深深地吸引了我，更吸引我的还是画报的内容。此前，我接触的资料都是档案、报纸等，多是正面记叙大事件、大人物，是一板一眼的官样文章。而画报记录的则是大事件背后的小花絮，大人物背后的小故事，极具故事性、趣味性。后者是对前者的补充和完善，它让历史更加全面、具体、立体、鲜活，生动、形象。两者有机的结合，还原了完整的中国近代史。如果把档案、报纸等比作一个人的骨架，那么画报则是一个人的血肉。从此，我便喜欢上画报，走遍全国各地档案馆、图书馆全力搜集画报。至今，已收集到老画报 950 种、20 余万页。

中国近代画报是一座尚未引起社会各界广泛关注的富矿。20 多年来，我从两个方向开采这座富矿：一是编撰研究类丛书，2011 年出版了“中国老画报系列丛书”——《北京老画报》《天津老画报》《上海老画报》。四年前又开始了《中国近代画报大系》的编写工作，现已完成 950 种画报的简介（提要）、京津沪三地档案中的老画报（文牍）、清末到民国时期报刊中的老画报（文论），正在撰写《中国近代画报史》，该书已列入全国“十四五”出版规划，将于明年出版；二是撰写大众类通俗读物，先后出版了《天津老戏园》《老天津风尚志》《民国风尚志》《民国画报人物志》《老画报里的婚恋故事》《老画报人物志》等专著。后者具有三个特点：一是具有较强的知识性、趣味性和可读性，赢得读者青睐，有几种销量已达1万册；二是每本书都选择不同视角，以管窥中国近代社会生活；三是七成以上资料来自老画报，兼用档案和老报纸，相互印证，相辅相成。

我一直坚持自己的写作风格：每篇文章都是老画报文章的引用和转述，语言平铺直叙，将观点寓于选材和记述中，让读者自己品味，自己感悟，自己得到结论。因老画报文章故事鲜活、语言贴切兼具浓浓的民国范，所以采用引文；因老画报的作者多为二三流文人，加之语法的变化，老画报里的文章常有语句杂糅、逻辑混乱、文理不通的现象，因此采用转述。

《文人心性：老画报中文人逸事》的最大的特点就是资料新。选材标准是“旧人中找新事，旧事中找新人”。书中的人物或声名显赫，或是当年名噪一时、今天乏人问津。前者如梁启超、曹禺、巴金、聂耳、邵洵美等，后者有叶庸方、叶仲方、魏士毅、潘小萼等。涉及一个人物的画报资料数以百千计，笔者则注重优中选优，一是鲜为人知，二是社会影响大，三是具有代表性，四是趣味性强。如《人愈骂，我愈蛮：林语堂经历的那些笔战》一文，初期选材老画报资料达6万余字，经过整合、分类、考证、精选，最后成文仅有1万字。

以海量的老画报资源为素材，以民国时期的文人为独特视角，通过记述他们的生活、工作、往还等，展现这一群体当年的生活状态，从而折射出整个中国近代社会的风貌。通过近百幅版面完整、清晰的老画报和40余个人物故事，让读者领略中国近代画报的风采和魅力。

目　录

思源庄：天津最早的文人雅集之处

近代天津的私家园林除了张霖的一亩园、问津园和查氏父子的水西庄外,还有一座思源庄盛极一时。现在很多人认为,思源庄为张霖的后人在问津园遗址兴建，在今天的中山公园内。事实果真如此吗?笔者查阅《河北月刊》中于鹤年的《天津思源庄考》、梅成栋的《津门诗钞》和《天津县新志》等文献后，试图回答思源庄为何人所建、建于何时、遗址何在等问题。

《河北月刊》与天津

1928 年 7 月 4 日，河北省政府成立，省府设于天津，10 月 12 日移至北平。1930 年 10 月 15 日，省府迁回天津。1933 年 1 月 1 日，为“宣布政纲，载言纪事，促成省政之进化”，河北省政府创办了《河北月刊》，总编辑由省政府秘书长瞿兑之兼任，聘请省政府职员谢宗陶、杨品华为主任编辑，许同华、王绎和、陶明浚等 10 人任编辑，另有书记若干。该刊主要作者有于鹤年、许同莘、李国俊、玉石璞、陈铁卿、陈守谦、

1933 年《河北月刊》全体职员合影

蒋锡曾等。社址设于省府俱乐部内，由省府印刷所代印。至1937 年第 5 卷第 5 期终刊，共出刊 55 期。

《河北月刊》为月刊，16 开本，每期页数不定，从 102 页到 246 页不等，设置政令、法规、公牍、纪录、报告、论著、文艺、译丛、专载、政闻、附录等栏目，配以插图。以白话文为主，主要介绍河北省政治、经济、历史、风俗等，也有一些北平、山东、新疆、西藏等地的内容。正因 1935 年前河北省政府设于天津,所以该刊有《津风杂记》《天津杂话》《天津之风俗调查》《纪天津市县划界之经过》《天津市税捐概况》《英法联军之役天津市民的自治与外交》《天津工人生活费指数》等数十篇涉及天津内容的文章。这些文章为天津近代史研究提供了较为翔实的参考资料。

于鹤年（1901—1975），天津人。肄业于南开大学文科，曾任《南开日刊》编辑。先后在河北省立女子师范学院图书馆、河北省政府秘书处、浙江中学等处任职。20 世纪 30 年代，他曾致力于民俗研究，在民俗、风物、礼仪、神马、丧服等方

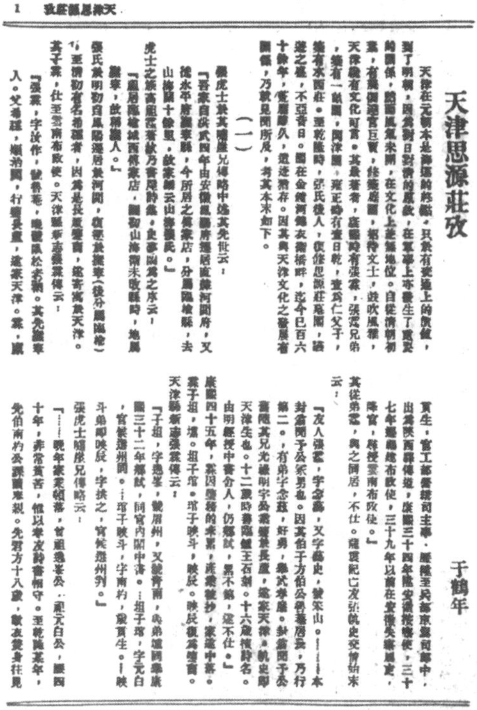

天津思源莊攷

于鶴年

天津在元朝本是海運的終點，只於有交通上的價值，到了明朝，因為對日對倭的原故，在軍事上亦發生了重要的關係，[illegible]風氣未開，在文化上並無地位。自從清朝初葉，有鹽商巨賈，招待文士，鼓吹風雅，天津纔有文化可言。其最著者，康熙時有張霖，張霔兄弟，築有一畝園，問津園，雍正時有查日乾，查為仁父子，築有水西莊。至乾隆時，張氏後人，復修思源莊花園，踵建之盛，不亞昔日。園在金鐘河錦衣衛橋畔，迄今已百六十餘年，荒廢雖久，遺迹猶存。因其與天津文化之發展有關係，乃就見聞所及，考其本末如下。

（一）

1934 年第 2 卷第 7 期《河北月刊》中的《天津思源庄考》

面颇有研究，文章多见于《河北月刊》《朝华》《禹贡》等刊，其中《天津之风俗调查》《天津思源庄考》《天津天后宫考》《第十八届华北运动会纪要》《风土志》等均刊发于《河北月刊》。尤其《天津思源庄考》一文，内容翔实、考证准确、逻辑严谨、文字简洁，厘清了张氏家族的发展轨迹，记述了问津园、思源庄从兴建到衰落的过程。

何人所建

《天津县新志》中的《张霖传》曾记载:“母没，归葬故里，结庐墓侧，曰思源庄，以志哀慕。”

清代著名文学家、诗人史梦兰，在《欸乃书屋诗集》序中写道:“余按笨山（张霔号）为鲁庵（张霖号）方伯介弟，祖居临榆城西傅家店。国初山海卫未改县时，地属抚宁，故称抚人。今其祖墓在渝水之西十余里，丰碑林立，翁仲岿然。其北偏有花园旧址，余路经其地，尝低徊者久之。”

从以上文字可以知道，最早的思源庄乃是张霖为葬母所筑，为墓地旁的一处建筑，旧址在河北省临榆县的渝水（即石河）以西十余里处。

据《天津县新志》载:“霖曾孙映辰，恢复先业，起河北墓园，曰思源庄。时有文人会集其地，规模虽隘，遗韵犹存，至今人乐道之。”由此可知，天津的思源庄为张霖的曾孙张映辰所建。《天津思源庄考》中称，思源庄建成后，“宴游之盛，

1934 年时的天津思源庄遗址

不亚昔日”。由此可知，思源庄不仅是一座墓园，也是一文人雅集之所，沿袭了张霖早期兴建的问津园、一亩园的风格，只是规模小些。

那么，张氏何时来津，与天津有何渊源？

张虎士于其《啸崖兄传略》中述其先世时称：“吾家自洪武四年由安徽凤阳府迁居直隶河间府，又徙永平府抚宁县，今所居之传家店，分属临榆县，去山海关十余里，故家谱云山海张氏。”

张氏家族原籍在安徽省，明洪武四年（1371）迁至河北省，清顺治时期，张氏家族中的张明宇（名希稳）、张闻予兄弟二人均为沧州长芦盐商。清康熙年间，长芦巡盐御史衙门从北京迁至天津，他二人遂寄寓天津，繁衍生息。张明宇生子名张霖，张闻予有子名张霔。

《天津县新志》中的《张霖传》曰：“张霖，字汝作，号鲁庵，晚号卧松老衲。其先抚宁人，父希稳，顺治间行盐长芦，遂家天津。霖，廪贡生，官工部营缮司主事，历升至兵部车驾司郎中，出为陕西驿传道，康熙三十四年升安徽按察使，三十七年迁福建布政使，三十九年以前在安徽失察属吏，降官，寻授云南布政使。”

天津诗人龙震撰写的《记亡友张帆史交情始末》一文写道：“友人张霔，字念艺，又字艺史，号笨山（又号帆史）……本封翁闻予公冢男也。因其伯子方伯公鲁庵居长，乃行第二。有弟子念兹，好勇，举武孝廉。封翁闻予公旧随其兄光禄明宇公业

河间县景德寺古塔

盐于长芦，遂家天津。帆史即天津生也，十二岁时善临钟王石刻，十六岁擅诗名。由明经授中书舍人，乃乡试累不第，遂不仕。”

张霖、张霔二人性格迥异，反差巨大。张霖入仕，官高位显，宦海沉浮。清康熙四十五年（1706），因盐案受到牵累，一度入狱，产业被抄，家遂中落，终老津门。张霔因屡试不第而放弃仕途，性情散淡，放浪无羁，素日裸露头髻，趿鞋而行，人多避之。但他却酷爱诗书，一生作诗万余首。广结名士，为天津诗人中的核心人物，与龙震、梁洪、黄谦等“或一二日即聚，或连夜相聚。聚时即觅题吟诗，相互删校为乐。如此者，十二年如一日”。

张霖有两子，一名张坦，一名张壎。张坦之子名张琯，张琯两子名张映斗、张映辰。张映辰继承祖业，复为盐商，重振家业。《天津县新志》中《张霖传》云：“霖子坦，字逸峰，号眉州，又号青雨，与弟壎同举康熙三十二年乡试，同官内阁中书。坦子琯，字无白，官候选州同。琯子映斗，字南杓，岁贡生。映斗弟即映辰，字拱之，官候选州判。”

建于何时何地

《天津县新志》载：“问津园在锦衣卫桥，一亩园在城东北，俱遂闲堂张氏别业。张氏盛时，招致海内名士，馆于其家，以此为宴游之地。沈一揆、吴雯、姜宸英、赵执信、邵长蘅、查慎行，皆有游问津园及一亩园诗。”

张氏世为盐商，富甲一方。张霖做过大官，既有势又有钱，退隐后，遂在天津建造了名为“遂闲堂”的住宅，还修筑了问津园和一亩园私家园林。问津园风光旖旎，曲径通幽，树石葱蒨，亭榭疏旷，垂扬细柳，流水泛舟。张霔《春晴初过问津园》诗中有“高楼客戏弄弦管”“园林入春不寂寞”之句，依稀可见当年问津园的繁盛。问津园专为接纳各界名流之用，当年无论是四方学者，还是乡里才士，凡至此者，他皆一例殷勤招待。《津门诗钞》卷五注语载：“案鲁庵中丞，天才不羁，性复慷慨。告养时，筑遂闲堂、一亩园、问津园、思源庄、篆水楼诸胜。园亭甲一郡，款接大江南北名流，供帐丰备，馆舍精雅，才人云集，一时前辈如姜西溟、赵秋谷、汪退谷、吴莲洋、洪昉思、王石谷、张石松、方百川、灵毕、陆石麟、马长海、徐芝仙诸公，及同邑诸名宿。文酒之宴无虚日，飞笺刻烛，彬雅之风，翕然丕振。后惟查莲坡老人能继之。”文中虽有将思源庄、篆水楼归为张霖所建之误，但记述此几处当年盛景当为不虚。

《天津县新志》中《张霖传》有载：“霖豪于家财而风度彬雅……既久居沽上，益饰池馆，务极幽胜，法书名画之属，充溢栋宇，延纳四方名隽，相与飞笺刻烛，觞咏其间。一时北游之士，如姜宸英、梅文鼎、赵执信、吴雯、朱彝尊、方苞辈，罔不适馆授餐，供张丰腆。执信（即山东名士赵执信）主其家最久，而契分以雯为最深。”此与张虎士《啸崖兄传略》相互印证：“鲁庵公一生尊贤重士，济人之急，一时名宿，皆主于家，尤与吴天章相友善。为工部主事时，每逢乡会两闱，四方之士，出都者赠以资斧，留都者多延至津门。筑有问津园、一亩园，迎送无虚日。”

张霖、张霔兄弟二人广交名士，问津园、一亩园遂成清初南北名流雅集之所。清代诗人、山东籍人士赵执信在问津园居住时间最长，他在落拓时得到了张氏兄弟的帮助。当时被世人称为“仙才”的山西籍学者吴雯与张霖交情颇深，连他家乡蒲州的庐舍也是张霖出资兴建。据说，驰名文坛的清代戏剧家洪昇的传世名著《长生殿》就是在问津园内定稿。桐城派代表方苞、博学多才的著名学者朱彝尊，则在此留下了脍炙人口的诗篇。

因张霖、张霔兄弟俱工吟咏，故宾客以文人居多。张霖天资敏异，幼好学工诗，著有《遂闲堂稿》，后遭籍没，稿帙散失。张霔成诗逾万，著有《绿艳亭诗文集》《弋虫轩诗》《读汉书绝句》《读晋书绝句》《欸乃书屋集》《秦游集》《帆斋逸稿》等。

问津园中有“红坠楼”“垂虹榭”诸胜，均有诗人题咏。只可惜随着张霖事发而衰败，更因年深日久而无遗迹可寻。至于一亩园不仅没有遗迹，就连其方位也是无可辨识了。

同期《河北月刊》还刊登了一幅天津思源庄遗址照片和《天津张映斗诗稿石刻》的影印拓片，既准确定位了思源庄旧址，又记录了思源庄的落成时间。

照片图注为：“在河北中山公园后金钟废河北岸，其约略可指者：自觉民中学空场起，沿道而南，经一菜圃，圃外东面立石柱若干，此当为故园东界。圃内张氏祖墓在焉。沿河经锦衣卫桥前，再西道左有土屋数间，为张氏守墓者杨姓所居。屋外有太湖石一，亦思源庄旧物也。再北逾中山公园界墙，经水池至春永轩一带，均为其故址。图左为锦衣卫桥，中三处连贯突起者为张氏祖墓。右为菜圃。对面高屋为天津市党部，在园之东北。"

拓片上的文字清晰可辨："戊子夏日思源庄落成，与二弟拱之分赋。思源庄在庐龙北（余祖居榆关思源庄，即故宅也），今向津湄筑草堂。结构岂能如故里，登临权拟到家乡。须栽绿竹看新笋，更种黄花待晚香。素愿与君何日遂，耦耕陇畔老农桑。"

以上文字告诉我们，一是思源庄并不像今人认为的在中山公园内；二是张氏早期的思源庄在河北省榆关，天津思源庄为异地重建；三是思源庄落成于戊子夏日，即乾隆三十三年（1768）。

《天津县新志》中说问津园在锦衣卫桥，图注也称思源庄遗址在锦衣卫桥附近。那么，思源庄是不是在问津园遗址上修建的呢？我们可以从拓片上张映斗的另一首题为《与诸同人思源庄小集》诗中找到答案："风景何殊到剡溪，偶然喜对雨凄迷。绕墙灿烂吟新咏，隔水依稀忆旧题（诗注：溪南即问津园故址）。荷带露开千朵丽，月随潮上一湾低。莫辜十日平原兴，拚得扶归醉似泥。"

诗中之溪即指金钟河，思源庄在河之北，问津园与之隔水相对，自然就在河之南了。这与诗注“溪南”正合。金钟河之南，也就是海河之东，而《张霖传》所指河东别业即指问津园。因此，可以得出结论：思源庄的位置并不是问津园遗址，中间尚隔着一条金钟河，应在今造币厂遗址一带。

从众多清代诗人的咏诗中，也可领略到思源庄当年的风貌。

清乾隆甲戌联捷进士张湘的《题思源庄》：“重筑金吾旧日址，红菱白芡护山堂。丁宁河上衔泥燕，还向乌衣觅画梁。”“暮卷珠帘暑气收，临河亭子坐来幽。照人一片空明水，风满垂杨月满楼。”

杨廷烈《沽上题襟集》中的《念湖吴君招集思源庄公饯张楚山先生赴新城》：“五斗不折腰，五升岂腹果？吾道有污隆，意行无不可。广文虽冷官，青氈犹故我。低头诵经史，日月任潇洒。间庭罗松菊，�管长蜾蠃。退跑苜蓿盘，出跨款段马。即此意已足，宁论知音寡？送君锦衣桥，水碧秋光泻。临流酌君酒，香挹秋莲朵。此水经我庐，浩淼连平野。送君一帆风，直至新城下。他日倘思君，沿流掉轻舸。”

清嘉庆癸酉举人高潮的《同梅树君妹丈过张氏思源庄感赋》：“此地多名士，苍凉我辈来。水流花外寺，人上柳边台。胜事百年尽，高风一代开。颓垣见竹石，觅句拂荒苔。”

随家族衰落而荒废

于鹤年先生在文中称："迄今已百六十余年，荒废虽久，遗迹犹存。"那么，思源庄到底存在了多少年，因何而衰呢？

从张希稳至张虎士历五代，张霖官高位显，盐务最盛，家业兴旺，登峰造极。然而宦海沉浮，因盐案牵累，产业籍没，家道中落。其子张坦、张壎因受父荫，亦曾入仕，职位不高，事业平平，然附庸风雅，皆能诗文。

张坦"性嗜学，于书无不读，博览搜讨，叩之立应"，师从诗坛领袖王士祯和赵执信，著有《履阁诗集》《唤鱼亭诗文集》。张壎长于诗词，著有《秦游诗草》。张坦、张壎共著《二张子合稿文集》。诗人吴雯《柬逸峰孝廉》中有"履阁藏书一万卷，今古纷纭自凌缅""昨日相过深下帘，心爱锦轴排牙签"之句，记录了张坦富于藏书和对藏书精心呵护。因此有人认为，张霖、张坦父子是天津最早的藏书家。

遍查史料典籍，张坦之子张琯的资料少之又少，只有"字无白，官候选州同（即拥有官员资格，作为知州的佐官及听候选用的预备官员）"的记载。由此也可间接证明张氏家族此时已入谷底，康熙末年时问津园已荒废。到了张琯之子张映斗、张映辰才重振祖业，再为盐商，复兴家业。

据张虎士《啸崖兄传略》记载，张琯最后40年的生活极其贫苦，身无长物，其父张坦病故时竟无钱发丧葬埋。张映斗、张映辰长大后，侍奉爷奶，听命父母，兄弟相依为命，以读书为人生最大乐趣。乾隆年间，一家老小生活实在艰难，无以为继，为改变困境，映斗、映辰兄弟二人经过商议，映斗留在家中一面读书一面照料一家老小，18 岁的映辰不得不身着敝衣，只身出门，到安徽桐城拜访方苞，赴吴楚之地走访亲朋好友,寻求救济。一路上,张映辰忍饥挨饿,历经艰难险阻,多次病倒在途，几次生命垂危。九死一生的映辰最终拿到方苞和亲故的一笔资助后归津。兄弟二人以此作为本钱复治盐业，家业由此复兴。张氏遂荣归安徽故里，迁祖母坟至天津，与祖父合葬，建思源庄以为纪念。

据史料记载，张映辰之子名虎士，字环极，号卫臣，仕至承德县典史。张映斗有子名张虎拜,字召臣,号啸崖,幼年警敏,性情至孝。乾隆三十三年（1768）举人，逾年取进士，历任内阁中书、宗人府主事，加衔翰林院编修、河南学政、江西乡试副考官。其诗多收入《妙香阁诗集》。善工楷书，张氏先人碑铭、墓志、篆刻,皆出其手。乾隆五十九年（1794）卒于津门,时年 53 岁。张映辰死，思源庄遂告荒废。由此算来，思源庄存世不过近 30 年。

查阅史料文献,没有找到张虎士、张虎拜后人的文字记载。可以推测，后人或沦为平民或迁居异乡。

对天津文化的影响

张氏的问津园、一亩园、思源庄，查氏的水西庄，不仅是研究近代天津的政治、经济、园林、建筑、民俗等领域的重要史料，也是研究近代天津历史文化的珍贵资料。

梅成栋在《津门诗钞》弁词中写道："大抵津门诗学倡其风者，惟遂闲堂张氏为首，继之者则于斯堂查氏也。张氏自鲁庵方伯、帆斋舍人，广开馆舍，延接名流，一时往来其家者，若赵秋谷、吴莲洋、姜西溟、汪退谷、方百川、灵皋、洪昉思、张石松、王清淮、马清□诸先生，而邑先辈则有梁崇此、李大拙、龙东溟、黄六吉、李汉客诸公，同时唱和，翕然大振。"

天津因漕运而兴，漕运文化随之而而生。但在元代天津本是海运终点，仅在交通上有着重要价值。到了明朝，在军事上发生了举足轻重的变化，成为首都的重要门户，然而因风气未开，在文化上并无显著地位。从清朝初叶开始，才有一些达官巨贾，修筑庭园，招待文士，鼓吹风雅，吟咏唱和。其中最著名的当属清康熙时的张霖、张霔兄弟，张霖兴建的问津园、一亩园和雍正时期查氏父子修建的水西庄，以及至乾隆时张映辰异地重建的思源庄，均为南北文人雅集之所，为今后诗社和文学团体的形成奠定了基础。

梁启超与“饮冰室”

发生于1898年6月至9月的百余日戊戌变法，是中国近代史上最重要的事件之一，因事件的主角是康有为和梁启超，因此又被称为“康梁变法”，而其中梁启超则与天津有着不可割断的渊源。说起梁启超与天津的不解之缘，自然要从位于旧意租界的“饮冰室”说起了。

经天津逋逃日本

人们多以为梁启超与天津渊源始于1915年，也就是其定居天津之时。其实梁启超一生中的很多关键时刻都是由天津这座城市见证的。戊戌变法失败后，梁启超为躲避清王朝顽固派的追杀，在日本人的帮助下乘火车逃往天津。到达天津后，梁启超在日本驻天津领事馆领事郑永昌的帮助下，坐帆船下白河逃向塘沽，准备乘停泊在塘沽的日本军舰“大岛号”离开。此时，直隶总督荣禄派出的追捕队已乘汽艇一路追来，眼看就要追上。在这千钧一发之际，追捕的汽艇却调头驶向他处，梁启超躲过一劫。惊涛骇浪之中，梁启超与天津这座城市有了“生死之交”。据说。这位负责带队追捕梁启超的王修植，时任北洋候补道兼北洋学堂总办，此人倾向维新运动，曾经草拟开铁路、设邮政、裁绿营、立学堂、废科举等奏章上奏光绪帝，并被认可实行；且王修植在变法期间曾与梁启超有一定交往，不排除其当时有意放走梁启超的可能。

15 年后，梁启超回国后的第一站仍是在天津。辛亥革命成功后的次年，梁启超从天津新港登岸回到了祖国。1912 年 9 月 30 日，梁启超乘“大司丸”从门司出发，离开日本，10 月 5 日，行至大沽口外，8 日午后，梁启超再次踏上了天津这块熟悉的土地。与 15 年前仓皇夜奔、只身去国的狼狈截然不同，对他的这次归来，国内各种政治势力普遍表示欢迎。

定居“饮冰室”

1913 年，梁启超将全家迁回祖国。鉴于北京政治气候的复杂，他决定把家安在天津。1914 年，梁启超在天津意租界西马路购买了周氏的一块空地，着手修建寓所。建筑图纸由意租界工部局工程处审定，要求极为严格。标准是：新建楼房要有个性，不能雷同；要与周围景观和谐匹配；要兼顾艺术性和实用性。因此，竣工后的前后两幢小楼可谓独具匠心，独树一帜。

这两幢楼建筑面积 1121.08 平方米。主楼在前，带地下室，楼内居室 9 间，过厅、窖子及杂房 13 间。前楼分为东西两部分，东为书房、客厅、起居室，西为居室。当时，在镶着彩色玻璃的圆顶下面的前厅里还挂着一幅一米高的梁启超得意门生蔡锷将军的巨幅肖像。后楼稍低于前楼，楼间有过桥走廊相连，上下两层各 6 间，主要是厨房、锅炉房、杂房和佣人居室。院内附设门房、车库。这所楼规整简朴，气势恢宏，浅色的水泥墙面和深色的窗套形成色彩对比。长方形大窗,线条流畅，采光通风效果极佳。该楼为砖木结构，石砌台阶，双槽木窗，室内装潢考究，上下水及暖气、卫生设备齐全。1915 年，梁启超全家进住，他在前楼东部一楼写作、会客，楼上居住。

“饮冰室”先有其名，后有其房。“饮冰”二字，语出《庄子·人间世》的“今吾朝受命，而夕饮冰”之句。1924 年，在故居的西侧又建成了一座新书斋，因梁启超撰写的大量文章均以“饮冰子”为笔名，所以，书斋便取名“饮冰室”。饮冰室由意大利建筑师白罗尼欧设计，是一座意大利风味十足的两层小楼。砖木结构，带地下室，建筑面积 949.5 平方米，共计房屋 53 间。这所楼与梁启超故居的设计大相径庭，虽同为意式建筑，但折衷主义风格明显，设计极富个性，这与当时欧洲流行的设计风格有关。楼正面有三连拱门洞，两侧为石台阶，当中一个蓄水池，池中雕一石兽，口中流水不绝，楼上正面凹进、有大露台。两侧墙面凸出,为横条状水泥断块。整幢楼线条流畅，典雅浪漫。一楼大厅宽敞明亮，为书房和图书资料室；二楼设客厅、资料室和居室。饮冰室第一层是梁启超专用的书房和客厅。书房里挂着一幅陈仲恕的巨松国

梁启超故居饮冰室（今民族路44号、46号）

画，陈设着他从欧洲带回来的白色大理石雕塑——垂死的高卢人。

梁启超在“饮冰室”走完他最后近14年的人生旅途。在这个舞台上，他演绎或参与了许多波澜壮阔的政治舞剧，并留下了浩繁的著述文字。因此，在“饮冰室”可以找到中国近代史上民国初期许多重大事件的痕迹。“饮冰室”的历史，侧面说明了那个时期天津的社会风貌和在中国的地位。

护国运动的策源地

1915年，复辟活动正加紧进行，宵小之徒频繁出入总统府，四处为帝制制造舆论，北京城一时群魔乱舞。而这时，远在天津的梁启超寓所也时常彻夜长明。蔡锷借口赴天津就医，不时秘密出入“饮冰室”，与自己的老师商讨对策。其实早在4月，辞官闲居的梁启超就看穿了袁世凯称帝的野心。曾作长信一封，告之“逆世界潮流以自封，其究必归于淘汰”的道理，劝其“稍捐复古之念，力为作新之谋”。但袁世凯对梁启超的劝告不屑一顾，先是成立“筹安会”，大造帝制舆论，后成立“大典筹备处”，秘密筹备登极事宜。民国岌岌可危，辛亥革命成果就要毁于一旦。

“筹安会”成立的第二天即1915年8月15日，蔡锷便急忙赶赴天津与梁启超共商大计。梁启超告诉这位年轻的学生，“余责任在言论，故余必须立刻作文，堂堂正正以反对之，君则军界有大力之人也，宜深自韬晦，勿为所忌，乃可以密图匡复”。蔡锷遵从与老师的约定，返回北京后，继续韬光养晦、虚与委蛇。

梁启超笔锋凌厉，锐不可当，其影响力与蔡锷将军的军事实力不相上下，始终让袁世凯寝食难安。根据与蔡锷的既定分工，8月21日，梁启超写就了《异哉所谓国体问题者》一文，不顾袁世凯的收买和露骨威胁，公开向复辟帝制的行为宣战。《北洋军阀史话》一书这样评价这篇文章：“（它）对筹安会和袁称帝的打击，不下于蔡锷领导的护国之役。”

与此同时，身在北京的蔡锷依照与老师的天津之约，佯装拥护帝制，于8月25日以“昭威将军”的名义领衔签名表示拥护帝制，与自己的老师唱起了“对头戏”。待袁世凯对其

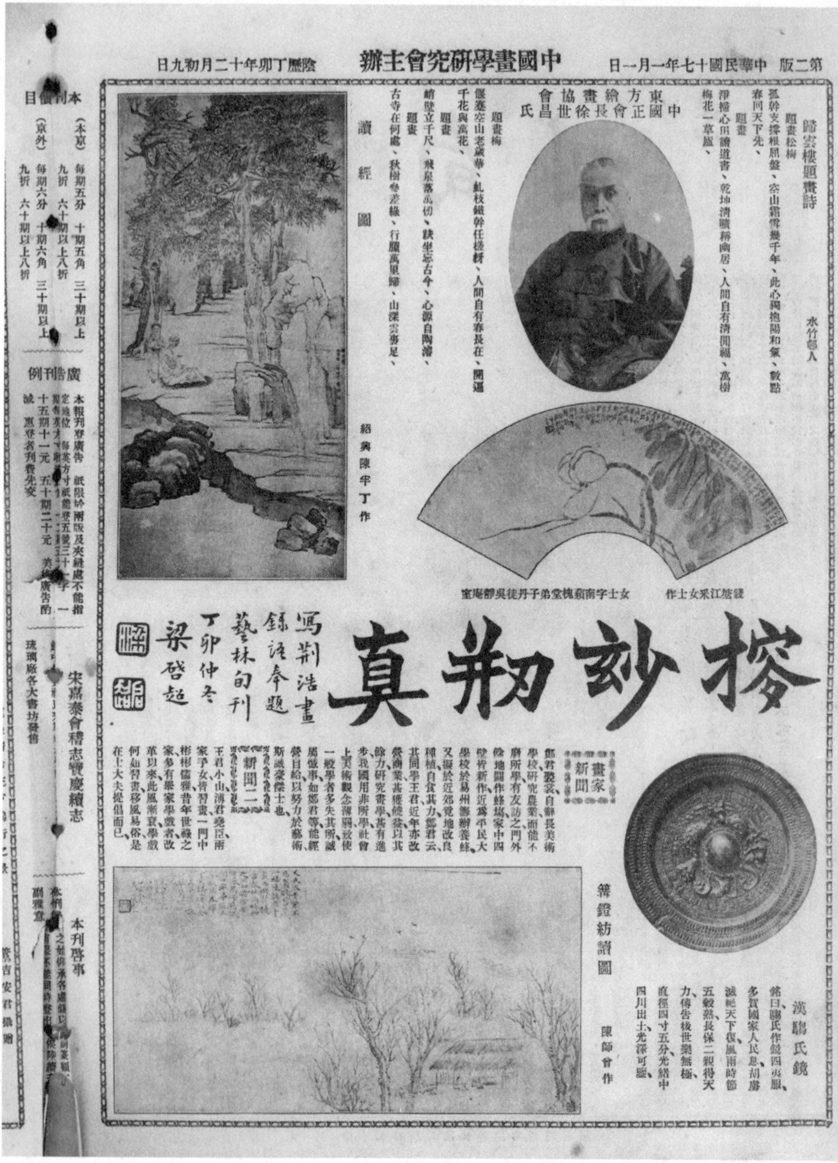
第二版　中華民國十七年一月一日　中國畫學研究會主辦　陰曆丁卯年十二月初九日

歸雲樓題畫詩　水竹邨人

題畫松梅
孤幹支撐根屈盤、空山霜雪幾千年、此心獨抱陽和氣、數點春回天下先、

題畫
淨掃心田讀道書、乾坤清曠稱幽居、人間自有清閒福、萬樹梅花一草廬、

東方繪畫協會
中國正會長徐世昌氏

題畫梅
偃蹇空山老歲華、虬枝鐵幹任槎枒、人間自有春長在、開遍千花與萬花、

題畫
峭壁立千尺、飛泉落萬仞、趺坐忘古今、心源自陶濬、

題畫
古寺在何處、秋樹參差條、行腳萬里歸、山深雲事足、

讀經圖　紹興陳半丁作

錢塘江采女士作

女士字南蘋槐堂弟子丹徒吳靜庵室

搜妙刱真

寫荊浩畫錄語奉題
藝林旬刊
丁卯仲冬
梁啟超

畫家新聞

鄭君褧裳、自幹長美術學校、研究農業、而能不廢所學、有友訪之門外、餘地闢作蜂場、家中四壁皆新作、近為平民大學校於易州籌辦養蜂、又擬於近郊覓地改良種植、自食其力、鄭君云、其同學王君、近年亦改營商業、甚穫饒益、以其餘力研究畫學、甚有進步、我國用非所學、社會上美術觀念薄弱、致使一般學者多失其所、誠屬憾事、如鄭君等能經營自給、以努力於藝術、斯誠豪傑士也、

新聞二

王君小山、溥君堯臣、兩家子女皆習畫、一門中彬彬儒雅、昔年世祿之家、多有舉家學戲者、改革以來、此風漸衰、學戲何如習畫、移風易俗、是在士大夫提倡而已、

漢騶氏鏡

銘曰、騶氏作鏡四夷服、多賀國家人民息、胡虜殄滅天下復、風雨時節五穀熟、長保二親得天力、傳告後世樂無極、直徑四寸五分、光緒中四川出土、光澤可鑒、

篝鐙紡讀圖　陳師曾作

本刊價目
（本京）每期五分　十期五角　三十期以上九折　六十期以上八折
（京外）每期六分　十期六角　三十期以上九折　六十期以上八折

廣告刊例
本報刊登廣告　紙限於兩版及夾縫處不能指定地位　每英方寸紙能登五號三十字　一期售洋大洋……　美術廣告酌減　十五期十一元　五十期二十元　惠登者刊費先交

宋嘉泰會稽志寶慶續志
琉璃廠各大書坊發售

本刊啓事

1928 年 1 月 1 日，梁启超为《艺林旬刊》题词“搜妙创真”

放松警惕后，蔡锷托病须赴日疗养，在梁启超家中改头换面之后逃走。一路奔波，绕经日本、越南，最终在 12 月 19 日到达云南，并于 12 月 25 日宣布云南独立，出兵讨袁，护国战争爆发。

蔡锷出逃后，梁启超借口赴美就医，于 12 月 16 日秘密离津南下，再次踏上流亡之路。在上海停留数月后，梁启超秘密乘日本邮船“横滨丸”抵达香港。当时，梁启超蛰伏在船舱的最下层，“在锅炉旁拓一室，饮食寝处其间，溽闷至不可耐”，这段时间是梁启超一生中最为艰苦的日子。次年 3 月，梁启超抵达广西，利用自己的声望广泛联络各地力量反袁，成为护国运动的灵魂人物。受西南反袁护国运动的影响，南方各省纷纷宣布独立。袁氏众叛亲离，被迫宣布取消帝制，并于数月后病逝，共和国体遂得以维持。而这一切，均定策于梁启超“天津之寓庐”。

著述 1400 余万字

梁启超以文章名世，他的文章文风活泼、感情充沛、煽动性极强。早在 20 世纪初，梁启超就以笔墨为武器，以报章为阵地，宣传新思想、传播新观念，介绍新知识。他当时创造了一种半文半白、流畅可读、非常适合报章刊发的“新民体”，在开民风、启民智、宣传进步思想方面起到了非常重要的作用。

如果说笔是梁启超手中的武器，那么报纸就是他的阵地。

据统计，自 1895 年开始办报至 1922 年，其亲手创办及支持的报纸达 17 种之多。自日本回国前，梁启超曾表示不入政界，愿意办报，通过报纸发表政见，指导当局，影响社会。《庸言》报就是梁启超归国后不久在天津创办的报纸。

梁启超生平以著作报国，达 40 年之久。终其一生，梁启超“眼中无书，手中无笔之日亦绝少”，生平著述总数竟达 1400 余万字之多。尤其是在“饮冰室”，梁启超写出了许多有影响、有价值的专著，如《中国近三百年学术史》《辛稼轩先生年谱》等。一直到他生命的尽头，他仍笔耕不缀。1928 年 10 月 12 日，梁启超病重，再次住进了北京协和医院，1929 年 1 月 19 日逝世。美国历史学界评价梁启超是“以非凡的精神活力和自成一格的文风，赢得全中国知识界的领袖头衔，并保留他一直到去世”。

洪述祖：民国第一个被绞杀的人

1917 年 4 月，刺杀宋教仁的幕后指使人洪述祖，因与德国人在上海会审公廨涉讼，被宋教仁之子宋振昌访知，诉由上海地方检察厅向该公廨交涉引渡。经京师警察厅派员赴沪，将洪解至北京，转送北京高等检察厅起诉。1919 年 4 月，北京高等审判厅判处其死刑，5 日在西交民巷京师分监执行绞刑，成为民国第一个被绞杀的人。

劣迹斑斑

1919 年第 5 卷第 6 期《小说新报》与 1944 年第 130 期《中国周报》，记叙了洪述祖的生平及其与袁世凯的密切关系。

洪述祖（1859—1919），字荫之，别号念难老人，江苏省武进县人，出身官宦，幼读诗书，博闻强记，医卜星相，周易经学，无所不通。科举既废，洪投笔从戎，效力军政。基隆之役，洪因军功而举知县，分发台湾，被台湾总督刘铭传委为文牍，当差数年，颇承器重。适中法战后，清廷元气受创，兵舰伤失惨重。台湾省城地处海隅，遇有急事，非兵舰不可应战。刘遂命洪购买军舰。洪闻知法国人曾有一艘“斯美”号旧兵轮，正欲求售，定价颇廉，遂经与中介讨价，出银6万购得其轮。开回台湾，搪塞总督，缮具报销，加价30万。不料，事机不密，后被刘侦知，乃以诈欺罪将其捆绑辕门。行将问斩之时，幸有台湾道台为其求情，念其先人乃名士，免其一死，方蒙督宪俯准，监禁数载。后值慈禧太后圣寿，蒙同乡刘伟臣等竭力运动，始革去功名，赦放回籍。

此后，他在家乡小住数年，甚觉无味，正思出外谋职，适值中日甲午海战爆发。洪复设法运动，应募于魏汝桂帐下，从事文牍。后魏军被日军击败，仓皇而逃。事后，清廷严旨拿办，洪多方夤缘，始蒙开脱。嗣后，洪在上海谋得某律师事务所书记一职，数年后再捐得江西道台。岂料，尚未到省，即被直隶总督荣禄电招至天津，委以重任，购办军火。因洪不谙洋务，又被日本人欺骗，所购枪支子弹俱为旧式，甚不合用。因有前科，荣禄遂疑其旧病复发，欲革职重办。幸其闻知风声，连夜逃出津城，避祸他乡。

1895年，袁世凯以北洋大臣身份在小站练兵，需要采购大批军用物资，洪述祖知此奇货可居，遂运动津海关道盛宣怀写信举荐于袁，袁乃允其承办。洪不负重望，高效、价廉地购得袁之所需，愈为袁所信，更为袁所用。但同僚嫉洪之宠，预谋中伤，洪乃出奇制胜，献其年方十八的妹妹，做了袁之第八妾，其地位遂告稳固。时洪在天津河北宿纬路购得房产，将一妻四妾接来同住，过着奢华糜烂的生活。

迨入民国，袁世凯有意称帝。但宋教仁雄才大略，身负

1913 年第一卷第 17 期《真相画报》中梳理谋杀宋教仁先生的关系者

重名，众望所归。1913 年 2 月，袁恐宋号召为敌，乃召集亲信密谋除宋之道。洪时亦在座，奋然而起称：“某荷我公殊恩，虽赴汤蹈火，亦所不避。”袁大喜，立畀十万大洋，令其南下行动。同年 3 月 20 日夜，宋教仁遂毙命于上海火车站。

多方追捕

1913 年第 3 期《震旦》中刊登的《京师警务厅报告派员

踯缉洪述祖情形原呈》，记录了警方在北京、天津、济南、青岛等地对洪述祖的追捕过程。

刺杀宋教仁案发生后，洪述祖因迹涉嫌疑，潜逃出京。京师警务厅即派秘书潘毓桂、侦缉队长李寿金等组成行动组，跟踪踯缉洪述祖。3 月 28 日，侦缉队分队长侯德山带同副分队长于松林、张文锦，侦探王锡珍、王宝亭、张斌、齐占元等赴津，设法羁绊洪述祖，不令他往。是日 11 时抵津后，即派侦探在宿纬路洪述祖住所前后暗为侦查监视，但未见有人出入，其究否在津，仍为疑问。为观察洪宅动向，潘毓桂尝致洪述祖一函，送信人投函时，暗人（指洪述祖豢养的杀手）坚不开门，惟言“老爷不在家”。送信人详细说明来意，言称：“潘先生与洪老爷为至友，今为洪老爷事，有要函送来，洪老爷如不在家，可亲手交给太太。”彼等始开门，勉强收信，称老爷已于 28 日赴医院治病。询以医院在何处，系何医院，均称不知。潘毓桂认为，此次行动应以探清洪述祖行踪，确定其是否匿居天津抑或逃往他处为第一要义。行动组遂一面设法向附近住户查询线索，一面留侦探在洪宅四周逡巡。

29 日，李寿金乘早车抵达天津，与潘毓桂等晤商。潘遂持总监函径赴洪宅拜客，暗人仍言老爷赴医院治病未归。潘向暗人称，洪既不在家，须到客厅留下一封书信，实则借以观察洪是否有所动作。在客厅，潘向暗人仔细询问，仍无破绽可寻。只得起身告辞，行前告知暗人，如有回信，可在两小时内送至连升栈，潘在此等候。潘认为，如洪果在津，定有复函。但两小时已过，并无回音。潘遂又派人往取回信。暗人遂将投函、总监函和留在客厅的书信，一并交出。行动组一面知照天津警察厅转知该管分署，一面再赴洪述祖家进一步搜查，并严讯暗人。暗人等经再三推鞫，闪烁其词，最后供称，28 日 9 时半，洪述祖乘坐津浦早车南下，同行者有其夫人、一个女儿和两个男仆，行李约五六件。

行动组当即向京师警务厅电禀详情，该厅令侯德山、齐占元、张斌将洪家男仆刘、朱二人解京，潘毓桂、李寿金等继续追踪。潘毓桂、李寿金即于 30 日带同副分队长于松林、张文锦，侦探王锡珍、王宝亭等，乘坐津浦早车跟踪南下，一路探询人数、相貌、行李与暗人所述相似者。因初时洪家一行座位不在一处，故而行动组一时没有找到，后来过了平原，因中途火车故障，换车后洪家一行挪至一处，行动组始探得洪述祖一行将同赴济南。晚 8 时，行动组跟踪到了济南，逐处暗访栈房，假称有一友人因妻妾不和，自行带同一妇人、女孩、仆人等从家中出走，尚弃有小孩及姨太太，因受其家中嘱托，故跟至济南，设法将其劝回。至长发栈，发现有与洪一行相似者，只是没有男仆，店簿上书名为“杨伯方”，复探得二男仆另居一栈。

29 日早 7 时，洪一行复乘胶济火车东下，惟不知究赴何处。而此刻又有消息称，确有情形相同人于 29 日乘津浦路车南下或未离济南。于是，行动组兵分两路，一路由潘毓桂带领乘坐胶济车访查，一路赴浦口侦查。潘毓桂等即于 31 日晚乘车到青岛，沿途探询。到青岛后，行动组即住在连升栈，因此处非同天津租界，暗探林立，洋捕逡巡。凡来人稍有差别，即以形迹可疑论，轻则派探跟踪，重则拘传讯问。外来之人，先须被当地暗探侦查，遑言侦探他人。此时，潘毓桂等人自津至济南再到青岛，连续作战，寝食俱废，疲劳不支。当晚遂休整一晚，翌日再觅当地熟悉情况者设法调查。

4月1日，据线人报称，29日由济南开来的列车上曾有颇为相似的一行人，来青岛后即住在亨利饭店，其中一位自称王姓者，面貌与洪述祖甚为相似。惟该饭店甚大，旅客多为外国人，任何人无故不得入内。据查，有一个自称王兰亭者，住四号房，妇人及小孩住九号房。行动组遂联系当地巡警总办，派侦探长安得阿随同李寿金往饭店辨认。到了门口，饭店不许李寿金等入内，惟安得阿一人进入。他出来称，该人正在吃饭，饭后将欲睡觉，不能看视，并未言明此人是否洪述祖。潘毓桂闻言觉得可疑，坚称要与王兰亭晤面。后经辨认，王兰亭确系洪述祖，只是将须发剃去。行动组遂一面致电京师警厅转电大总统、国务院，一面将侦查结果通报德国巡警衙门。2日，德国巡警衙门即将洪述祖传至警署问话。3日，京师警务厅派洋员司得赐抵达青岛，向胶督交涉并探询讯问情形。据德国巡警称，洪述祖自称与宋案毫无关系。讯以何故更名、何故到青岛时，洪称宋案发生后，社会各界均称与其有关，恐有人暗杀，遂更名潜逃青岛。当日下午，德方即将洪释出，仍住亨利饭店。惟令其不得他往，并派有暗探监视保护。

此后，袁世凯遂派外交总长陆征祥会同山东都督与德国驻青岛大使豪森交涉引渡洪述祖，但德使坚称需要中方提供可靠证据方能交出。此后，洪述祖曾致电各省都督称，他以国务院名义令应桂馨毁宋，并未得到国务院的命令。他也只想毁坏宋教仁的名誉，并无暗杀之意。数日后，据德国巡警通报外交部，洪述祖已逃离青岛，不知去向。

狱中生活

逃离青岛后，洪述祖遂销声匿迹。1916 年初，他秘密潜入上海，避居租界。但宋教仁之子宋振昌却始终没有忘记替父报仇，更没有忘记寻找仇人。1917 年 4 月，洪述祖因与德国人在上海会审公廨涉讼，宋振昌遂告诉至上海地方检察厅。经外交手段将洪述祖引渡，京师警察厅派员将其提解至北京，移送北京高等检察厅起诉。至 1919 年 4 月被判处死刑，洪述祖一直在京羁押。这期间，经过北京地方法院、高等法院的多次民事、刑事判决。洪述祖均表示不服判决，屡次上诉。延至 1919 年 3 月，北京高等法院判处其无期徒刑。但洪述祖仍不服判决提起上诉，宋振昌也不服判决而上诉至大理院。经大理院复审，改判洪述祖死刑。

1919 年 5 月 15 日的《新中国》刊登的著名报人邵飘萍的《洪述祖临刑前之秘笈》一文，披露了洪述祖人生中的最后八天的日记：

（1919年）3月29日，旧二月二十八日，庚辰晴。未刻，忽传有移狱之命。幸书籍两大包，早于先两日检包完善，濒行尚无匆遽之举。同室张长，字师公，依依不忍舍，余以佛学勉之。张笙陔（名维镛、殖边银行协理）、何仲纯（名锡康、殖边银行监事）皆道珍重而别，何（仲纯）新从余问佛学，颇有悟入。过堂，执行官为粤人，彼党也，有揶揄之色，余一笑置之。雇骡车二乘，先在候审室稍息。有二位谈相者，略指示之。申刻，至京师分监，在西交民巷。狱吏杨姓，直隶人；又一副官姜姓，京都人。皆蒙其优待。拨入10号，铺盖、衣服均蒙准带入，书籍之外又准购纸笔，从此著书，可以终老矣。6时卧（按洪此时尚不知判决死刑）。

3月30日，星期日，旧二十九日，辛巳晴。卯正起，诵常课（洪以诵经为常课）。巳初，以开水冲鸡卵数枚，泡面包少许，以作早餐。申初亦如之。酉正卧。

3月31日，星期一，旧三十日，壬午晴。居室向北，开窗寒甚。卯正起，大便一次。午正，购物都到。媛姬（洪之妾徐佩梅）送裤褂围腰来，系昨日送者，并送《楞严正脉》14本、《俱舍论》6本。《维摩诘经》2本、《妙法莲华经》3本，此二种，系张师公托购者，惜不能交伊矣。申刻，高等厅提审私诉，判偿一万元，声明上诉。是日，开始纂《宗教大同录》、摘《易》

两经毕，发蓉信（蓉为其表兄洪蓉生）。

4月1号，星期二，旧三月初一，癸未晴。卯正起，常课。巳初，食早餐后，摘《宗教大同录》，《诗》《礼》两经毕，致郑象山律师函。午刻，徐姬（即徐佩梅）来接见，交来伦孙（洪之孙）照片，将纲蓝书信及衣包、毡子均带回。蓉生亦到，略谈而去。晚，判词送到，即寄郑律师。

2号，星期三，旧初二日，甲申阴。卯正大便一次。常经毕，摘《同善录十九氏》毕，集经联一、撰联一：

从事西方生极乐国土（《弥陀经》）；所为佛法作忍辱仙人（《金刚经》）。

入地狱乃佛语；知天命是圣言。

服官政祸及于身自觉问心无愧（怕昨二字分取左右），当乱世生不如死本来何处着尘埃。

狱官杨仲山送大理院判词来，处死刑，即寄徐姬收阅。午后，写遗嘱四纸，附交于湖信一纸、海樵昆仲信一纸（此二人均为洪之知友）。杨君（狱官）又来出示《九相观》，此人道德深厚，可感可敬。昨开书单，计104本，共一大包，交林姓（狱中看守主任）收。今日开出三纸，计共101本，此系现在房内者。八斤（洪之子）上年照片一纸、伦孙今年照片一纸，均夹此本内，按蓉生信复之。

3号，星期四，初三日，乙酉晴。卯正起，大便一次。

常课毕，论耶酥降生之理，以中国诗书所载可证，不必以无父为奇（《宗教大同录》起首）。编西人亚当至耶酥世系表。到今日至多不过五千余年，似□□（二字不明）之世太近。午刻，阿媛来告非常上诉。剪发。购物到。

4号，星期五，初四日，丙戌阴，旋晴。卯正起，常课毕。午刻，蓉来，开书单三纸，物件单一纸，交林姓，今日结账，洋36元。申刻，傅律师柏山来，即签委任状，及空白上诉状与之。作《宗教大同论》一首。

5号，星期六，初五日，丁亥晴。卯正起，诵常课。杨君来，告知一切事毕。修书三封，一寄表弟史容生，一寄徐姬阿媛，一寄小儿八斤。念难绝笔。

执行绞刑

1919年4月5日是洪述祖执行绞刑的日子。一大早，高等检察官张汝霖即至西交民巷京师分监监刑。刑前照例讯问有何所言，洪称："自知因渠一案之故，致使南北不能调和。吾年已老，亦可一死，以赎前愆。"言罢，甚为从容地写下了五封遗书。

一致正妻张玉芙（时年63岁）书：

玉芙如面：汝我相处30余年，草草也算一世。

比之寻常人家，似觉优胜。然汝一进门，即侍奉老太太之病，贫苦万分，亏汝支持。嗣后并无五年之好境，

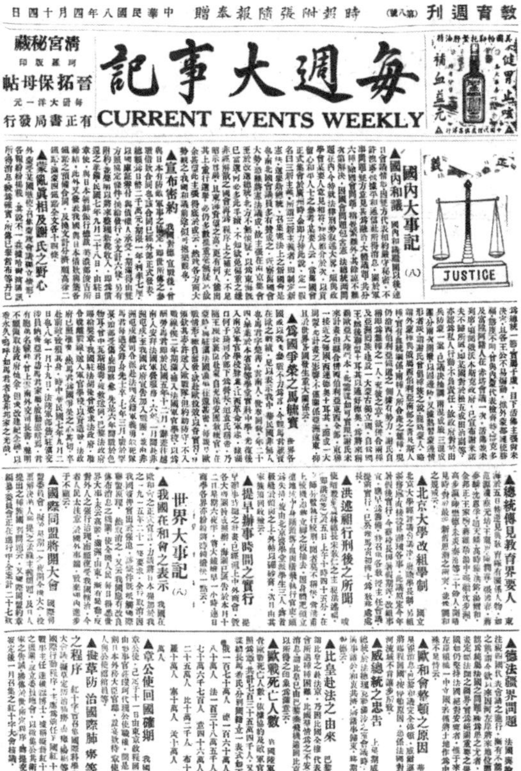
教育週刊（第八號） 時報附張隨報奉贈 中華民國八年四月十四日

每週大事記

CURRENT EVENTS WEEKLY

清宮秘藏 晉拓保母帖 有正書局發行

國內大事記（八）

國內和議

宣布密約

總統傳見教育界要人

北京大學改組學制

洪述祖行刑後之所聞

世界大事記（八）

我國在和會之表示

提早辦事時間之實行

國際同盟將開大會

德法疆界問題

歐和會整頓之原因

威總統之忠告

比皇赴法之由來

歐戰死亡人數

章公使回國確期

擬草防治國際肺癆等症之程序

此欄告白刊例每行一角五分五行起碼

1919 年第 8 期《每周大事记》记叙了洪述祖被执行绞刑时的情景

连连节节，忽平忽波，并无一日享福。虽是汝命中注定，亦我之累汝也。幸而皇天不负苦心人，汝之一子一女都已成立，可以慰汝暮年。此乃汝之福，比我好的地方。我死之后，汝切勿过于哀痛成病，要知人谁不死，况我年逾六十，又为国家而死，于心毫无愧怍，比之寻常病死，已是不同。汝若悲伤成病，此刻无人照料倒反更苦。此是我第一件嘱咐之事。

八斤（时留学美国）心地笃实，不愧你我之子。（我）死后，务嘱不必废学，仍到毕业方回。此是我第二件嘱咐之事。

五宝（洪之女）只好全托海樵、玉涛二人，我并另留一字，汝即挂号寄去。此第三件嘱咐之事。

七虎（洪之子）读书及五团等事，只有靠托八斤，将来酌量办理。八斤极顾大局，汝再以我言告之而已。此第四件嘱咐之事。

五奎桥茔地葬法，我前已画有图式。我身后棺材，已嘱阿媛，尽百元为度，用麻辫扎好，由转运局从火车一直运到常州车站，即由车站抬上五奎桥。不必寄庙再停，总以速行入土为是。僧衣、殓衣本现成的，大概阿媛总能送我回常。此次，阿媛吃苦出力非寻常人格所能，倘有何主见，不必阻她。（她）也以同我同居为归束，将来共三人一墩，与前图稍不同。此是我第五件嘱咐之事。

我死后，汝等仍居海上，一切照常，暂不必动，等后年房客搬出后再回。又可等待八斤回来，那时取回冯昆甫家祠内寄存之物。我入土时，汝不必自回，或仍请余亲家及沙伯度一办。总之，越省越快越好。入土之后，在天宁寺礼忏三日，并将我所有佛像铜的、画的，一起施舍到天宁寺供养保存。此是我第六件嘱咐之事。

阿逸能同承鸿设法早早依傍汝过日，一则慰汝寂寞，二则一切有汝指点，较为稳妥。侣芙年老多病，憔悴一生，想也是前生因果，到头来总可明白。意儿男女虽多，将来全看教育如何，方能指望。他也是三十多岁的人，我只能嘱托其自身要好，教子有方而已。仍望汝随时劝说他为要。伦官(洪之孙)双目有神，将来加以良好教育，少奶奶大有后福。惟注意卫生及家政，最是要紧。大凡人家只要守定勤俭二个字，无有不兴的。从前老太太二十岁抚孤，三十年中，勤到极点，俭到极点，奇苦万分，此刻家庭都是老太太之积累留贻。做人只要振起脊梁，打起精神，虽要成佛成圣，亦不难也。

外致（李）于湖一函,或汝或阿逸当面交去勿误。此信到常，交侣芙一阅，再留与八斤存之。

已未三月三日。念难老人京师狱中书回。

二与徐媛姬函：

阿嫒知悉。大理判决书已到，果然定死刑，不出所料。兹将原书寄汝，可送黄华一阅。所用棺木不得过百元，用麻辫捆好，即日由火车送常州，速放五奎桥。至殓服，用我带来之僧服，汝总等送我回南之后再说。此为国事而死，于心无愧，古人如此者甚多。汝等不必慌急，家中各人，不及写信，汝即以此信示之可也。汝能随时来接见更好，不必拘十五天。已蒙允准。己未三月初二日。念难老人狱中书。

三致友人李于湖书：

于湖先生尊鉴：相知三十余年，种承大德，不敢不以一言告别。佛说三生，倘此去尚未脱轮回，则后有之生，皆报德之年耳。方寸无愧，公当知之，无须赘白。小儿回国，须壬戌年。其未回之先，沪上细弱，托无可托，惟以累公。人之相知，贵相知心，当不我却也，留颂起居万福。己未三月初二日，述祖京师狱中绝笔。

四与洪崇义书：

海樵、玉涛两弟手足：兄为国事而死，死亦无恨。惟纯儿（洪之子）奉托教养，不得不再一言加嘱。以后此子若能成人，兄在九泉衔感两弟之德，必矢衔环结草之报；倘不能成人，两弟切勿姑息，稍存客气，宜严训之。五少奶奶之病体已愈否，弟妹夫人并此道辞。堂上叱名请安，手此，留颂侍福。小兄述祖书于

1926 年第 13 卷第 5 期《学生杂志》中的洪述祖故居

京师狱中，已未三月初二日绝笔。

再，岛产售价后，除还债外，分做四份，以三份交上海内子张玉芙收留，一份归五少奶奶收存。

五致史蓉生书：

蓉弟如面：接来书，悉一切。大理判词已送来，今早已寄阿媛矣，不必再抄，请告律师省此手续。现蒙此间说可，随时接见，不必拘十五天之限。望告知阿媛，叫她明后天来此一行为要。余事不另。小兄念难老人泐，初三。

邵飘萍读罢遗书不禁感慨道："洪氏在法律上之罪名，为另一问题。但其临死从容，尚能安排家庭琐细，皆有条理，亦人生大不易事也。至其遗嘱中所言，每多可取之语。所谓人之将死，其言也善。”

5 日上午 10 时 45 分，对洪述祖执行绞刑。洪登上绞刑机，行刑人即将立脚板抽去，因洪之身体肥硕，立坠地坑中，颈断头落，血肉横飞。执行官吏颇为失措，立即请示司法部，旋派北京医学堂三位学生，将洪之首级用针线缝诸颈上，外贴硼砂膏，次日由家族领回收殓。

随着洪述祖的死，宋教仁案似乎划上了“圆满”的句号。但 1919 年第 16 期《每周评论》中的《冤哉洪述祖》一文，却又提出宋案真正的幕后人实为袁世凯：“洪述祖判了死刑，固然是罪有应得。但是那教唆洪述祖去谋杀宋教仁的袁世凯，乃是真正首犯。虽然（他已经）死了，不能加刑。何以政府里人人都还尊敬他了不得呢？”

宋案至今仍然还有诸多未解之谜，读者通过此文或许能够找到答案。

中国最后一位儒家：爱怼洋人的辜鸿铭

辜鸿铭，祖籍福建，生于南洋马来西亚槟榔屿，远赴欧洲留学 14 载，获得 13 个博士学位，精通 9 国语言，是清末民初誉满欧洲的中国名人之一。回国后，他做过张之洞的幕僚、八国联军的翻译、北京大学的教授，晚年不受政府重视，甚至被时人讥为怪物。他倾力研究国学，将《论语》《中庸》《大学》等儒家经典译成英文，传播海外，被林语堂称为“中国最后一位儒家”。他机智幽默，言辞犀利，藐视权贵，爱怼洋人，而洋人却说，到中国可以不看紫禁城，但一定要见辜鸿铭。

超强的文化自信

1920 年，英国著名小说家毛姆游历中国，专程来到重庆拜访辜鸿铭。毛姆的一个英国朋友答应安排他们会面。但是几天过去了，仍未见到辜鸿铭。毛姆催问朋友怎么回事。朋友耸一耸肩说：“我早就派人送了一张便条给他，让他到这里来一趟。我不知道他为什么到现在还没有来。他真是一位刚愎自用的老人！”

于是，毛姆亲自写了一封最大诚意、最有礼貌的信给辜鸿铭，询问是否可以允许自己拜访他。果然，不出两小时，毛姆就收到了回信，指定在次日上午10时在辜宅见面。

“对于你的惠临，我真觉得非常荣幸。”辜鸿铭见到毛姆时说，“贵国同胞只跟我们中国的苦力与买办打过交道，他们认为凡是中国人不是苦力就是买办。”毛姆听了此话，一时不知所措，冒昧地申辩自己绝没有抱着这种见解。辜仰坐在椅子里，用一种讥蔑的目光看着毛姆说：“在他们看来，只要他们一招手，我们就会马上应命而来。”

听罢此言，毛姆才恍然大悟，原来辜还在为朋友极不礼貌的便条而耿耿于怀呢！毛姆遂小心翼翼地嗫嚅着说了一些歉意的话。

辜劈头就说：“我总以为英国人是不适于研究哲学的，如果你不介意我这样说的话。”他虽语气中带有歉意，但言辞中却带着轻蔑。

“我们的哲学家，对于世界的思想也不是没有影响啊？”毛姆力争道。

“你是说休谟和柏克莱吗？当我在牛津的时候，他们都在那里讲课，但他们关心的并不是哲学问题，而是如何做才能不冒犯他们神学院里的同事。如果他们思考所得出的逻辑结果可能会危及他们在大学社会里的地位的话，他们宁愿放弃。”

“您研究过当代哲学在美国的发展吗？”毛姆问。

“你是说实用主义？那不过是听信难以相信的事物那一批

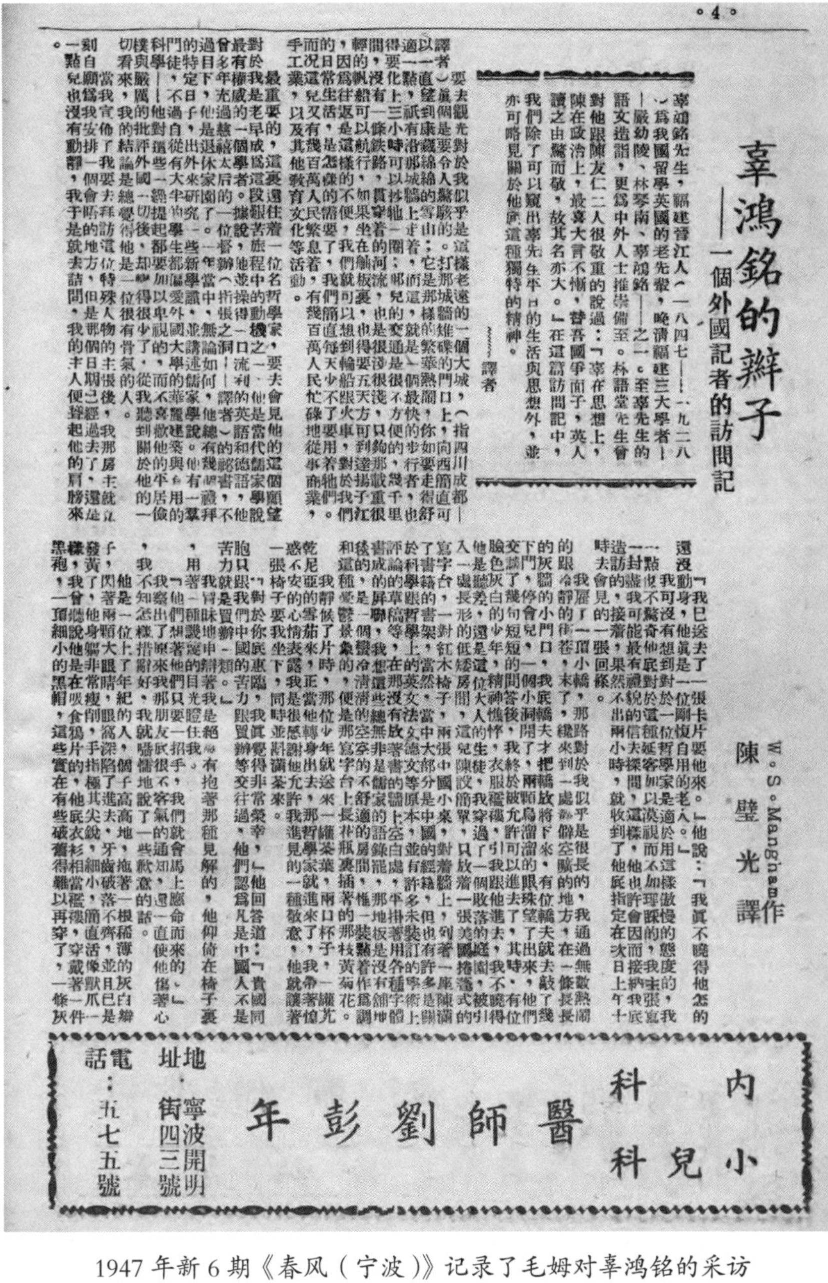

辜鴻銘的辮子

——一個外國記者的訪問記

W. S. Maugham 作　陳璧光 譯

辜鴻銘先生，福建晉江人（一八四七——一九二八）為我國留學英國的老先輩，晚清福建三大學者——嚴幼陵、林琴南、辜鴻銘——之一。至辜先生的語文造詣，更為中外人士推崇備至。林語堂先生曾對他跟陳友仁二人很敬重的說過：「辜在思想上，陳在政治上，最喜大言不慚，替吾國爭面子，英人讀之由驚而敬，故其名亦大。」在這篇訪問記中，我們除了可以窺出辜先生平日的生活與思想外，並亦可略見關於他底這種獨特的精神。

——譯者

1947 年新 6 期《春风（宁波）》记录了毛姆对辜鸿铭的采访

人最后的借口。老实说，我是宁可喜欢美国的石油，而不愿采用美国的哲学。”辜的评论很是尖酸刻薄。

在谈到哲学问题时，辜的言辞愈加激烈起来，完全变成了一个论争者、一名斗士。他深恨当时社会上高唱的个人主义，认为社会是一个整体，家庭是社会的基础，主张维护古中国、古文化、君主以及儒家的经典，而时下的留学生们却用亵渎圣物的罪恶之手，撕毁了在世界上独树一帜的中国古文化！

“但是，你，你可晓得，你们创造了些什么呢？你们有什么理由认为你们的先辈胜过我们呢？是艺术，是文字，还是我们的思想家没有你们渊博？是不是我们的文化比起你们少了精致，少了复杂？哼，当你们还穴居在山洞里茹毛饮血的时候，我们就已经是文明开化的民族了。你可晓得，我们曾进行过人类历史上空前绝后的实验？而这在世界史上是独一无二的。我们曾经寻找到管理这样一个泱泱大国的方法——不凭借霸道而在于王道，并且成功地相袭了几个世纪。那么，为什么你们白种人轻蔑我们黄种人呢？我得老实告诉你，因为你们发明了机关枪，那就是你们高超之处。我们是一个不设防的民族，你们可以靠武力把我们这个种族灭绝。我们的哲学家曾有过用法律和秩序治理国家的梦想，你们却用枪炮把这一梦想打得粉碎……如果有朝一日当我们跟你们一样能够制造和使用机关枪，那么你们还有什么高超呢？你们凭借着机关枪而称霸天下，最终也终因机关枪而遭受惩罚！”

辜说得慷慨激昂，好像是对着万众的演讲。此时的毛姆已是无言以对。行前，辜还送给毛姆两首中文诗。后来，毛姆曾请人翻译出来，原来是两首辜赠给妓女的诗，真令他哭笑不得。

在北大授课时，辜鸿铭常对学生说，学洋文不要带洋气，连中国文字都未念好，即使学通洋文，亦是废人！他与老乡严复、林琴南均为翻译家，所不同的是辜鸿铭多是把中文译成外文，将中国文化宣传到国外，让西方国家通过他的文字认识中国、了解中国；而严、林二人多是将外文译成中文。为此，在一次宴会上，辜鸿铭说："严复是第一个中国文化的叛徒，所译的《天演论》，完全是信口胡说，谬视孔老夫子，忘记了数千年传下仁、义、礼、乐的道统，这许多的圣贤书不知道他都读哪里去了？第二个叛徒便是林琴南，他把《巴黎

1924 年 6 月 22 日，辜鸿铭与泰戈尔在清华园的合影

茶花女遗事》这种淫乱的小说翻译出来,给我国一般青年读了,心理上发生动摇，把敦厚纯朴的风俗变为了骄奢淫侈！”

为国人赢得尊严

1885年后，辜鸿铭开始做湖北总督张之洞的幕僚。有一段时间,张之洞晋京,巡抚端方代理总督,适值慈禧太后寿诞。端方举办庆典盛会，选定某纺纱厂。活动当日，端方来到纱厂，正欲步入特为总督准备的一间起坐室，但见此间已有两名洋人旁若无人地端坐首席。端方素来媚外，未敢轻率进入，遂对辜鸿铭说，我要与此两人谈话，汝做翻译。辜点头称是。只见他大摇大摆地进入，郑重地对两名洋人说，此间房屋乃我总督专属，请你们马上出去。二洋人急起狼狈而逃，在门口不住地向端方深表歉意，倒把端方弄得莫名其妙，赢得在场中国官员的一致赞叹 :“真乃存国体、长国威之举！”

1892年，张之洞在湖北准备建立汉阳兵工厂，据说，前期筹划均赖于一个名叫福布斯的德国人。福布斯初至时，辜鸿铭担任招待，设备酒馔，甚为丰盛。席间，张之洞对福布斯极尽殷勤,热诚欢迎。福布斯豪饮,张之洞海量,彼此对酹,酒入欢肠，相见恨晚。狂饮后的二人不觉醺醉，亢奋中的福布斯信口纵谈,竟将德国克虏伯工厂内部商业秘密,倾箱倒箧,泄尽无遗。说者无意，听者有心，辜鸿铭认为此为绝好资料，遂一字不差地记录下来。福布斯虽为德皇威廉二世之驸马，但亦因泄漏机密而被人讦发，威廉怒，欲加罪，福布斯因恐惧而不敢回国。辜鸿铭遂将计就计，请示张之洞后，在黄土浦建造了一处极其豪华的宅第，为福布斯住所，并任命福布斯为汉阳兵工厂总办，处理一切。福布斯因感激张之洞的待遇之恩，倾心擘画，全力实施，为创建汉阳兵工厂作出很大贡献。

清光绪年间，两广总督李鸿章在天津接见法国公使，因事发突然一时没有找到通晓法语的人做翻译，有人向李推荐辜鸿铭，说辜时正在天津某洋行中任职。李遂遣人请他担任临时翻译。但当时清廷有规定，没有官职的白丁不能与官吏同坐。辜并无一官半职，按规定只得站在外国使节旁边做翻译。但一向狂妄尊大的辜岂能在洋人面前受此“屈辱”？李一时无法，遂立即电奏清廷，诏赐辜为五品衔。辜这才得以与洋人平起平坐。此后，在与八国联军谈判时，辜周旋于各国之间，做了多国的翻译。晚年的辜鸿铭每一言及，甚感荣耀。

1915年，辜鸿铭出任北京大学教授。该校也有不少洋教授，历来受人尊重，辜却从不把他们放在眼里。一日，一位新受聘的英国教授来到教员休息室，见有一个头戴瓜皮帽、身着秽迹斑斑的长袍、头上拖着小辫子的老头儿倦卧在沙发里，洋教授暗自撇嘴，轻蔑地冲辜一笑。老头儿欠了欠身子用一口纯正的英语问：“请问您尊姓大名，教哪一科的？”洋教授听到老头儿说着如此地道的英语，为之一惊，怯声答道：“教文学。”老头儿遂改用拉丁语与他交谈，洋教授竟一时语无伦次，结结巴巴，出了洋相。老头儿反问：“你教西洋文学，何以对拉丁文如此隔膜？”洋教授无言以对，仓皇告退。后经打听才知道，那老头儿原来就是大名鼎鼎的辜鸿铭！

辜鸿铭多年居住国外而喜吃西餐。在北平时，他居住在椿树胡同，距大陆饭店很近，因而时常到此就餐。而他发辫曳后、衣冠不整、步履蹒跚、老态龙钟的顽腐形象，确与此高档饭店不甚协调，见者无不疑其为落魄穷途之老冬烘，不辨其为名炫中外之大文豪。一日晚，他独据食案哺饮，傍座中有两位洋学生对饮纵谈。他们见辜肮脏不堪，遂嗤之以鼻。辜亦未措意，饮啖自如。他们竟用英文谈话，肆意嘲笑。甲说，这老头儿如此龌龊，还配吃西餐吗？乙答，乡下人进京，到城门口总要拜上一拜才敢进京，这老头儿便是。二人一唱一和，大加讥讽。辜见他们喋喋不休，言语更是不堪入耳，遂忍无可忍地离座至二人前，用极纯正的英语说，我吃西餐的时候，你们还没有出娘胎呢！二人见这老者竟然英语娴熟，不觉惊起，方拟谢罪致歉，以便共话，但见老者已然拂袖而去。二人追挽不及，返问饭店中人，此老者何许人也？答曰，此系我们饭店的常客辜鸿铭老先生。二人闻言，惊颜失色，连呼真是有眼不识泰山了！

1923 年日本关东大地震后，日本新旧阁员交替，旧内阁因为做寿，遂于 1924 年特邀梅兰芳赴日演出，同时邀请新内阁共赏。辜鸿铭恰巧道经日本，日本朝野对辜素来敬仰，便邀其演说，辜慨然不辞。是日，辜面对数万日本听众劈头便说：“梅兰芳是妖怪，中国不幸而生有这样一个宝贝！大家所欣赏他的，不过是生得美丽，能以男人妆扮女人而已。不料却也得到日本内阁的垂青，邀他至日演剧。日本在此时期，正宜加紧震后再建，然而你们竟在这里做这种无聊的事情，实在可惜啊！”他这篇长长的演说词在日本的报纸上连载了七天，此番鸿论惊动了日本天皇，特邀他至宫内演说。日本报纸评论他“不仅是世界的大文豪，同时也是世界的第一敢言家”。

林语堂曾在《辜鸿铭——最后一个儒家》一文中称，关于辜鸿铭的故事很多，他常常被人拿掉差事，或是失掉了几个朋友。有一次，英商《华北明星报》出钱请他写几篇社评，他第一篇就大骂英国人，当然，这一篇社评也就是他的末一篇了。他这副外表，很容易令人上当，住在北平的西洋人，如果看见他的模样，一不留神在他面前批评起中国人来，立刻会大吃一惊，因为他会滔滔不绝地讲出流畅的英文以及平顺的德文来，话中夹杂着几句法语和拉丁语。所以，常常有人劝告几位在北平的外籍旅客，把意见留在肚子内，否则火车里坐在他对面、穿长袍的那个老头子，也许就是辜鸿铭。他突然地会问你有没有读过《衣裳哲学》，很可能你的确是不曾读过。用法文、德文讲也不见得怎样安全，因为他也能照样奉答。

妙辩纳妾与多妻

辜鸿铭推崇君主专制和封建时代的伦理纲常，认为中国的小脚、小辫、纳妾以及贵族暴君都是合理合法的。他回国后不久即娶淑姑为妻，不出一年又纳日本姑娘吉田贞子为妾。他还有一套为纳妾辩护的理论，他常说："妾者，立女也。"意思是说男人在外为家为国辛苦奔波，回家后应有一名女子立于其旁，以做休息之用的"手靠"。

辜鸿铭在德国时，一次宴会上，他又谈及这一高论。有两位美国女士当即回击说，先生言太过，男子可用女子作手靠，女子亦可用男子作手靠啊！而且男子既可多纳妾，美其名曰手靠，女子即可多纳夫，方为平等合理啊！辜面对驳斥并不慌乱，反问二女是否见过茶壶和茶杯。二女不明其意，点头称是。辜慢条斯理地说道："汝须知世间皆为一茶壶配四茶杯，决无一茶杯配四茶壶者啊！"举座哄堂，二女也是哭笑不得。

回国后，辜鸿铭虽有一妻一妾，但仍流连于烟花柳巷。一

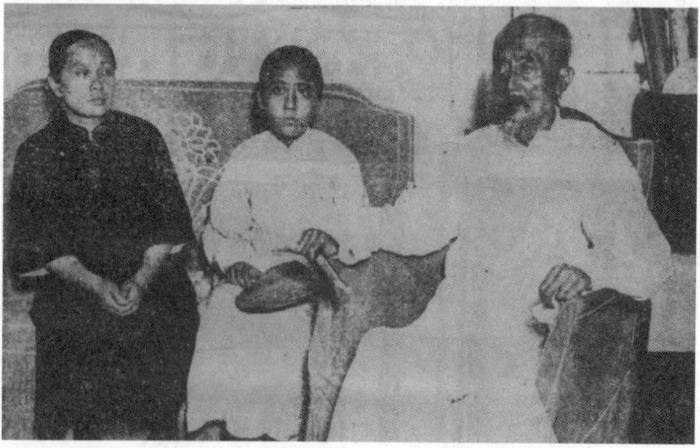

1927 年第 128 期《北洋画报》中的辜鸿铭与其妻女

次，有一位外国朋友请客，席间并无女人相伴，辜遂闷闷不乐。而偏巧那个外国朋友又谈起中国的一夫多妻制不合理，简直是中国式的放纵。“不见得吧！”辜鸿铭态度生硬地打断那人的话：“我且打一个譬喻，你便可明了其中的道理。这个茶壶盛满的是茶，倾在这只杯子里，但是不是还有太多剩余了么？我问你，你是让它残废了呢，还是再拿一只杯子再倒呢？多妻和多杯是一样自然的道理嘛，没有什么不合理的！”外国友人不能反驳这奇异的譬喻。

辜鸿铭文字犀利，语出惊人，爱怼洋人更是出了名，但他的才学和机智又让洋人恼不起来，甚至愈加崇拜，这或许就是他的人格魅力之所在吧！他在西方备受推崇，充满了自豪感和优越感，但回国后，祖国惨遭西方列强蹂躏的残酷现实让他内心极度沉痛和纠结。因而，他常以自己不容低调的实力对抗洋人，以一己之力宣扬中国文化才是拯救世界的灵丹妙药，对西方文明提出尖锐的批判和深刻的剖析，以局部小胜后的满足感来排解因国势衰微而带来的苦闷。这在他不被社会重视的晚年表现得尤为突出。

小说家李涵秋生前死后

他国学湛深，早年立馆收徒，弟子盈门；他多才多艺，小说、诗歌、书法、绘画无所不能；他逍遥闲适，放浪不羁，好色吸毒，英年早逝；他就是曾撰写了《广陵潮》《战地莺花录》等数十部小说、被誉为民国第一小说大家的鸳鸯蝴蝶派小说名家李涵秋。

李涵秋（1873—1923），字应漳，号韵花馆主、沁香阁主人，20岁中秀才，29岁至48岁时，先后到安庆、武昌等地做家庭教师；1901年返回扬州，任两淮高等小学文史地教员，后兼任江苏省立第五师范学校国文教师，曾任《半月》主编；1921年，应朋友赴上海，主编《小时报》，兼为《小说时报》及《快活林》等报刊撰写小说；次年秋，辞职返扬州；1923年5月突发脑溢血病逝。李涵秋一生著作颇多，发表作品超千万字，其代表作《广陵潮》，以扬州社会为背景，以恋爱故事为线索，反映自中法战争到五四运动这一阶段的社会百态，布局巧妙，通俗幽默，深得当时文艺界推崇。

李涵秋去世后，同乡好友张丹斧曾撰挽联：“小说三大家，北存林畏庐，南存包天笑；平生两知己，前有钱芥尘，后有

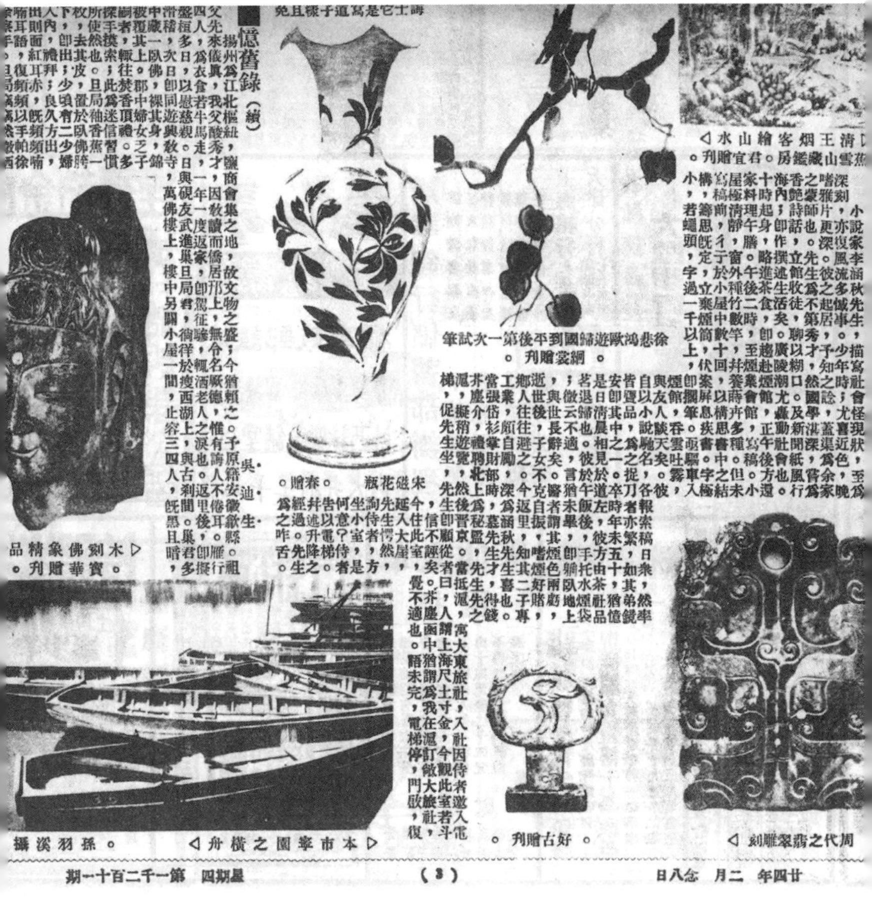

《北洋画报》上发表的《李涵秋之生前死后》一文

余大雄。”其弟子张碧梧在1923年《半月》2卷20号撰写《记李涵秋先生轶事》、刁苦斋主在1935年2月28日的《北洋画报》上发表《李涵秋之生前死后》等文章追思怀念。

李涵秋描写社会怪现状，至为深刻，名扬四海。但他一生更是风流倜傥，少年时尤喜近色，到了晚年嗜吸鸦片。其弟子刁苦斋主回忆说，因为李涵秋曾在其家做家庭老师，故而对他的生活起居非常了解。李涵秋虽是不第秀才，但国学湛深，一生中写了许多的香艳诗话。早年曾立馆收徒，聊以糊口。及至新闻纸报刊风行海内后，即开始以撰写文章维持生计，其代表作《广陵潮》尤其轰动社会。他每天上午10时起床，稍微吃些茶食后，就要赶到烟馆抽大烟，至正午后方还家料理午膳。午后2时，便到烟业会馆开始他的小说创作。在这里有他独用的一间小屋，环境极为清静，窗外种竹数竿，并莳卉多种。他到了这里并不急着提笔写作，而是先在屋内嘴含水烟往来踱步数十回，以构思故事情节。待筹思既定，立弃烟筒，伏案屏息疾书，千余字的文章一挥而就。他写的字极小，若蝇头，而且每次只要写字超过一千，即刻搁笔。随即驱车再赴烟馆，一边吞云吐雾，一边与友人谈天说地。自从他的小说驰名国内后，当年的报纸都以登载他的小说为荣，时人甚至有“无郑不补白，无李不开张”之谚。一时间，各报索稿日众，简直让他应接不暇，有时实在忙不过来了，他就只好请人捉刀代写，其弟李镜安即为其中刀笔之一，因此他发表的署名文章中也有不少是赝品。

1921年，时任财政部次长的张弧（字岱杉）偶尔购得《广陵潮》，读后大感兴趣，极为赏识李涵秋的才华，遂经过《小说时报》主任钱芥尘从中牵线，礼聘李涵秋北上为秘监。李涵秋随即准备到京赴职。他先到了上海，打算在上海稍作游览后再乘火车晋京。抵达上海后按照钱芥尘的安排，他来到了大东旅社，进得门来，侍者请其乘坐电梯上楼，他一时不知何意，站在电梯门口迟疑片刻，但在侍者的再三催促下，他只得走了进来。但他却颇为狐疑地对同行人说："人说上海是尺土寸金之地，我还不大相信，今天见到此室若斗，我才相信此话不假啊！芥尘在函中还说为我在上海预订了敞大的旅社，今天却让我居此斗室，实在让我感到不舒服！"话音未落，电梯停住，门启，侍者请其进入旅社敞大的客房。李涵秋一阵愕然，疑惑地问侍者，方才我们乘坐那间小室，是何意啊？当侍者告诉他刚才那个叫电梯，是为了方便客人上下楼而设的升降机时，李涵秋顿时恍然大悟，连连为之咋舌。

1923年第2卷第20期《半月》中的李涵秋遗像

但因为当时北方发生洪灾，津浦铁路被大水冲毁，李涵秋未能到京赴职。钱芥尘遂邀他在上海参与《小说时报》的编辑事务。

李涵秋抵达文人云集的报馆时，同仁皆欲一睹大文豪的风采，分列走道两侧竞相观看，这让李涵秋感到全身不自在，他觉得自己就像关在笼子里的怪物，供游人观赏取乐。这个不祥的开始也就预示着不幸的结局。李涵秋过惯了安适逍遥的生活，与大上海阛燥喧嚣、灯红酒绿的生活格格不入。于是，第二年他便辞职回乡了。

李涵秋去世那天，刁苦斋主曾与之相见。是日清晨，他二人在路上相遇，李涵秋当时刚由茶社品茗而归。吃过午饭后，李涵秋手托水烟袋正在抽烟，刚对身边的人说了句有些身体不适，言犹未毕，即躺卧地上。家人急忙请来医生，但为时已晚，人已气绝身亡。据当时的医生称，他是因烟、色两亏而亡。后据分析，他当时应是突发脑溢血。

李涵秋去世后，胞弟李镜安不忍兄长见于诸报的杂文散失，遂多方搜求，朝夕撮录，共搜集杂文百篇，精取其中六十篇、两万余言，结集成册，将版权让予震亚图书局主人朱崇芳（字挹芳），由寿州李警众校订，名儒谭泽闿题签，于 1927 年正式出版发行。李涵秋的子女大多嗜烟好赌，不克自振，靠典当借贷度日，扬州的乡人唯恐避之不及。1935 年，同为扬州人的刁苦斋主返乡，得知他的二儿子从事工业，颇为自励，小有成就，深为老师李涵秋高兴，相信李涵秋先生在九泉之下也可得到些许安慰。

曹禺的南开中学时代

曹禺（1910—1996），原名万家宝，1922 年 9 月初考入南开中学，1928 年保送至南开大学政治系，1930 年转入清华大

批評與介紹

中國文藝 曹禺的中學時代

曹禺的中學時代

1942 年第 5 卷第 5 期《中国文艺》中的《曹禺的中学时代》

学西洋文学系。在南开中学的6年时间里，他第一次接触到了话剧，因扮演《娜拉》中的女主角而大获成功，为他一生的事业奠定了基础。1985年10月4日重返南开母校时，他激动地说："我永远忘不了南开对我的培养和教育，我的一生是同南开联系在一起的。"

1942年第5卷第5期《中国文艺》中《曹禺的中学时代》和1946年第1期《新闻周报》中《曹禺是张伯苓的高足》两文，详细记述了曹禺在南开中学的学习、生活的细节。今年（2020）的9月24日恰逢曹禺先生诞辰110周年，特撰此文，以示纪念。

因病休学变化令人刮目相看

《曹禺的中学时代》一文署名杨璧，是1923年考入南开中学的新生，比曹禺晚一年进校，也比曹禺小一年级，只是当时曹禺还叫原名万家宝。当时南开中学已是享誉全国的名校了，有着宽阔的校舍、2000余名来自全国各地的优秀学生。学校的食堂按月收缴饭费，杨璧是插班生，没有同伴一起缴费，便由校方庶务课临时安排，与几个初三年级的同学一起同桌用饭。就这样，杨璧进校第一天便与同桌的万家宝相识了。

第一次与几个陌生人在一起用餐，杨璧心里总觉得有些不自在。但显然，几位同桌的饭友彼此都是熟人。他们兴高采烈地说笑，不仅让杨璧甚为羡慕，而且还为引起邻桌同学的注意，时不时也跟着插上一两句话。同桌中最英俊的便是万家宝，最健谈的也是他。那时的万家宝不过是个13岁的孩子，但他所谈的内容却多是社交场中的事情，一会儿说昨晚在某跳舞场的见闻，某女士跳舞的姿势太过蹩脚，一会儿报告《范伦铁恩》《哥伦慕尔》（音译）影片将在平安影院上映，一会儿谈论某宴会的主人态度如何如何。骤然听去，好似他是一个社交场中的老手。也这侧面反映了万家宝当时的家庭状况和生活环境。

—5—

「雷雨」，「日出」，「原野」及新作「蜕變」的作者

曹禺印象記（下）

本刊駐滬特派通訊員石揮君特約稿原題「曹禺在古城」

英梧

1941年时的曹禺

学生们每天在食堂吃两顿饭，随着接触机会的增多，杨璧和他们偶尔也说上几句话，还能进一步讲上几句笑话，只是因为万家宝高一年级，杨璧心中多少有些顾忌，才不敢造次。而对于万家宝他们几个来说，杨璧是低年级的学生，也并不把他当回事。时间过得很快，转眼一个月的同桌关系就结束了。第二个月，杨璧便被调到与同班同学一起交饭费了。

两年后，杨璧升入高级一年的甲一组，甲代表文科的意思，一组是一年级文科的一部分。这组学生组成比较复杂，有从三年级升学上来的，也有高一年级的留级生，还有虽从初三升级但仍有一门或两门功课不及格，需要重读或等候假期补考的。总之，多是因为贪玩而对功课松懈的学生。但其中也有一些天分较高的同学，只是他们聪明反被聪明所误而已。如后来享名的小提琴家陆以循的哥哥陆以洪，艺专演剧名手、“三赖”之一的林赖卿（那时已经改名为林受祜），著名法学家江庸的四公子江樵，南开的篮球校队乙队的杨琏玉、杨长骥、王新华等“玩家”。更为有缘的是，杨璧和曹禺也在这个班。曹禺是因病在1923年休学一年。

导演张彭春指导万家宝时的情景

再次相见的曹禺，已不似从前的模样，态度稳重，不苟言笑。头上戴着一顶瓜皮小帽，取代之前西装的是一件旧棉袍，外套一件短小、颜色已褪的蓝布大褂，有点像清朝官服的袍套。再往下看，皮鞋也被遗弃了，脚下穿的是两道皮脸的青布鞋，既透着风雅，又露着随性。形象虽如此，但他对课堂上的功课、图书馆里的作业却丝毫没有懈怠。那年国文班的教员是张弓老师，张先生后来担任了北京中国大学的国学教授，是中国修辞学的发明家。他对曹禺的功课并不怎样满意，倒是国学常识教员钟伯良对曹禺格外赏识。钟先生是四川人，是国学家梁漱溟的高足，他对全班学生的笔记大都不满意，惟独表扬万家宝整理的笔记，并让全班同学传观学习。钟先生在上面的批语大意是，万生的笔记整理得法，颇有心得，还写了一些期待的话。从此，曹禺平地一声雷，震动了全班同学的耳目，大家不禁对他刮目相看了。

酷爱戏剧多才多艺

1910 年 9 月 24 日，曹禺出生在天津小白楼的一座院落里，不幸的是，在他出生的第三天，母亲就因产后症去世了。继母酷爱京剧，从曹禺 3 岁时就经常抱着他进戏园子听戏。年龄稍长，曹禺就随继母站在凳子上看戏。耳濡目染，曹禺后来也成了一个十足的戏迷。他从 10 岁开始就经常自己去听戏了，当年红极一时的名伶谭鑫培、刘鸿声、龚云甫、陈德霖、杨小楼的戏，他都看过。曹禺对家里的一本《戏考》爱不释手，书中的折子戏唱词他都能倒背如流。再后来，他便开始听着留声机自己学唱起来。

曹禺组织了一个票房，当时为他操琴的是固定的几个人：胡琴是周连增，后来成为华北运动会掷铁饼的纪录保持者，别看他手掌大胳膊粗，却拉了一手的好胡琴；三弦琴手是一位名叫张箕的网球运动员，月琴手就是杨璧。每天在念书用功之余，他们便在宿舍里唱上几段。曹禺喜欢老生戏，唱来极有韵味，字正腔圆，耐人寻味。他曾感叹道："戏原来是这样一个美妙迷人的东西！"

天津各戏院当年也演出文明戏，曹禺尤其爱看连台本的文明戏，常被曲折的剧情所感染，后来他回忆说："中国观众十分善感，像言论正生（戏中的行当）演说过后，观众那样热烈地欢迎，那种热烈鼓掌的情景。男女洒泪告别时，台下也有妇女一片呜咽，擦湿了手帕。可以说，观众和舞台打成一片，真叫交流！那些有本事的文明戏演员们，的确是有一套使当时的观众神魂颠倒的本领。"这种对文明戏演员的崇拜和艳羡，也是他后来转行从事戏剧的动因之一。

曹禺多才多艺，他当年曾是南开中学著名的舞星。放学后，他常在宿舍里打开留声机，放些西洋音乐唱片，与同宿舍的室友跳起交际舞。当时，南开中学男女同学不同校，自然寻不到女性的舞伴，但他们仍然能够对对成双地跳起来。最出色的女性舞伴替身便是曹禺。他那年不过是十六七岁的青年，身材不高，生来一副柔软的细腰，代替女性舞伴煞是称职。当年与曹禺配舞的男性舞伴有三人：一个是曹禺的琴师周连增，身高六尺以上的彪形大汉；一个是天津名媛俞珊小姐的兄长俞启孝，既善溜冰，又好跳舞，还是一名演说家；第三个便是赵四小姐的令弟赵国基。这几个人也是曹禺的好朋友，个个身材高大，舞技超群。每当午饭后，他们便告诉校役留神着校务课员的查斋，寻风任务布置停当后，南开中学宿舍楼四斋的舞会便开始了。这个舞场还有一个规矩，凡是初次进入舞场学舞的学员，必须屈尊先做女舞伴。虽然情愿做女舞伴的人很多，但他们远不如曹禺受欢迎，因为曹禺的舞姿就是真的女性舞伴来了恐怕也要逊色几分呢！

父亲去世后更为成熟

曹禺出生后不久就搬到了意租界二马路 28 号（今河北区民主道 23 号），这是一座十分讲究的意大利式两层小洋楼，建于清宣统二年（1910）春，砖木结构，坡式瓦顶，木制门窗，水泥浑水墙面，双阳台，阳台上有蜂窝状透视墙，进门处设方形门厅，两侧砖柱，建筑风格简洁朴实。

曹禺的父亲万德尊（1873—1929），字宗石，湖北潜江人，自幼聪颖，15 岁中秀才，1904 年留学日本学习军事，毕业于东京士官学校，与后来的“山西王”阎锡山为同学。1909 年万德尊回国后，被清政府委以军职，民国成立后，任镇守使兼督军，授陆军中将衔，1916年，担任湖北老乡、民国大总统黎元洪的秘书。1917年黎元洪下野息影津门，万德尊亦随之来津寓居，赋闲在家，后虽有重出江湖的机会，但他已厌倦官场的纷争和军阀混战的乱世，决意独善其身。父亲回津后，精神颓废，家庭气氛压抑，这在曹禺的心灵上蒙上了一层沉重的阴影。

1929年，万德尊患中风而病逝，当时杨璧正与万家宝同班。班上同学与万家宝的关系都很好，每人都接到了他家的讣闻。细看讣闻，可以知道万家宝父亲的官衔是陆军中将，哀子栏下有两个人，一个是万家宝，一个他的哥哥。开吊的那天，杨璧和全班同学一起到万家，万宅时在特别二区（时意租界已收回），是一所入时的洋房。灵堂布置得庄严肃穆，前来祭奠的人很多。同学们公送了一幅祭幛，为了寻觅这幅祭幛，他们顺便浏览了全部的祭幛，军界、政界、学界等社会各界大名衔的人物很多，最引人注目的便是前大总统黎元洪祭幛，上款题的是“湖北乡兄万德尊千古”字样，由此可知，万氏家族曾有过辉煌的历史。拜灵的时候，循例是看不到孝子的，只在灵幕后面传出隐隐的呜咽之声，这使得灵堂内的空气十二分地凄凉，熟悉万家宝的同学们约略能分辨出他的哭声。和尚念经超度之时，一个孝子捧着灵位从幕后走出来，注目望去，不是万家宝，是一个白面似玉的文弱青年，年龄约在二十岁左右，想必此人定是万家宝的兄长无疑了。据几个知道万家宝身世的同学说，他的哥哥大老宝与弟弟的性格迥然不同，一个循规蹈矩、死板板的，一个性情开朗、极活泼。

办过丧事回到学校后，万家宝经此家庭变故一下子成熟了许多。

张伯苓力荐视之为得意门生

曹禺的南开中学时代乃至戏剧生涯，与一个剧团密切相关——南开新剧团。这个剧团即由南开中学校长张伯苓创建。

南开初创时期，张伯苓就主张搞新剧，有人认为低俗提出异议，但他却认为新剧最能代表时代精神，更能促进教育，“练习讲演，改良社会”，遂坚持排演新剧。1909 年，南开中学创建五周年之际，校长张伯苓倡导建立了天津第一个话剧团，并自编、自导、自演了天津第一场由中国人演出的话剧《用非所学》。从此，每逢校庆和欢送毕业生时，学校演出话剧几成定律，《一元钱》《一念差》都是出自南开的剧本，南开新剧在全国享誉一时。这也促进了南开话剧的创新与发展，使之成为北方话剧的发祥地，在北方话剧史上占有一席之地。曹禺的话剧事业启蒙教育正是肇始于南开话剧团。

1943 年，从战后国家恢复重建的需要出发，国民政府教育部拟定了《留学教育计划方案》，选派“以专科以上学校毕业，具有优育成绩或服务研究经验者”1000 名，分赴英美留学。同年 8 月 11 日，张伯苓致函教育部长陈立夫称：“苓学生万家宝（笔名曹禺）对于戏剧颇知努力研究，年来所写剧本均属精心之作，想为先生所深知。近闻教部将选拔各项专门人才派遣国外，藉求深造。若万君者倘能予以出国之机会，将来返国后对于我国剧坛，定必大有贡献也。特函介绍，敢乞留意，予以存记，无任拜祷……”9 月 15 日，陈立夫复函称：“查本部本年考选派留学生计划，经呈奉核定，并无文、法、商等科名额，万君所学，系为戏剧一科，无法予以派遣深造，至希察宥是荷……”虽然举荐未成，但足可见张伯苓对高足曹禺的赏识与推崇，不遗余力地为他创造更好的学习机会，以冀其为中国戏剧事业作出更大贡献。同年重庆南开中学举行校庆时，张伯苓特别邀请曹禺在大会上做了一场精彩演讲。

1946 年 2 月，曹禺与老舍应邀赴美讲学。当时的《新闻周刊》《一四七画报》《星光》同时刊发了未署名文章《张伯苓的得意门生》，记述了张伯苓与曹禺的师生情谊。曹禺此前曾两度报名留学生，但均因故落选。此次赴美讲学的曹禺，大家都知道他是校长张伯苓的高足。在重庆，张伯苓每与人谈话时，总要提到他的这位得意门生，自豪地说，他平生只有两个得意门生，曹禺便是其中之一。张伯苓当时有着很高的社会地位和很大的社会影响，他对曹禺的广泛宣传，使得国际友人对曹禺更加熟悉了。言外之意，曹禺此次成行也有张伯苓的一份功劳。

张彭春精心栽培结下戏剧之缘

在南开中学，因戏剧方面的助益，曹禺还对一个人深为感激。1933 年，他在成名作《雷雨》序言中写道：“末了，我将这本戏献给我的导师张彭春先生，他是第一个启发我接近戏剧的人。”

1922 年，曹禺考入南开中学。同年末，张伯苓的弟弟张彭春在美国取得博士学位，回到南开大学任教。1923 年 9 月，张彭春复转至清华大学执教，机缘短暂，他二人未谋面。1925 年下半年，曹禺参加南开新剧团，张彭春也于 1926 年春再到南开大学，兼任南开中学部主任。张彭春对南开新剧团做了重新整顿，使南开剧团有了长足的进步。

特别是 1927 年，曹禺在丁西林的《压迫》中扮演女房客，《大公报》发表剧评，称曹禺是“了不得”的演员，做到“有趣而不狂放”，达到了“恰到好处”的效果。张彭春以伯乐的慧眼发现了话剧界的千里马，对曹禺爱护有加，着力培养。从此，他二人结下了戏剧之缘。在团长兼导演张彭春的指导下，曹禺演出了很多剧目，奠定了他一生事业的基础。1928 年，曹禺主演《娜拉》，他饰演的女主角神情自如，惟妙惟肖，颇受观众欢迎，大获成功，报纸纷纷发表评论，轰动一时。

当时男女不能同台演出，剧中的女角全由男同学扮演，曹禺便是张彭春最赏识的女角。曹禺当年身量较小，腰细脚小，面貌姣好，声音娇柔，只是皮肤稍嫌黑些。但是经过油彩化妆后，完全能够弥补这一缺点。曹禺扮女角可是很下功夫的，每天都要穿高跟鞋练习女人走路，甚至一遍一遍地照着镜子走，认真揣摩女性走路时的姿态和腰部动作。他的辛勤付出终于换来了很好的回报，他每次在台上的演出不知要颠倒多少男女同学！

1928年，曹禺被保送至南开大学政治系，1930年转入清华大学西洋文学系。1932年冬天，杨璧曾到清华园拜访老同学。那天，曹禺刚好没课，就把杨璧请到宿舍里。曹禺当时三年级，宿舍仍是旧斋舍，一人一间的小屋，两间共用一个壁炉，白天的炉火不太旺，但是屋里温度尚可，陈设极为简单。曹禺说了些阔别数载、思念母校、想念同学的话，问了些老师的情况和同学们的去处。谈话间，他手中仍捧着书边看边聊，看得出他是一个很能用功的大学生。

曹禺虽然告别了南开中学的学习生活，但仍时常返回母

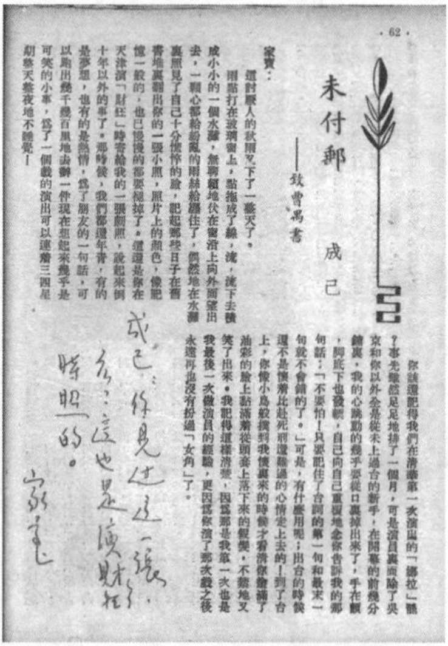

·62·

未付郵

——致曹禺書

成已

家寶：

這討厭人的秋雨又下了一整天了。雨點打在玻璃窗上，點拖成了綫，流，流，流下去積成小小的一個水灘，無聊賴地伏在窗沿上向外面望出去，一顆心都給紛亂的雨絲給纏住了，偶然地在水灘裏照見了自己十分憔悴的臉，記起那些日子在舊書堆裏翻出你的一張小照，照片上的顏色，像記憶一般的，也已慢慢的都要褪掉了。這還是你在天津演「財狂」時寄給我的一張劇照，說起來倒十年以外的事了。那時候，我們都還年青，有的是夢想，也有的是熱情，爲了朋友的一句話，可以跑出幾千幾百里地去辦一件現在想起來幾乎是可笑的小事，爲了一個戲的演出可以連續三四星期整天整夜地不睡覺！

你該還記得我們在清華第一次演出的「娜拉」麼？事先雖然足足地排了一個月，可是演員裏面除了吳京和你以外全是從未上過台的新手，在開幕的前幾分鐘裏，我的心跳動的幾乎要從口裏掉出來了，手在顫，腳底下也發軟，自己向自己重複地念你告訴我的那句話：「不要怕！只要記住了台詞的第一句和最末一句就不會錯的了。」可是，有什麼用呢；出台的時候還不是懷着比赴死刑還難過的心情走上去的！到了台上，你像小鳥般撲到我懷裏來的時候才看清你塗滿了油彩的臉上黏滿着從頭套上落下來的假髮，不禁地又笑了出來。我記得這樣清楚，因爲那是我第一次也是我最後一次做演員的經驗，更因爲你演了那次戲之後永遠再也沒有扮過「女角」了。

成已：你見过这一張么？这也是演財狂時照的。
家寶

1934年，曹禺饰演的《财狂》

曹禺演『財狂』時所攝，時在一九三四年。

1934年，曹禺饰演的《财狂》

校参加演出，后来南开新剧团已经打破了男女不能同台的限制。1934年秋，曹禺中断了清华大学研究生的学习，回到天津，在河北女师任教。张彭春也恰在此时回到南开大学，又值南开中学30周年校庆、瑞庭礼堂落成。南开新剧团邀请了不少校友返校演出《财狂》，曹禺自然也来了，只是他一改之前的作风，扮起了剧中的守财奴，一个七十左右的老头儿，声音、形象居然也是恰到好处。真不愧为一名天才的话剧家啊！

曹禺曾在《回忆在天津开始的戏剧生活》一文中深情地写道："南开新剧团是我的启蒙老师，它启发了我对戏剧的兴趣，使我熟悉舞台，熟悉观众，熟悉如何写戏才能抓住观众。使我慢慢离开学科学的打算，终于走上从事戏剧的道路。"

小抖乱叶仲方的传奇人生

他自幼丧父，放浪不羁，好搞恶作剧，以捉弄人为乐，得名“小抖乱”；他天资聪颖，博闻强记，能文擅书，16 岁创办《大方》画报；他与一妻一妾对簿公堂，离异后因交不起赡养费而锒铛入狱；他时常出入烟花柳巷，吸食鸦片，精神颓废，抗战爆发后却毅然从军，屡立战功，擢升上校；他再染烟毒，触犯军纪，不堪受辱，身死异乡。他就是宁波帮富商、著名慈善家叶澄衷之嫡孙叶仲方。

小抖乱名噪一时

叶仲方（1909—1943），名谋通，以字行，号补拙斋主，1909 年生于浙江宁波镇海。清末，其祖父叶澄衷只身来沪，充任渡艇海员，克勤克俭，稍有积蓄，自设小肆老顺记，经销五金，蒸蒸日上，财运亨通，遂成上海巨富。叶澄衷性慷慨，好施舍，设善堂，兴教育，得“首善之人”美誉。富三代叶仲方自幼聪颖，能文善书，活泼顽皮，长而弥甚。1920 年，其父去世后，叶仲方遂与其母来沪，居于上海公共租界胶州路65号，就读于基督教青年会日校，仅半年即离校，时入青楼冶游。因其仪表堂堂，翩翩少年，出手阔绰，为人侠义，花间猎艳，无往不利。然其不拘绳墨，天马行空，放浪不羁，好事争胜，喜弄狡狯，恒作恶剧，更时常捉弄老鸨、妓女，令人苦不堪言，有名妓绾春老六遂呼之为“小抖乱”。此名遍播海上，响彻江南，20世纪20年代至40年代，全国各大小报刊竞相刊载“小抖乱”轶闻数百篇。

当年，凡是菜馆、舞场、戏院、妓院，只要小抖乱一到，无不鸡飞狗跳，不得安宁，但因他能大把撒钱，各家又极欢迎。他有一个文人好友名平秋翁，因常被叶捉弄而叫苦不迭。某日的中午，平在沙利文同妓女阿金吃饭，被叶撞见，叶先替平付了账，又热心请他们上车一同送回会乐里。平情不可却，遂上了他的车。叶亲自驾车，竟然一直开至平供职的世界书局。叶抢先下车，在书局门口狂喊：“总经理汪先生在吗？平先生带了阿金姐来，请你吃花酒去！你们大家出来认识认识平先生的老相好吧！”于是，平的同事们齐涌出来观光，直把平羞得无地自容。事后，饭碗也差一点被敲掉。但叶却若无其事地复请他们上了车，再将他们送至平先生府上，大呼小叫地请平太太出来验明阿金姐正身，幸亏平太太开明，更知道叶素来抖乱成性，遂笑迎而出，将叶和阿金接进客厅，献茶、献果地盛情款待。叶一见没有闹出乱子，反觉无趣，黔驴技穷地鸣金收兵了。

叶仲方抖乱成性，与其母的溺爱不无关系。其母知叶酷嗜冷食，遂命福禄寿公司日送冰淇淋一打。而叶仅食其一，余则分予家人。叶婚后一度居于苏州，其母时于上海倚闾而望爱子。西洋圣诞节向有以袜储物贻赠小儿旧俗，叶家固非基督信徒，但其母望子心切，竟突发奇想，驱车至南京路某西洋商场，斥巨资购得巨袜一双，归来后塞满贵重之物，缄密封固，乘车亲送苏州，以博儿子一笑。叶母行事大率类此，真不愧小抖乱之母！叶仲方极为孝顺，自幼每日晨昏必向其母请安二次。1925 年春，母亲有恙数日，他终日侍奉左右，生性好动的他竟一周未外出。有一好友强携其外出观剧，在戏院内，叶悒悒不欢，如坐针毡，戏未终剧即借故而回。

叶仲方继承祖父遗风，乐善好施，行侠仗义，扶危济困。每逢过年过节，定要赈济穷苦人家白面、布匹等物，尤其爱请乞丐吃饭。曾有一家菜馆得罪了叶仲方，他遂将附近的乞丐都唤了来，答应请每人吃一碗面，但不准一起吃，必要一个接一个地吃。如此一来，茶馆门口挤满了乞丐，吓得吃客不敢进门。因乞丐吃面有人付账，又不能不让吃，弄得菜馆一天没有生意。老板生怕第二天叶如法炮制，遂托人跟他赔礼道歉，才算了事。

叶家邻里曾有一个小弟，勤奋好学，终日居家，手不释卷，前途无量，戏馆、影院、舞场等娱乐场所概不涉足，虽在灯红酒绿的大上海，却未沾染丝毫奢侈习气。某夕，叶的一个朋友独邀小弟赴远东游玩，叶闻之大叫："吾岂忍见小弟之堕落啊！"言罢奔告其兄，并说："可乘我之汽车急去，速召令弟归来，不然，令弟之童贞必破！”其兄驾车疾驰而去，一路之上，大演赵云过江截阿斗大戏，至时正有人向小弟劝酒，两侧皆有妓女相伴，遂上前将小弟携回。友人见状不禁面红耳赤，扬言要问罪于叶。

16 岁创办《大方》画报

1925 年 11 月 26 日，16 岁的叶仲方与友人张恂子合伙创办《大方》画报，叶为民国时期年龄最少的办报人。发行处设于南京路 77 号。叶亲任编辑兼发行，张为助理编辑，编辑部设于张之私宅上海西门大街泰瑞里。

《大方》画报属综合画报，道林纸，铜锌版印刷，初为三日刊，自第 3 期即改为五日刊，初为 8 开 4 版，从第 4 期起即一版二版合并，三版四版合并，变成 4 开一大张，正反两大版。聘请唐行健为法律顾问，主要撰稿人有零丁、若其、南墅、媞媞、旭光、梅鹤、就是我、宇宙室主、尖翁、平秋翁、赵秋帆、小逸、红梵等。画报图文并茂，以文为主，每期约有一万字，图片七八幅。画报设置大方小语、社会短篇、通讯等栏目，图片方面有戏剧名伶、电影明星、名闺名媛、名妓玉照、人体摄影、风景名胜等，文字方面有时事、评论、小说、笔记、谐文、词曲等。画报印刷质量时好时坏，因字体、图片过小，排版过密，致使辨识不清，整体美感不足。1926 年 2 月 20 日初刊至第 18 期终刊，加上 1926 年 1 月 1 日出版的一期元旦特刊，共出刊

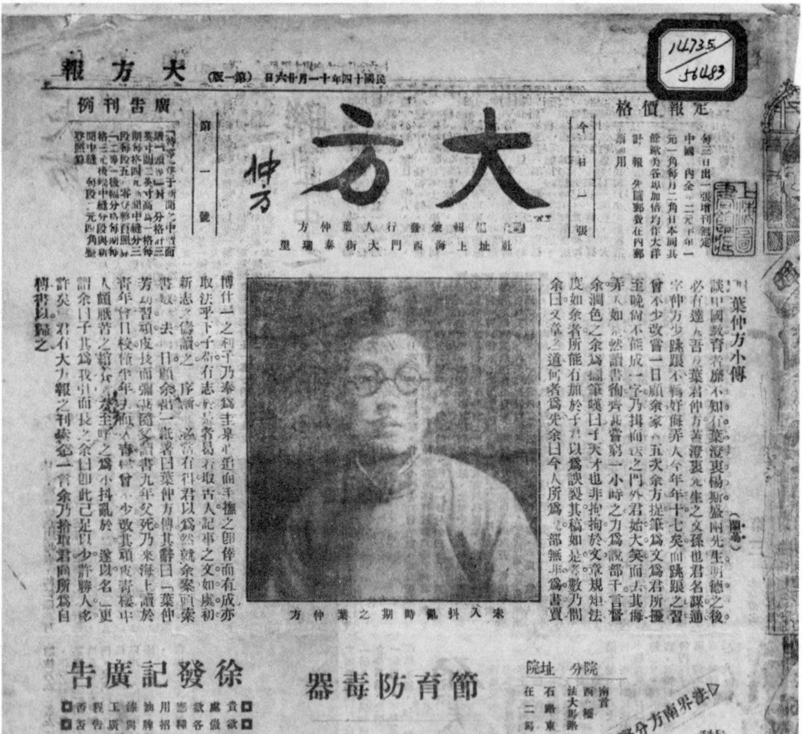

大方報　民國十四年十一月廿六日（第一版）

大方　仲方

編輯兼發行人葉仲方　社址上海西門大街泰瑞里

第一號

定報價格

廣告刊例

葉仲方小傳（闌夢）

談中國教育者靡不知有葉澄衷楊斯盛兩先生明德之後必有達人吾友葉君仲方著澄衷先生之文孫也君名謀通字仲方少跌踉不羈好儕弄人今年年十七矣而跌踉之習曾不少改嘗一日顧余家五次余方提筆為文為君所擾至晚尚不能成一字乃揖而送之門外君始大笑而去其侮弄人如是然讀書徇齊其嘗窮一小時之力為說部千言督余潤色之余為擱筆嘆曰子天才也非拘拘於文章規矩法度如余者所能有加於子者以為訣裂其稿如是者數乃問余曰文章之道何者為先余曰今人所為說部無非為書賈博什一之利耳乃奉為圭臬亦步而趨之即倖而有成亦取法乎下耳子苟有志於此者曷若取古人記事之文如虞初新志之傳讀之……君以為然就余案頭索書去……日顧余袖一紙書曰葉仲方傳其辭曰「葉仲芳幼習頑皮長而彌甚隨父讀書九年父死乃來海上讀於青年會日校……少改其頑皮青樓中人頗厭苦之……遂以名」更謂余曰子其為我引而長之余曰即此已足以少許勝人多許矣君有大方報之刊索余一言余乃拾取君曩所為自傳者以歸之

未入抖亂時期之葉仲方

05648B

《大方》画报创刊号刊登叶仲方照片和小传

19 期。

叶仲方除题写刊头，亲写每篇文章标题外，还以小抖、阿抖、小抖乱、仲方、仲芳、补拙斋主等笔名，在画报上发表了 30 余篇文章，刊发了多篇道歉信、启事、声明、复函等。从这些文字中可以看出他对画报的用心和投入，也可以了解到他的生平、生活、交友、婚姻，还可以清晰地梳理出《大方》画报从创刊到停刊的全过程，为研究民国时期私人画报的创办、销售、经营提供较为翔实的史料。

叶仲方与张恂子的合作从第 1 期开始即发生了摩擦，以致断绝往来，反目成仇。叶在第 4 期、第 5 期的道歉书中称，《大方》画报连期印刷模糊，内愧实深，兹特在此道歉，希阅者鉴谅。叶延请张为理事编辑，不意所托非人，竟使订阅者和投稿人蒙受损失。张因“人贵事忙”，对于报馆无补有损，对订阅诸户之手续亦均置之不理，叶深致不满，已请张脱离报馆，除令其将事权交卸外，所有张在外一切交涉与报馆无涉。同时，报馆编辑部也与发行部合并至南京路 77 号。

在《答某某》一文中，叶更对张的行为给予无情地揭露。《大方》画报问世前，他二人关系很好，张替叶周密筹划，叶遂将财权交与张。但不料第 1 期发行时，张竟将前 10 期的费用悉数用尽，以致第 2 期印刷所没有收到印刷费而不能按期交报，幸亏叶接手及时，才未出意外。第 3 期尚在校样时，张即遣人送信，要向叶借 150 元“救急”。叶想，张平素只是做做稿子，写稿亦有稿费，况且他又不是自己的干儿子，为什么一定要借款给他呢？叶遂谢绝。第3期发行后，叶到张家要求看账，张虽含糊着答应了，但却始终不肯交出账本。第4期发行后，叶又到张宅看账，张不在家，叶随手翻看字台上的东西。这一翻不要紧，账没翻着，却翻出许多当票，什么大成啊、元昌啊，五光十色，真好看煞人了！最后在抽屉中竟找出致报馆的十余封信，都是外埠寄送邮票订阅《大方》的，还有十多封却是作者的投稿。打开一看，邮票没有了，稿子仍旧丢在那里未做任何处理。这下叶可就气大了，用去邮票事小，倒《大方》的牌子事大。情急之下，叶将信件一理，就跑到发行部，起草了一篇与张断绝关系的广告，刊登在《申报》上。张看到后声明要以法律手段起诉叶，让叶后果自负。叶也声称，一定在家里好好等着吃官司！等着挨打！

1925年12月30日，叶仲方刊登启事称，因他忙于婚礼，无暇顾及《大方》画报，特聘请同乡赵秋帆担任助理编辑，广告事宜统由山东路雅声公司李雅声先生代理。而赵秋帆时兼三家报刊的编辑，遂刊登声明三处交接时间表，每日上午11时至12时在爱而近路曼秋社，下午1时半至4时在爱多亚路海军海道局，4时至5时在本报编辑部，余时则在白克路寓所。不久，叶又请好友刘恨我加盟担任编辑。由此可见，在当年私人小刊小报众多的情况下，图文编辑供不应求，一人兼职数家报刊的情况较为普遍。

1926年1月12日，应岳父陆翥双安排，叶仲方与新婚妻子先至杭州后居苏州，《大方》画报一切事务由赵秋帆全权负责。但叶仍坚持撰稿，同年 2 月 20 日画报的终刊号头版即刊登了他的婚礼照片。

与三个女人的感情纠葛

1925 年 12 月 21 日，叶仲方与曾任中国驻朝鲜领事、吴门绅士陆翥双之女陆婴兰在上海举行婚礼，新娘小叶两岁，年方 14 岁。叶虽经常出入烟花柳巷、舞榭歌台，但皆为应酬敷衍，正所谓“目中有妓，心中无妓”。他常赴友人之宴，虽长猜拳，但遇客有劝饮，遂坚辞不就。早在婚礼前，他就在《大方》第 1 期中撰文《我结婚之前》表达了对婚姻的憧憬和热望，以及将“怕老婆”作为座右铭的誓言 ：“故于我之婚姻问题，则胸有成竹，未尝敢抖乱也……若夫我之家庭，虽不可谓之绝新，亦弗得谓之纯旧。然而，我之婚姻问题，完全听我母之主张、判决、执行矣……我对于我未婚之妇绝对满意，盖她之貌虽非王嫱复生、夷光再世，她之才虽非咏絮才高、颂椒名重，而以匹文不像拆字，武不像卖拳之小生，则绰有余裕焉。人或以结缡之后怕妻为不幸，而我之理想则不然，即使一时板起一副丈夫面孔，然禁不起似笑还颦、佯嗔薄怒，百炼钢亦将化为绕指柔耳……昔人云‘怕妇也，是大好’，盖以此语，书为座右，用验来日。”

《大方》第 8 期中《叶仲方宣告——暂时不用小抖浑名启事》算是他对自己婚姻的连续报道。天天想、日日盼的老婆，居然望了来了，本该如何快活呀！不料，第一天晚上叶就吃了大苦头。晚上 11 点钟左右，客人差不多都走完了，洞房里的新娘也识相得很,一声“安置吧”就回转身上了房门。这时候，叶的心中好像小兔乱撞，不由得硬硬头皮，老老面孔，向新娘子扑将上去。哎哟，叶的面孔上竟然啪地一声挨了一巴掌。

大方
穆安素律師受任葉仲方君法律顧問啓事
時泰醫院
小夫婦結婚時之美景
透明的上海
衣冠禽獸
這是怎麼一回事

1926 年 2 月 20 日《大方》画报终刊号上的叶仲方婚礼照片

叶并未恼，贼嘻嘻地笑道："一夫一妻，周公之礼，打我一记，不足为奇。"新娘子听了非但不笑，还恶狠狠地发出一道命令："我们定了亲之后，你为何仍在外抖乱？限你从即日起将抖乱名义取消，并不许你今后稍有抖乱行为！"叶听后心想：不依罢，生活难受；依了罢，又舍不得。心中正在盘算，哎哟乖乖，背上、头上又利利落落、噼噼啪啪地挨了十几下。叶一时吃不消，只得跪将下来，立了一张保证书。新娘过目后，令叶立即刊于《大方》上昭告天下。阃令严尊，叶只得遵旨行事，宣告暂时脱离小抖乱之名义五日，一俟少奶奶怒气暂息，再行引用。这不能不说是小抖乱的又一大杰作，不但曝光了自己最私密的新婚之夜，吸引了读者的眼球，而且说得挺热闹，到头来却只暂停五日！事实证明，叶非但没有停止抖乱，而且还捉弄起老婆来。陆有裸睡习惯，常裸卧被中。一次，在其熟睡之际，叶竟遍召婢媪进房，猛掀衾被，陆之裸体立现众目睽睽之下，叶在一旁则拍手大笑。陆不堪奇耻大辱，悲泣几致觅死，幸有姑嫂竭力慰藉，始未成意外。

《大方》12 期中叶仲方的《寂寞的新婚》则披露了他的蜜月生活。他们结婚还未满月，叶便有一肚皮牢骚直冲而出了，婚前的理想完全破裂，婚后的幸福感完全丧失。未婚与已婚实在是换了一个世界！新婚妻子虽然容貌生得不错，看了着实惹人怜爱，但是她的脾气和性格可是坏透了，高兴起来就同你谈几句，不高兴了就不理不睬，有时还要翻上几个白眼，发出几句冷笑。叶生性好动，想出去寻寻开心，陆则一定要跟了同去，在外边还老大的脾气。她要是到先施、永安买东西，非要五六个钟头不可。叶如不陪了同去，她就会向长辈告状，不是说叶在外头嫖了，便是说对她太过冷淡了。因此，叶既怕她，更怕她告状，只得一天到晚缩在家中伴着她，挨她的白眼，吃她的冷话，弄不好还要听上几句河东狮吼。叶真可说是哑巴吃黄连，有苦说不出啊！从字里行间看，与其说叶是在诉苦，倒不如说是变相地晒夫妻打情骂俏的幸福。

在新婚蜜月中，友人来访后记录下他眼中的陆婴兰。陆娘家为苏州之状元坊陆家，有名之巨族。陆女出自名门，深娴内则，颇温婉淑静，究属闺秀风范，略无飞扬浮躁之习，正所谓“大家人举止端详，全不露半点轻狂”。待人尤其温婉持重，周旋应对中礼合度，微挟娇羞之态。与叶果为一双璧人，足称佳偶。

叶陆虽是时常打闹，但初婚前几年伉俪甚笃，结缡 8 载，曾诞三女。后因叶曾与舞女陈雪莉同居，叶陆二人遂致情爱渐疏，1929 年陆更向法院提起诉讼提出离婚。缠讼两年，后经友人和法院调解，1931 年叶与陈分手，叶陆遂破镜重圆，同居如初。谁料 1933 年 11 月间，叶又纳辣斐舞星陆小妹为妾，并斥巨资另筑金屋，陆婴兰仍与叶母共同生活。1934 年 6 月，陆婴兰乃延请律师董邦干向法院提起诉讼，请求离异，并要求赡养等费 10 万元。而叶携陆小妹出走北平、天津、大连等，拒不出庭。后经上海第二特院缺席判决，准予离婚，叶支付陆赡养费 6 万元。判决书送达后，叶并未表示不服，且上诉期限已过。法院遂于1936年6月26日，在上海卡德路169弄22号将叶拘捕，羁押于上海第一特院。后因叶拒不交付赡养费，法院认定叶家、陆小妹取保不合，即将叶移交监狱服刑。同年8月23日，叶始出狱，并撰写一篇长文《叶仲方出狱之回忆》在《时代日报》连载17日。他在文中自嘲说："咳，这也真是活该，谁叫我没预备好赡养费，便去娶老婆呢！"

抗战中屡立战功后却突然自杀

叶仲方因与陆婴兰打官司，不愿支付赡养费而一度入狱。因与陈雪莉纠缠不清，也曾对簿公堂。这两起官司，弄得他精疲力竭，心情大坏。从此，他便沾染了毒瘾，精神颓废，身体孱弱。

1937年抗战爆发后，叶竟矍然奋起，慷慨从军，舍身救国。在征战的五年中，他辗转云南、贵州等地，历尽艰险，屡立战功，擢升上校。后至印度驻军时，却又突然自杀身死。有人说，他是因与同事发生职务上摩擦，不能容忍别人对他的诬蔑，双方遂起激烈争执。他本就为遇事莽撞、不计后果之人，加之吸毒时留有神经质后遗症，受此刺激即吞服安眠药而死。也有人说，他是因为在印度毒瘾复发而吸毒，被军方发现后欲将其送上军事法庭审判，他不堪此辱而吞食毒品自杀。时为1943年10月18日，年仅34岁。

叶仲方自杀后，后事悉由印度驻军料理，实施火葬，其骨灰暂厝印度加尔各答。抗战胜利后，由叶之好友俞某接归上海，通知叶氏家族和陆小妹。陆小妹与叶感情甚笃，闻此噩耗，痛不欲生，立誓守节不嫁。1946 年 3 月 30 日，在上海万国公墓,叶之亲友与各界人士为其举行追悼会。除亲友致送花圈外，尚有一大花圈格外引人注目，上书“叶中队长千古”，下书“留印全体海员工作人员敬挽”。由此可知，叶在抗战中已任中队长，并且深得战友爱戴。仪式后，陆小妹即将叶之骨灰安葬于此。

离异后的陆婴兰回到娘家，不为母家所容，乃与一董姓少年同居于上海四川路。董为武进圣人董绶经（名康）之侄子，曾供职于上海社会局，以受贿遭罢职，也是一个轻薄少年，多行不轨。陆女再度被弃后，流离失所，孑然一人，处境凄凉，乃随波逐流，生活放纵，日趋堕落。时常出入下等舞场，通宵达旦，流连忘返，犹如当年之吉普女郎。与初嫁叶仲方时几乎判若两人，谁能想到当年一个出身高贵的名门淑女竟然至此苍凉境地！有人感叹，她是遇人不淑，是叶仲方毁了她；也有人认为，是她个人的性格使然，过惯了优裕生活，一旦遭受不幸，遂悍然不顾一切，宁可饮鸩自戕；更有人说，实因社会环境之恶劣，婚姻制度之不平等。

与刘和珍一起牺牲的魏士毅

“真的猛士，敢于直面惨淡的人生，敢于正视淋漓的鲜血”，这是鲁迅先生《纪念刘和珍君》一文中的经典之句。刘和珍是鲁迅的学生，在 1926 年“三一八”惨案中被政府枪杀。这场惨案共有 47 人遇难，其中就有天津人、燕京大学的女学生魏士毅。

身体柔弱　意志坚强

魏士毅，天津人，1904 年生于一个普通商人家庭。自幼多病，然天资敏慧，赋性温厚，极得父母怜爱。1914 年秋肄业于天津普育小学。因病辍学两年后，转入天津官立第十小学四年级继续学习。1918 年秋，魏复因体弱休学一年。惟其聪明资质，不以患病稍受影响，这一年边养病边自修学业。1919 年秋魏投考天津严氏中学，以优等成绩录取，1923 年中学毕业后考入燕京大学女校预科，翌年升入该校理科数学系。

魏士毅居恒静，坐潜思，研求学理，领悟或兴趣极浓之际，则废寝忘食。学愈进而体愈弱，胃病时有发作，但她自强不息，常以体弱为耻，坚持运动锻炼而谋补救之方，一年后竟以排球健将而闻名于女校。

其父多病，老母年近半百，家中尚有弟妹，生活拮据。为了减轻家庭负担，她在周末常到北京各戏园兼任招待员，以求自给自足。

她性情恬静，待人真诚，做事干练，极具组织能力和号召力。为此，她当选为该校天津同乡会会长。她既有刻苦学习的毅力，又有强烈的爱国思想，关注国家前途命运，做事果断勇敢，经常参加各种集会、游行、演讲、散传单等活动。为表示革命的坚决性与彻底性，她不但让家里的男性剪去长辫，自己也率先剪掉了一头秀发。

为国请愿　惨遭枪杀

1926 年 3 月 12 日，国民军与奉系军阀作战期间，日本军舰掩护奉军军舰驶进天津大沽口，炮击国民军，守军死伤十余名。冯玉祥的国民军坚决予以还击，将日舰逐出大沽口。16 日，日本竟联合英美等八国领事向段祺瑞政府发出最后通牒，提出撤除大沽口国防设施的无理要求。列强的蛮横无理，引起民众公愤，青年学生尤其激愤，决定 18 日上午 10 时组织北京各学校和群众团体在天安门前举行国民大会。

燕京大学男校自治会于上午 8 时一刻接到北京学生总会一封公函，请该校加入天安门集会。自治会乃于 9 时在礼堂召开全体同学大会商议此事。大家一致同意参加，并选举崔毓林为总指挥。消息传到女校后，学生会会长黄乔云也在女校召集大会，一致通过参加。9时半，燕京大学男校约三百人、女校五六十人从学校出发至天安门前汇合。

当时社会各界人士集会已达5000余人，国民大会主席代表站在高高的台上演说大会宗旨，台下掌声四起，欢声雷动。闭会后，各界代表复至海军部东辕门外的国务院请愿，沿途高呼口号，游行队伍浩浩荡荡。魏士毅高举校旗走在最前列，行至东单牌楼时，曾由同学齐植桑为其摄影，岂料一小时后，此照片竟成其最后遗照！

至国务院后，燕大学生集体立于围墙内东北隅，距小马号（停车处）甚近，距院府大门更近。岂料，执政府卫队长竟下令向请愿人群开枪！据《燕大周刊》记载："开枪声初发时，魏女士与罗君学濂、徐琼英女士等避于小马号内，不久遂失去，想系冒险向东辕门逃走。又闻，本校王君致谦曾尽力向外拉魏女士，不幸未拉出。又闻，魏女士中弹倒地以后尚能微动，女校同学李佩光女士适见其惨状，魏女士乃向李女士摇头，大约表示将死之意。魏女士之一腿被他尸压住，李女士乃使力外拉。时忽一卫兵前来，欲刺李女士，女士乃急逃去。大约此时卫兵见魏女士奄奄一息，继之一刺刀。呜呼，魏女士死亦惨矣！此种残暴之生畜，与其主使者，虽课之以极刑，犹不足以逭其罪也！又闻，卫兵专向穿洋服之男子及剪发之女生刺击，因洋服、短发皆共产党之标志，魏女士已剪发，故被击死。”

是日晚7时许，魏士毅的尸身由燕京女校校务长费宾闺臣领回，时在校同学全体哭迎，哀声震动天地。经检验，魏士毅身中两弹，其中一粒致命子弹自左乳入，由右脊穿出，一处刀伤直穿前胸，目睁口张，死状极惨。灵柩暂时停放于女校礼堂，后由费校务长、崔太太、苏女士等为死者清洗创痕，重新换棺装殓，血水竟有三桶。是晚，女校教职员等轮值守灵。

学校追悼　立碑纪念

对于魏士毅的壮烈殉国，燕大职教员和同学既哀其不幸惨遇，复壮其牺牲之精神。燕京大学《燕大年刊》出版了40页的“追悼魏士毅女士专刊”,《良友》《北洋画报》《图画时报》也图文报道了魏士毅牺牲始末，发表社会各界的追思文章。

燕京大学于19日在女校礼堂召开追悼大会。是日天色昏暗，乌云密布，雪花纷飞，寒风刺骨，仿佛老天也为魏士毅的牺牲而动容。下午4时，男女两校同学及教职员全体到场。灵堂设于女校礼堂，灵柩置于中央，仪式略仿孙中山先生追悼会。灵柩前放置魏士毅大幅遗像，上覆女校教员陈克明亲手制作的松树花圈，灵柩下及两旁放置众多鲜花篮、花圈等物,礼堂四壁挽联甚多。灵前白烛一对,香炉一盏,现场气氛凄凉沉肃。男校同学立于灵柩之西，女校同学则立

NO. 297, 圖畫時報 (8)

魏士毅女士遺像

烏巢和尚像

華僑劉貝錦君

南洋華僑劉貝錦歸國紀 出版預告

南洋蘇坡華僑劉貝錦先生，青年英俊，學有實優。對於教育實業，素具熱忱。在蘇坡開設新德成實業公司，近又創辦中西影片公司，捐貲創辦育人學校雁塔學校。拳懷祖國，特於去冬十二月中北上，在滬杭一帶考察教育實業，在滬發起成立華僑教育協會以發展華僑教育，並捐金補助私立學校十所。待今春二月回南後，特將調査心得華僑教育協會成立始末，游歷過程，遊覽勝景筆記，歸國感想等著成此書。中有各界歡迎紀念圖片，各校贈送之紀念品，各地風景片等銅版圖片數十幅。內容精純，印刷精美，凡國內外研究教育實業者不可不手置一編也。刻已付刊，特此預告。

上海北四川路底九一九號三民公司代印

本公司贈送三民特刊函索即寄

我國自有影戲事業以來出版界推為最有價值而精美之女明星照片 用最新式影寫版精印特點如下 ●著名女明星最新照片張張羅列 ●變態式樣外間從未見過足供欣賞 ●獨鶴，西神，瘦鵑，天嘯，諸家題字愈覺生色 ●版由德國技師精製清楚勝於原底 ●紙張上等色澤古雅裝訂考究得未曾有 ●定價低廉第一集售洋一元半優待八折 ●外埠函購原班寄奉狀郵匯寄費加一 ●每張襯紙附有題詩清新流麗可助雅興

電影百美圖

PICTURES OF CHINESE FILM STARS

第一號

上海盆湯弄德安里八弄立成公司啓

1926 年第 297 期《图画时报》中的魏士毅遗像

《燕大年刊》的追悼魏士毅女士专刊

于东侧，众人无不神情凝重，低泣暗伤，唏嘘之声，充斥全场。更有一些同学悲痛欲绝，凭棺恸哭。此情此景，怎不令人肝肠寸断！

4时半，女校院长刘廷芳主礼宣布大会开始，他引导着手秉白烛的8名赞礼员（男校4人、女校4人）入堂宣慰，继而众人起立静默数分钟，哀乐即起，低回萦绕。女校同学代表张光禄宣读诔词，字字悲痛，闻者泪下："魏君士毅，热心国事，奋然前驱，夙本羸弱，发生不虞，竟以身殉，芳魂渺寂，同学悲痛，群相悼惜。"宗教学院代表姜汝培致祷文，逝者同班同学集体吟唱挽歌，徐琼英讲述逝者生平，男校同学代表董绍明致唁词。燕大天津同乡会代表姜允长宣读的祭文对逝者给予了充分肯定："就学燕大女校预科，品性纯良，成绩优异，在校三载，凡学校事业，社会服务，无不赖以扶持，同乡等深知女士毅力才能超众，故公举女士充天津同乡会会长，经营计划，措置裕如。"女校歌咏队的挽歌凄婉悲凉。在男校校务长洪煨莲、女校校务长费宾闺臣分致哀辞后，燕大校长司徒雷登作最后演讲。逝者家族代表向来宾三鞠躬致谢。追悼会在校圣歌队的圣歌声中宣告结束。

追悼会后，该校同学表示，魏士毅的死感天动地！她的未竟之志"内除国贼、外抗强权"，即为今后吾辈后死同学之职责。

魏士毅的死，最为痛心是她的慈母。出事当日，学校即给死者的天津家人发去电报，婉称"魏士毅病重，请速来京"。

魏母回电称，魏父病重，不得来京。无奈，校方只得实情相告。19日晚11时，魏母乘坐火车由津来京，下车后即至女校痛哭一场。魏母对女儿训育多年，爱似明珠，一朝失去，焉能不为之老泪纵横，痛哭失声！闻者多为之泫然泣下，校务长费宾闺臣在旁劝慰称，人孰无死，女士不死于疾病，独横死于暴贼之手中，红血飞溅于正义之牌，殆亦不幸而幸者矣。

20日晨，天气虽已放晴，但更觉风寒刺骨。燕京大学仍停课一天，为魏士毅送殡。9时半，女校一切仪仗俱已完备，男校同学前来送殡者甚众。起灵前，数名同学为灵柩摄影，天津同乡会全体会员集体与灵柩合影，留为永久纪念。魏母扶棺痛哭，全校师生皆为之挥泪。10时起棺，送殡队伍从灯市口出发，由音乐队导领，男校同学在前执绋，女校同学、死者同班生、教职员、天津同乡会会员、魏家亲人依次列后，绵延一里许。下午1时半，灵柩送至崇文门外法华寺内，在大殿旁东侧的一处空房内暂厝。众人行辞灵礼后，相与拭泪而散。

1926年秋，燕京大学男女两校迁入未名湖。1927年3月，为纪念牺牲的魏士毅，燕京大学及附中同学，在新校区化学楼后的草坪上建立纪念碑。碑身一丈余高，上书“魏士毅女士纪念碑”，其下石座上碑铭：“国有巨蠹政不纲，城狐社鼠争跳梁，公门喋血歼我良，牺牲小己终取偿，北斗无酒南箕扬，民心向背关兴亡，愿后死者长毋忘。”石碑四周植松柏矮墙围绕。

1929 年 6 月，天津中山公园专员王固磐呈文天津特别市政府，请求在中山公园建立魏士毅纪念碑。同月 29 日政府批文称 :“呈悉。查魏士毅因三一八殉难立碑纪念，系奉国府明令。该家属呈请在中山公园建立，尚属可行，应准予办理可也。此批。”同年 8 月，纪念碑正式落成。

一个典故让李厚基脱颖而出

1920年第1卷第1期《福建教育行政月刊》中时任福建督军兼署省长的李厚基

李厚基，字培之，1870年生于天津，出身官宦，祖辈世袭武职。其父李忠纯曾任天津左营守备，统兵40年，1900年在与八国联军作战中牺牲。李厚基自幼生活在军营，天资聪颖，遍读古籍，博文强记，精通八股，酷爱书法。光绪年间，李鸿章任直隶总督时，青年李厚基在总督署充任低职材官，专侍李鸿章日常生活。1928年第10期《坦途》中“旧闻偶记”的一则消息，披露了李鸿章与李厚基的一段鲜为人知的小故事。

李鸿章任直隶总督时，每月初一都要到寺庙行香。某年的一个冬日，天气极寒，李鸿章行香后归署，众幕僚出迎。进署后与众人坐定，李鸿章拂须言道：“顷间外出，几于呵气成冻，

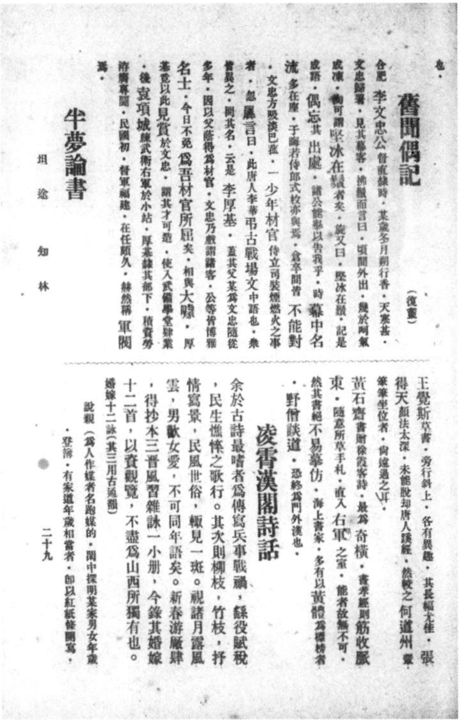

也·

舊聞偶記 （復萱）

合肥李文忠公督直隸時·某歲冬月朔行香·天寒甚·文忠歸署·見其幕客·拂鬚而言曰·頃間外出·幾於呵氣成凍·鬚可謂堅冰在鬚者矣·旋又曰·堅冰在鬚·記是成語·偶忘其出處·諸公能舉以告我乎·時幕中名流多在座·于晦若侍郎式枚亦與焉·倉卒間者不能對·文忠方吸淡巴菰·一少年材官侍立司裝煙燃火之事者·忽厲言曰·此唐人李華弔古戰場文中語也·眾皆異之·詢其名·云是李厚基·蓋其父某爲文忠隨從多年·因以父蔭得爲材官·文忠乃歡謂諸客·公等皆博雅名士·今日不免爲吾材官所屈矣·相與大噱·厚基竟以此見賞於文忠·謂其才可造·使入武備學堂肄業·後袁項城練武衛右軍於小站·厚基隸其部下·積資勞洊膺專閫·民國初·督軍福建·在任頗久·赫然稱軍閥焉·

半夢論書

坦途 知林

王覺斯草書·旁行斜上·各有異趣·其長幅尤佳·張得天顏法太深·未能脫却唐人蹊徑·然較之何道州輩·筆筆坐位者·尙遠過之耳·

黃石齋書附徐霞客詩·最爲奇橫·書孝經則筋收脈束·隨意所草手札·直入右軍之室·能者故無不可·然其書絕不易摹仿·海上書家·多有以黃體爲標榜者·野僧談道·恐終爲門外漢也·

凌霄漢閣詩話

余於古詩最嗜者爲傳寫兵事戰禍，繇役賦稅，民生憔悴之歌行。其次則柳枝，竹枝，抒情寫景，民風世俗，輙見一斑。覩諸月露風雲，男歡女愛，不可同年語矣。新春游廠肆，得抄本三晉風習雜詠一小册，今錄其婚嫁十二首，以資觀覽，不盡爲山西所獨有也。

婚嫁十二詠（其三用古通韻）

說親（爲人作媒者名跑媒的·閫中探明某家男女年歲·登簿·有家道年歲相當者·卽以紅紙條開寫·

二十九

1928 年第 10 期《坦途》

洵可谓冰在须者矣！”言罢又若有所思地问：“坚冰在须，记是成语，偶忘其出处。诸公能举以告我乎？”在座的众幕僚皆为社会名流,素有“清末怪才”之称的于晦若（又名于式枚）时也在场,但仓卒之间,竟无一人可以应答。李鸿章大为扫兴,连连摇头，悻悻地正欲吸淡巴菰（又名金丝薰，为一种烟草）。一名专侍装烟燃火之事的材官忽然小声说道：“此乃唐人李华

《吊古战场文》中之语也。”。众人闻后恍然大悟，连连拍手，更惊异于这名材官，急问其名，答曰李厚基，为李忠纯之子。李鸿章这才想起，李忠纯追随自己多年，因其战死，李厚基乃受父荫而为材官。李鸿章拍着李厚基的肩膀连声称好，又对众幕僚戏道：“公等皆博雅名士，今日不免为吾材官所屈矣！”说罢一阵大笑。众幕僚也红着脸相与大噱。

就是这样一个典故的机遇，让李厚基的命运发生了根本改变。从此，李鸿章对他刮目相看，常谓“其才可造”，先使其进入武备学堂深造，毕业后正值袁世凯小站练兵，遂令其充任陆军第四镇第七协第十四标标统。此后，因其屡建战功而任福建督军、省长，授上将衔，福建军政大权集其一人之手。

张大千弟子巢章甫的朋友圈

巢章甫（1910—1954），名章，字章甫，号海天楼主，祖籍江苏武进。早年拜词人、藏墨家向迪琮，名篆刻家寿石工为师，入北平湖社画会，后为大风堂张大千的弟子，1929年前后来津，广交平津一带书画界、新闻界朋友。

袁寒云书札

1927年前后，巢章甫酷爱袁寒云的书法，终日临摹。来津后，适与袁之两位公子袁家彰（字仲燕）、袁家骝（字叔撰）同学，因此，在天津英租界58号路四宜里袁之寓所得以谒见。袁不仅亲自教诲，而且还赠其手书、词屏、扇页数件。当年临摹袁寒云书法的名家有俞逸芬、汪大铁等，但巢之书法最似袁。只是后来巢转而研究碑刻，遂去袁益远。1931年袁去世后，巢多方罗致其遗作，故得手书、佚文颇多。

袁熟读四书五经，精通书法绘画，喜好诗词歌赋，收藏金石、书画、典籍、器玩、古泉外，还收购了许多世界各国的钱币和邮票。他好作古体诗，书法分行楷两种，无不精妙。

巢章甫（1910—1954）

巢曾见其所作四体书屏和楷书屏幅，非同寻常。袁收藏宋本书数十种，皆为珍品，后因家境窘迫，不得亲自撰写书目后挥泪出售。巢藏有袁之卢葵生小漆砚、周紫岩刻小笔筒、玉缸兰亭手拓本等，皆绝精美。

袁在书法上有两手绝技：一是躺在床上，右手穿衣，左手可缩至被中执纸作细楷；二是作屏联时，书前不必折叠画格，常使人牵纸，凌空书写，自然佳妙。他长于戏剧，昆乱不挡，有“活汤勤”之誉。即使没有排演过的戏，他只需在前一晚看一看曲谱，翌日即可登场演出，字正腔圆，无不合节拍规矩。巢曾见其彩唱的《小宴》一折，时与同咏社诸君合演，叹为观止。

袁虽擅古体诗，但其白话文亦妙。巢曾收得袁致栖琼、眉云两妾的书札，语言简明通俗，或因其妾识字不多，不得不用此变通办法。致栖琼：“栖琼夫人如面：前后一函，未得回信，实为盼念。顷又得一电，知君仍在无锡，不知常熟诸事如何，殊不放心。予日日念君，盼君速速回京。款子已命孟三往取，取到，立即汇去。现在我天天同方大在一处，每天对着你的小照，拓古钱，腰臂都酸了，实在发闷。你快快回来最好，免得我吃饭睡觉都不安稳。切要切要。此间佳好，一切都望你保重。云白。”致眉云函有二，一为：“念三日接无锡来信，知平安到锡，望早日回常熟，料理清楚，快快北来。我在此甚寂寞，时时刻刻望你早来。我在此一切不便，你也晓得，你千万不可多耽误。你用钱时，等接到来信，再设法寄去。你所在地名，务必写清。望你好好保重，在外不可大意。此复。问眉云夫人佳好。云白。”二为："昨方寄无锡一函，顷忽接沪电，你忽然跑到上海，实在奇怪。我接到此电，饭都难下咽，务盼快快回京。这两天消息不好，方才又听津浦路已不通了，心中急得了不得，奈何！奈何！你在外身子要多多保重，千万不可大意。至要至要。眉云夫人佳好。云白。”

袁一生沉醉于酒色，复嗜大烟，至伤其身，早年面目清癯，近四十岁时忽然肥胖，按其胳臂，肉即下陷，良久始复，可知其身体已是极度衰弱。袁去世后，巢曾对袁之亲家方地山说，举世没有谁比您更了解寒云先生的了，其遗著散于四方，幸有您尽力收集，缀辑董理，编次刊行，以尽后死之责。方无奈地说，寒云聪明绝顶，然于文字往往胜其工力，词章每有不合格律处。我想，若全部刊行，恐非其志。遂致搁浅。

恩师张大千

早在 1930 年前后，巢章甫就已耳闻大千居士有“活石涛”之誉，但因当时既未见其人，又未见其画，心中不免存有些许疑问。1932 年巢在《天津商报画刊》中得见张大千所绘山水画作，顿觉眼前明亮，以为苦瓜（石涛号苦瓜和尚）再世，方知世人对张大千的赞誉真实不虚。1934年张大千北来，适值巢章甫在北平养病，通过友人的介绍，得访张大千于东方饭店。巢章甫一踏进客厅，已是座客盈室，高朋满座，但他一眼便认定那位浓髯皤腹、气宇岸然者，就是张大千！

巢章甫与张大千座谈了一会儿，先生华语风生，平易近人。时已及午，他二人与众人同赴恩庆居粤菜馆就餐。座间巢与大千先生同席，得以再次聆听先生的高论。席间，还播放了大千先生在上海举办画展的纪录片。饭后，天气突变，大雨如注，他们只得同赴火神庙古玩铺闲坐。肆中画作多为当代著名画家所作，尤以王梦白所作白描仕女一幅，令人叹为观止。很快巢章甫便发现了若干幅大千先生的画作，山水、花卉俱有，观后颇有心得。他以为，大千先生的山水画，"取法石涛，参以新罗，神韵超脱，笔墨新奇，与世人之只学兰亭面者，不可同日而语"。大千先生的花卉画更是"上追青藤、白阳，与之平视，略无愧色，斯二者虽皆徒以学力可致，要有蹊径可寻"。至于大千先生的仕女画，则"吴带当风，曹衣出水，兼而得之。虽仇唐视之，犹有愧色，龙眠复生，未许雁行，真所谓戛戛独造，后无来者"。"以当世第一画家许大千，非过誉也"。

巢章甫对大千先生的书法、治印、题诗以及为人，都给予很高评价。巢章甫在1934年第12卷第50期《天津商报画刊》中的《当世才人张大千》一文称，大千先生的书法也是狂放不羁，虽受业于李梅庵先生，而不为其囿，舍短取长，青出于蓝。从他的题画款记字可以推见，大千先生尤能摹拟古人书法。

据说，大千先生偶得有题识剥落的古人字画，便亲手修补，待拿出来给业内人士观看时，即使是极高明的鉴赏家也不能分辨其真伪之处。大千先生的治印饶有金石气，作画所用之印多出于寿石工夫子之手。大千先生的诗尤其雄奇，极具古韵，往往不假思索，信口而成。以大千先生的才学，完全可以宜骄且狂，但他却从不自以为是，为人温和如处子，从无疾言厉色。最为难能可贵的是他提携后学不遗余力，故而弟子辈出，无不卓越。如他的侄子启明，时年方 18 岁，但因深得大千先生真传，书法学倪云林、新罗笔法，古雅生动，但见其画，决不敢相信作画之人如此年少。

大千先生之兄张善子先生，与大千齐名，海内收藏家得大千画者，必以兼得善子画，配成双璧为荣。他二人手足之情甚笃，时常相偕远游作画，民国画坛一时传为佳话。

此后，巢章甫时常追随张大千先生左右，孜孜以求，深得大千先生赏识。1936 年巢章甫入大风堂正式拜张大千为师，平津两地的大风堂弟子皆称他为大师哥，更因他常为大千先生代拟代缮应酬函稿，大千先生的书画钤印也多由其钤红，故又有秘书兼监印之称。

王梦白的最后日子

王梦白（1888—1934），名云，字梦白，号破斋主人，江西丰城人。幼时丧父，随母生活，在上海钱庄学徒时开始作画，师从吴昌硕后，画艺突飞猛进，后任北京美术专门学校（北平艺术专科学校）中国画系主任、教授，善花卉、山水，尤擅画猴。1929 年王曾在日本举办个人画展。后定居天津，往来于平津之间，因性情乖张，受到同行排挤，最终穷困潦倒抑郁而亡，年仅 46 岁。从 1930 年至 1934 年，王梦白就像从人间蒸发了一样，绝少有文字记载，而 1934 年 11 月 6 日《天津商报画刊》刊登的巢章甫《记王梦白》一文，则记录了王梦白最后两年的人生轨迹。

巢章甫早就听说过王梦白的大名，可算是神交已久。他们初次见面是 1933 年春在北平的习苦斋，二人相见恨晚，相谈甚欢，便到王梦白家中长谈，此后又在中山公园稷坛两次相遇，但匆匆而别。1934 年巢章甫到北平养病期间，多次在恩师张大千家中与王梦白相晤，每次都要高谈阔论两三个小时。梦白先生有个过人之处，即能够熟练运用全国 18 个省的语言轻松与人交谈，尤其是模仿别人的讲话更是惟妙惟肖，其中最能乱真的当属学画家凌直支的泰州话和名士罗瘿公、画家罗复堪两兄弟的广东话，如果闭上眼睛听，还真听不清真伪，对面听时更是让人忍俊不禁。

王梦白师从陈师曾，绘画造诣很深，其花鸟、山水颇有新罗山人的风范，走兽也是清雅可喜，偶作人物，但作品极少。他与同属京派画家的汪慎生（名溶）自幼为友，两人画风互有借鉴，各有千秋，沉着之处梦白先生或不及慎生，俊逸之处则慎生先生或不及梦白。梦白先生的门徒很多，最得意的弟子当属颜伯龙。

在当年的艺术界，梦白先生最为推崇的就是恩师陈师曾先生。陈师曾去世后，梦白先生亲自经纪其丧事。梦白先生也很尊重罗瘿公、汤定之、陈半丁等名流。世人都知道他与寿石工先生在处事上常意见不合，但他却始终对寿石工的艺术钦佩有加，称其为当世第一流文豪。

梦白先生相貌清癯，面色红白相间，最为引人注目的就是他的银白美髯。据说，他早熟，在30岁胡须就已过尺，且雪白似银。他最为珍爱的也是自己的美髯，在世人面前经常临风弄髯，更以神仙自诩。但他性情急躁，与人一语不合，立即怒形于色，讥讽辱骂，无所不用其极，为此自称江西老，自号破斋主人、骂斋。他对当时艺术界的世风日下、拜金主义更是扼腕叹息，为此，在圈内看来，他就是一个不合时宜的另类。他曾给巢章甫讲了一件事，有一人求他画扇面数柄，第一次要求上款称仁兄，第二次的三柄扇面一柄称某先生，另外两柄让他代为措词。人家付了润笔，王梦白只得强忍愤懑一一照办。送走客人后，梦白先生不禁叹息道，当今的艺术界真不如娼妓啊！娼妓拿了嫖客的钱就须叫人二爷，我们的艺术界呢，称仁兄还不过瘾，还要称先生，只称先生还不行，还叫你自己斟酌，再叫好听的！总之，现时的世界只是个金钱的社会，我王梦白现在也只认得钱了，有钱称仁兄可以，称先生也罢，甚至于某老、某伯也没问题，即使让我叫爸爸，我也咬咬牙认了！如果能加润三倍，上款称祖父大人，下款称王八蛋，我也能逐一照办！

难兄难弟冯武越

巢章甫来津后，即与《北洋画报》创办人冯武越成为至友。1934年夏，他俩相继患病，同往北平治疗，同病相怜的难兄难弟，相互关心，相互安慰。当得到冯武越去世的消息后，巢章甫心情极为沉痛，先后写了《哭武越》《重哭武越》两文刊于《天津商报画刊》，记述了他二人的真挚感情。

冯武越虽出身名门，得先世余荫，而绝无贵胄之气；虽留学西欧，而绝无学生之气；虽在军政界任职，而绝无官之气、军之气；虽多年服务新闻，而绝无记者之气。与朋友交往，温文尔雅，和蔼可亲，尊敬他人，重信守诺，遇事绝无推诿。好学不倦，艺事尤笃，提携后进，不遗余力。自称少小未尝遍读古籍，但撰文却极为流畅，富于真情，画松气韵幽闲，书法隽秀苍劲，漫画古趣新意兼而有之，业内公认，绝非阿谀奉承之虚。

甲戌年夏，巢章甫养疴赴北平南海，冯武越也因病到北平德国医院治疗。巢的治疗医生为该院德医克礼，故隔日即需来院一次，诊病之余，巢即到冯的病房。冯经常倚卧榻上，巢坐其旁。冯见巢来，极为高兴，二人相谈甚欢。巢虽担心冯多谈伤气，但也不忍言辞，冯也不愿巢言辞，故每次都是日近黄昏，巢才不得不告辞。若值侍者送来饮食，冯必执意分巢共食。因其身患传染性的肺病，冯必再三用药水洗涤食具，然后才为巢盛饭奉上。

月余，因治疗并未见效，巢改就中医，遂数日才得来院

1936年第17卷第20期《天津商报画刊》中《重哭武越》一文记叙了巢章甫与冯武越的深厚感情

探望一次。冯亦因病重而进入翠微山，边疗养边治疗。巢得到消息时，冯已入山，未及相送。数月后，巢病愈回津，冯亦因事返津，又得时常见面。冯自称，在山中居住颇为舒适，病情也已治愈十之五六，回津后遂有精神焕发之感。但此后，冯因在津筹备赵少昂、黄宾虹画展，数日不得休息，数夜不得安寐，病情复发，持续高烧，西药医治无效改服中药，投石膏等剂，稍稍渐好，但不久即复发。冯对前来探望的巢说，我的身体已经虚弱，发热就是典型的虚象啊！巢遂劝冯，投石膏为治疗重寒之剂，恐非治本之药，劝其停止投石膏。冯初不甚信，既而发热愈数，始稍有相信，遂去石膏，仅服汤剂，但仍无效。巢与友人均劝冯早日入山疗养为宜。适值冯夫人赵绛雪之母逝世，冯在办理后事时又复操劳，兼之春寒风厉，病愈加重。1935 年 12 月，冯才不得不再进北平西山，但为时已晚。

入山后，冯与巢多有书信往来。冯只言病有起色，并劝巢亦往居。巢在回信中答应不日前往探视，但终未成行。冯在信中从未提及病情已深，想来是怕亲友们担心吧！他在病中仍致力中国图案学研究，遍搜秘籍，欲著专书。就在病逝前半月，冯犹遣夫人自北平回津，向友人借书，其勤勉之处可见一斑。倘若假以时日，冯之造诣讵可限量！

叶星海父子在津病逝

叶星海白手起家，从宁波来津创办利济贸易公司、打包公司，成为天津著名买办。

叶星海，名炳奎，字星海，以字行，1870 年生于浙江镇海，早年因家世清寒而失学，但却艰苦自励，不以窘迫隳其志，曾就邻家塾师请业，久而通文辞，能翰札。叶先在上海轮船招商局任书记员，事业发轫，肇端于此，后因结识德国商人吉伯利而转至上海美隆洋行，并于 1887 年随吉伯来到天津，在吉伯利创办的兴隆洋行任买办。这期间,叶星海开阔了眼界，广泛结交各地客商，积累了经验和财富。在第一次世界大战期间，他与宁波在津商人严蕉铭等人合伙盘下英商兴茂公司下属的机器打包厂,成立了天津第一家华资打包公司。1918 年，叶星海出资，与李组绅、李组才、曹汝霖、陆宗舆等合伙创办了天津最早的华商对外贸易商行——利济贸易公司，叶星海任董事长。1923 年，叶星海离开兴隆洋行至法商永兴洋行任买办。因他工作出色，业绩突出，洋行豁免了他的保证金，这在当时华人买办中是绝无仅有的。

叶星海非寻常市廛人。在事业成功的同时,他更热心兴学，他创办浙江公学，任解南学校董事。他为人正直，主持公道，担任天津商会商学会会长，该学会为商界仲裁机构，他任职期间为商界排难解纷。他乐善好施，热心公益，每遇天津各方有事，慷慨赈济，不易悉数，有“断井泉以济烦渴，设工厂以养贫民”之义举。他为人大度，提携后生，稍晚来津的宁波商人大多得到过他的鼎力支持。天津浙江义园成立后，他曾一度主持园务。

1929 年 7 月 26 日是叶星海的甲子寿辰日。叶家借用黎元洪家里的厅堂祝寿，大宴宾客，宾客多达 500 余人，还请来了劝业场全班杂耍演员，盛极一时，花费极大。不料两个月后，叶星海突然因病去世。同年 9 月 28 日《北洋画报》以图文报道了叶星海病逝的消息。

署名梦天的作者在《今日移灵浙江义园之叶星海先生》一文中，记述了叶星海的生平事略。《曲线新闻》则报道了袁世凯之子袁克文挽词“平生好善，无疾而终”。时在北平的王长林、龚云甫、钱金福、程继仙、陈德霖、王瑶卿、杨小楼、松介眉、王凤卿、高庆奎、郝寿臣、梅兰芳、程艳秋、尚小云、杨宝忠、郭仲衡、张荣奎等 17 位当红名伶，公送“德隆望重”匾额一方。四大名旦中只少荀慧生，须生独缺余叔岩。匾由王幼卿亲自赍送津城。

9 月 29 日移灵当日，叶宅大殡，仪仗队巡游于英、法租界，素车白马往还其间，锣鼓僧乐不绝于耳。报界友人在《商报》报馆门前举行路祭，百代公司沿途全程录像。排场奢华，轰动津门。

郭有恒襪子鋪

天津法界天祥市場二層樓上 又北海樓西面樓上

一分錢一分貨 十分不錯 好貨不賤 賤貨不好 沒錢賣好貨

明星戲院 預告

十月十日登台演唱拿手佳劇

王鳳卿 梅蘭芳 陳德霖

劇目請參看各日報

廿九移靈之旅津名商鎮海葉星海先生之遺象

Late Mr. P.K. Yehsinghai, prominent local merchant, whose funeral takes place on the 29th instant.

『花底迷藏』（張絪女士攝於青島四方公園） 。桐蔭寄刊。

The society star Miss Chang Yin, taken at the Szu Fang Park, Tsingtao.

■今日移靈浙江義園之葉星海先生

夢天

先生名炳奎，浙之鎮海人。幼以家世清貧，失學習賈，堅著自勵，不以窘迫靡其志。餘暇輒就家塾師請業，久而通文辭能翰札。乃就招商局書記職，事業發軔，濫觴於是。夫豪傑之士，恒自艱苦中來，世多垂於述著，播爲美談，如先生之奮跡闤闠，卓然自立，寧非青年之楷模歟！斯吾之所宜言也。先生服賈津門，以誠信爲西商所敬服，正直不苟，爲人所憚，十餘年不易其地，而事業賴以發展，以驟自致素封，而對外貿易所擘畫者尤著宏效。今日商業上之道德，每見低落，觀於先生之立身行事，足以樹風規而正趨向者如此，斯又吾之所宜言也。先生非尋常市廛人也，於興學校（任解商學校董事，浙江公學創辦人），解糾紛（任商學會會長，爲商界仲裁機關，排難解紛，成全甚衆），謀公益（熱心賑濟，不易悉數，於故鄉浙井泉以濟旱涸，設工廠以養貧民，尤爲犖犖大者），拔人材（津門商界重要人物，得其提携以獲成立），莫不聲施爛然。即如浙江義園之成立，得先生主持者獨多，今茲遺櫬暫安，而素車白馬往還於其間，能不念先生之平生哉？斯固吾之所宜言也。吾於先生之喪，舉以告當世者如此。誠不足以盡先生，而世固莫不知先生者，初不以吾言爲重輕也。

■曲綫新聞

[illegible]

平生好善 無疾而終

◁袁克文君挽葉星海先生聯▷

Words of elogy for the late Mr. Yehsinghai by the famous scholar Yuan Ke-Wen.

山中雜俗音 [illegible]

◁青島四方公園中之四舞星▷ 〔自右至左：張紅・張絪・Miss Gray.・陳鳳娟・Miss Valla〕 。桐蔭晗刊。

Chinese and foreign society ladies taken at the Szu-Fang Park, Tsingtao.

曹錕夫人陳寒蕊女士 周杏貞女士贈

Chen Han-Jui, wife of Ex-President Tsao Kun.

■雲山零語（一）

[illegible]

五月三日 蔣中正

濟南中山公園中蔣介石手書之『五月三日國恥紀念』碑 。濟南中國像傳通信社寄。

May 3rd. Humiliation Tablet bearing the handwriting of Gen. Chiang Kai-Shih, at Tsinanfu.

濟南日人將車輪挖空私販白丸毒品 。濟南中國像傳通信社寄。

Japanese narcotic smugglers at Tsinanfu cleverly made up of the car wheels.

嘗山郭莊所產之奇貓 。邢國生寄。 （兩頭並生・其一頭之口鼻皆與狗同・四足亦以狗足形）

A cat, recently born in Fangshan, having an extra head of a dog.

《北洋画报》报道叶星海病逝消息

叶星海的独生子叶庸方，字畏夏，斋号朝歌斋主，1903年生于天津。父亲去世后，接任永兴洋行买办。但他却不善经商，酷爱西皮二黄，喜欢结交报界文人，曾接办意商回力球场，投资创办《天津商报》《天津商报画刊》《风月画报》等。这些报刊为研究近代中国留下了非常珍贵的图文资料。他还是著名票友，专攻生行，出资将永兴洋行的国剧票房扩大，在法租界嘉乐里租妥独门独院三楼三底楼房一所，每星期六晚彩排，取名记兴国剧社。该社与开滦国剧社、群贤留韵成鼎足之势，并称三大票房。20世纪30年代，特约北平名老生孟小茹、武二花、韩富信，昆曲名宿益友，丑角王华甫等任教。该社昆曲、皮簧剧目甚多，每次义演总以武戏做大轴，为了练私功，叶庸方亲自到北京请来文、武老生名演员张荣奎，为他说戏、拉身段、打把子。他先后学会了《南阳关》《武昭关》《战太平》《下河东》等唱、做繁重的几出靠把老生戏。叶庸方待人真诚，轻财重义，广交社会名流，与名伶杨小楼、余叔岩、梅兰芳、程艳秋、尚小云、荀慧生、李桂芳、孟小冬、周信芳等均为朋友。这些名角每次来津，不论是商演、义演或堂会，必是先到叶府拜会叶庸方。叶更是热情接待，家中备有客房数间，专配中西名厨掌勺，

叶庸方

美酒佳果盛宴招待。同乡周信芳到津更是亲切，必聚两三日始离去。1930 年 10 月，梅兰芳与孟小冬的关系几近破裂之时，叶庸方精心安排、多次劝解，使二人暂时达成和解。1932 年 1 月，程砚秋赴欧考察，他亲到北平接程来津，在忠兴楼设宴饯行，直到送上塘沽港口赴欧日轮，并请来北平玉亭电影商行全程录像。

叶庸方后与坤伶马艳云结为伉俪。婚后，夫妻和睦，叶庸方诸事收敛，很少外出游荡，同以往判若两人。20 世纪 30 年代末，叶氏家境衰落，入不敷出，每况愈下，加之叶庸方吸食鸦片中毒过深，身体日渐衰颓，终至一病不起，于 1944 年溘然长逝。

孤傲狂狷：潘伯鹰二三事

潘伯鹰（1898—1966），名式，字伯鹰，号凫公、有发翁、却曲翁，别署孤云，安徽怀宁人。早年师从桐城吴闿生学习经史文辞，就读于上海交通大学铁路管理专业。假使他按照学以致用的原则规划人生，至多也不过做一个段长、站长而已。但他却酷爱文学，诗古文辞，无所不娴，1926年后在济南大学、中法大学教授国文，并开始文学创作，先有《人海微澜》曾刊于天津《大公报》，后有《隐刑》连载于《实报》，名噪一时。1931年，他曾在东北被逮捕入狱数月，幸得萧叔䌹、章士钊等竭力营救才获自由。1932年第76期《学衡》杂志中《南冠集》的十数首诗歌，记录了他的狱中生活。

1933年蒋介石主政四川时，曾闻潘伯鹰的文名，特聘他任行营秘书，后转任实业部简任秘书，当年国民政府的重要文电多出自他的手笔。但时间不长，他便厌倦了官场生涯，定居于北平宣武门外达智桥一带，在北宁铁路局任职，公余时间坚持写作。

潘伯鹰早年在大学任职时，便与学生周竞中结婚，但不久其妻竟因病去世。潘伯鹰悲痛欲绝，遂抱定独身主义，终身不娶。但当遇到章士钊的义女何畹君（字世珍）女士时，潘伯鹰不觉为之倾倒，自愿放弃不婚誓言，1925 年，二人携手步入婚姻的殿堂。何畹君善书能诗，婚前曾有《春日游颐

人物誌

潘鳧公

管灵賢

潘鳧公近影

我認識潘鳧公先生，是在民國二十年的冬天，那時我在實報服務，因爲副刊上缺少一篇小說，乃託吳範園先生介紹，想請他以在大公報寫「人海微瀾」的精神，爲實報寫一篇創作小說，在某一天，吳先生邀我在他家裏，和潘先生晤面了。在我沒有和他見面之前，我想這位潘先生必定是一位駝背龍鍾，或是衣冠不整的老名士，及至一見面之後，大出我意料之外，原來他是一位青年創作家，他的身軀不及四尺，他的態度却極其灑脫，面龐是白皙如玉，儀容溫婉如好女，我心裏想，我假定有一位妹妹，一準要介紹給潘先生做一個朋友！

我把來意道明，潘先生彼時正在中法大學教書，又在大公報寫文章，而竟能於百忙中，承諾了我的要求，當時我眞歡愉得跳起來！沒有幾天，「隱刑」這篇小說，便在實報上與讀者相見，一天一天過去，漸漸完成了這一部三十萬言的長篇大著；後來，潘先生把它改名「稚瑩」自己發刊了，此書印行萬冊，不脛而走，他的思想，與他的人生觀，大部份均流露在這一部書裏，他對社會的認識，在「稚瑩」中，有這麼一段：

「社會是最混賬的，社會上似乎有一些公是公非，但也只是盲目的發出來的。……社會是永遠不會從小公寓和燒餅裏頭認識天才的……社會的意識中，「名人」和「天才」都是住在宮殿裏吃大菜的」。

他這幾句話，何等澈底？，何等深刻？，又何等

—19—

1936 年第 18 期《实报半月刊》中的潘鳧公人物传和肖像照

和园遇雨》五律云："策蹇西郊外，联翩拾翠人。微雨醒柳梦，细雨湿莺身。隐隐藏山寺，悠悠远俗尘。此乡烟景丽，况值御园春。"诗体圆畅、寓意深长。青庐交拜之日，友人曾履川（字

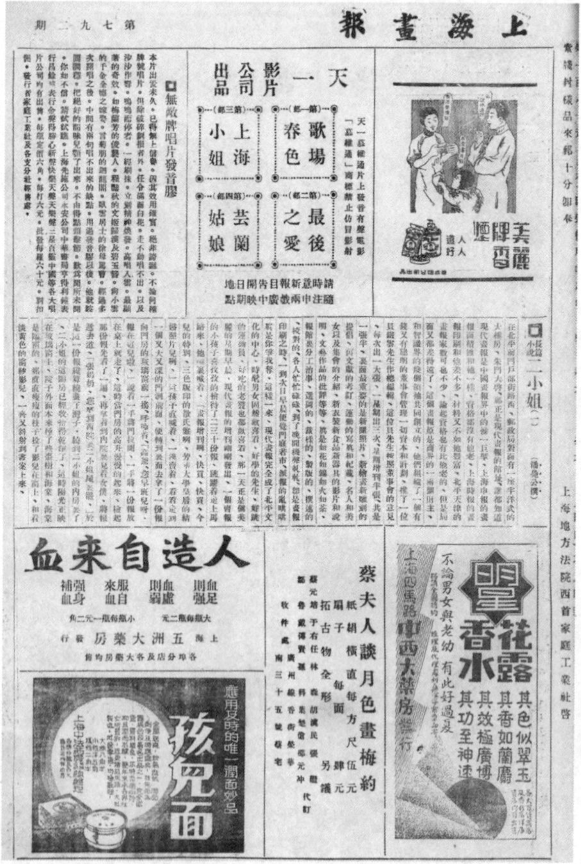

潘凫公的《二小姐》曾在《上海画报》连载

克端）曾赋催妆诗一首："隐隐细风醒柳梦，丝丝细雨湿莺身。神州风雨鸡鸣夜，好倚妆台看劫尘。"而蕲水学人毕珍午也作诗调侃道："独身主义真难抱，不信何妨看老潘。"一时在文坛播为美谈。

何畹君曾是北平女师大的高材生，小潘伯鹰 7 岁。婚后，他们的生活极为现代化，除雇用一名做饭的佣人外，一切生活琐屑皆他二人自己动手。潘的的书斋里写有"滴自己的汗，吃自己的饭，自己事情自己干"的条幅，很有教育家陶行知的风范。

他的书法由颜入苏，擅楷书、行草，用笔刚毅凝重，妙在巧拙互用，自成一家。何畹君常常临摹他的书法，惟妙惟肖。潘伯鹰因《人海微澜》《隐刑》《残羽》而大享盛誉，在华北文坛独步一时。朋辈及社会各界请潘书扇者纷至沓来，他一时忙不及，多系夫人捉刀。即使是与潘素谂者，也不能辨其赝鼎与否。潘伯鹰仍觉不胜其烦，为节制求书者，便独出心裁地在报纸上刊登《卖文字例》："1. 碑铭传状诔记之属，每首百元；2. 题识十元，限诗者加半，诗限韵加倍；3. 寿序面议，寿诗不应；4. 奇行伟节，湮没不彰，发潜阐幽，匪异人任，此非区区财帛可计，不取值；5. 楹帖四尺二元，六尺三元，八尺五元，堂幅四尺四元，六尺六元，八尺八元，屏幅每幅视堂幅减半，扇面二元，榜书每字二元；6. 润金先惠，十日取件，概无随封，收件处法租界天津书局。"

纵观其订例，润格似过高，但其文字价值，以此相量，尚觉甚薄。且第四条，对于奇行伟节愿任发潜阐幽之责，并不取值，尤为其难能可贵之处。

潘伯鹰主张旧礼教，平日在家，必定要穿一件修短适度的长衫，出门更要套上一件马褂，即使是三伏天，他也是这般打扮。有人讥笑其迂儒，学究味。他便严肃地说："出门如见大宾！"潘伯鹰性格孤傲狂狷，《近代艺林品藻录》就曾将潘伯鹰的"孤高不群"与其好友沈尹默的"蔼蔼谦谦"相对比。他对于文房用具极为考究，除常用毫管以外，还屡用竹笔作字，以求异趣；墨则从不用墨汁，晚年特别钟爱胡开文徽墨；笺纸多用自印的"玄隐庐""饮河社"纹纸及朵云轩精印的名家水印墨迹花笺；印章则非出自名家之手者不用，最常用的是乔大壮、蒋维崧两人镌刻之印。其书房名曰"隋经堂"，为避免外界闲杂人等的干扰，曾书横幅"不读五千卷书者，不得入此室"。

潘伯鹰学识渊博，多才多艺，在诸多领域均有建树。有人给他的成就排了一个次序：一书法，二诗，三文，四小说，五鉴赏。

巴金曾在天津宁园泛舟

巴金曾在《纪念我的哥哥》一文中，详述了他对病逝的哥哥李尧林的思念之情，其中提及当年曾三次来津。

他们兄弟四人，巴金最小，李尧林是二哥（大排行老三）。他二人自幼感情深厚，同睡一铺，后又同乘一叶扁舟出川求学。燕京大学毕业后，李尧林进入南开中学担任英文老师。虽然学校待遇不高，但却与他的兴趣相合。于是，他借了债，做了两套可以穿进课堂见学生的衣服，还为自己制定了一个发展计划。可是，大哥的突然离世，让他默默地承担起老家 11 口人的生活重负。为此，他放弃了婚姻，一心拼命工作。巴金前两次到天津来，累次提醒哥哥考虑一下自己的个人问题，但哥哥总是回避，不肯敞开心扉。有时逼着急了，他总是拿“这又有什么办法呢”一句话来封巴金的嘴。讲话时，哥哥的脸上时常挂着笑容，但那微笑是寂寞的，疲倦的。他从不诉苦，也不再挣扎，残酷的现实已消磨尽了他的勇气和热情。他对弟弟的关心远胜过弟弟对他的关心，因此，巴金常说，三哥是最关心他的人。

1932 年“一·二八”淞沪抗战爆发，当天日军轰炸闸北时，巴金正坐在由南京开往上海的火车上。为了安全起见，火车抵达丹阳后又转回了南京。29日凌晨，巴金回到南京火车站，天亮后住进旅馆。被困南京一周的时间里，他曾两次想乘津浦车到天津看望哥哥，并和他商议家里的一些事情，在天津小住几日，再搭乘海轮回上海。但南京的朋友们连说天津或

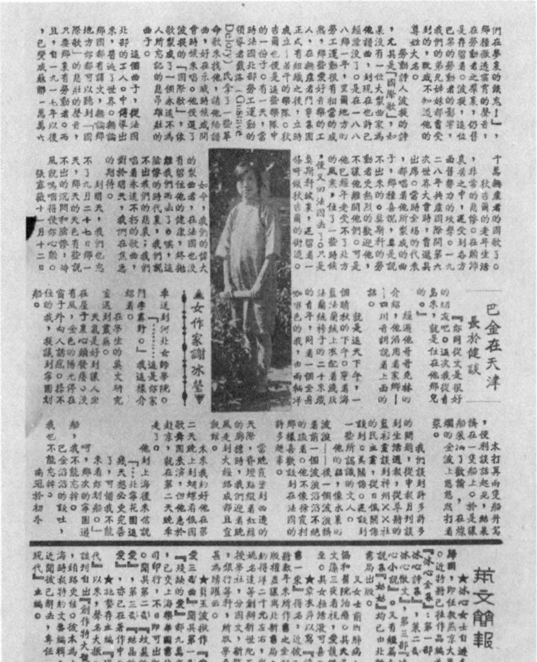

巴金在天津
長於健談

女作家謝冰瑩

藝文簡報

4

1932年第1期《电影与文艺》中《巴金在天津》一文

许更危险，劝他仍回上海。回到上海后，他依然挂念哥哥，遂于同年 11 月第三次来到天津。

经李尧林的介绍,《电影与文艺》记者采访了巴金。那是一个晴朗的下午，两位记者和李尧林前往车站迎接，他们一行四人雇了两辆洋车，来到河北天津女师学院。李尧林时借住在李霁野家中。当日的天气好到让人坐在屋里心头就发痒。于是记者提议，一起到宁园划船吧！得到一致响应后，大家便步行来到宁园。原本打算租用两船并驾而行，但为便利谈话起见，结果四人挤在了一条船上。船儿载着金色的阳光和一路的欢愉，在灿烂的金波上悠悠然打起了桨。

以沉默多思著称的巴金,当日却非常健谈。他与记者从《申报月刊》谈到《生活周报》，从蓝衫党谈到民主党，从日俄关系谈到日美关系。尤其谈到几位文人朋友时，巴金更兴致勃勃，他对记者说:“你同(沈)从文是很好的朋友啊,这次我从青岛来，就是住在他那儿的。”巴金虽也曾留学巴黎，但他并不像北京大学教授徐霞村那样，喜欢谈到在法国的许多趣闻轶事。

当晚霞涂满西边天际的时候，他们穿过昏灯点缀的宁园长廊，迎着晚风，来到大经路上的成都且宜饭馆。席间，记者再次约请巴金明晚到蛱蝶影院观看俄国歌舞团的表演。但他急于赶到南京，第二天即乘坐晚车匆匆离津了。到上海后，巴金来信说：“北宁花园这几天想必更完善了，可惜我不能来看你划船了。”可见，那次宁园泛舟给巴金留下了深刻印象。

高友唐弹劾郑毓秀

郑毓秀在民国初年谋炸袁世凯未遂而遭通缉，被迫逃至法国留学，终获巴黎大学博士学位而成为中国的第一位法学

1931 年，郑毓秀在北平演讲

博士。1926 年回国后，她成为中国的第一位女法官、第一位女地方法院院长、第一位女律师。然而，就在她的人生达到巅峰之时，却遭到监察院监察委员高友唐的弹劾，江宁地方法院开庭审理此案。《中央日报》《北洋画报》《天津商报画刊》等报刊均对此案作了相关报道和评论。

1933 年初，高友唐弹劾郑毓秀出任上海地方法院审判厅厅长时，伙同书记官钮传椿、原上海地方法院院长杨肇熉、会计主任郑慧琛（郑毓秀之妹）涉嫌共同舞弊、违法侵占。同年 2 月 16 日《北洋画报》中的《厅长坐监》一文，公布了弹章中列举郑毓秀的数条罪状："伏查郑毓秀自卸任后，在沪充当律师，对于词讼案件一手包办，为所欲为。始则以白为黑，继则无中生有。民事不能拘押，则以假扣押恐吓之；刑事不问虚实，但有控告，则以拘押恐吓之。均为诈财或胁迫和解之工具。其所诈之财，闻已数百万。推检中虽不乏自好之士，稍持正谊，即立予左迁。其无节气者，无不俯首听命，受其指挥。法院一时有'博士电话——推检吓一跳'之谣，乃纪实也。数年以来，上海人民因受郑毓秀势力所摧残，倾家荡产者若而人，负屈自杀者若而人。社会之道德陵夷，法院之人格扫地，皆郑毓秀、杨肇熉等所酿成……"高友唐要求对郑毓秀等进行惩戒，主张将其"移送法院，从重治罪，追缴侵占各款，以儆奸贪，而平众怒。为国家整纲纪，为法界挽声誉，胥在于斯……"高友唐还向相关部门提交了上海地方法院审判厅厅长若干簿册作为物证。

1935年4月2日《天津商报画刊》刊登的高友唐照片和信札

此案一出，举国愕然，没有想到在众多光环照耀下的郑毓秀，竟然也有如此不可告人之勾当。《北洋画报》的评论文章写道：“假若郑某等果然如他所说的罪恶弥天，那么这一弹劾，姑不论其下文如何，而高氏之言人所不敢言，究竟是大快人心。”足见世人对此案的态度。《天津商报画刊》中的《高友唐确是好官》一文，一方面认为“中国第一任的女法官郑毓秀枉法贪赃，至数十万之巨，为中国法界空前之奇耻。中国女子一做官，便丢这样一个大丑，真是把中国妇女界的脸面都丢尽了”；一方面庆幸还有高友唐这样铁面无私的一位监察委员，弹章屡上，把郑毓秀揭参。郑毓秀一见形势不好，只得一溜烟跑之大吉。郑毓秀到了国外仍欲操控此案，两次秘密致函高友唐，试图行贿了案。第一封信承诺给高友唐 6 万，后来怕他嫌少，第二封又追加了 4 万，凑足了 10 万。郑毓秀凭借做法官、当律师的经验，以为中国做官的没有不要钱的，10 万大洋奉上，便可大事化小，小事化了。岂知中国竟然还有高友唐这样一位不要钱的清官。如此，郑毓秀把事情弄得更糟了，高友唐把她行贿的信函作了证据再参一本。这个结果完全出乎郑毓秀意料之外，而高友唐正直刚毅的气节更为社会各界所钦重。

有文章则将高友唐与清政府的江春霖相类比：清末朝政紊乱达于极点，但是还有江春霖一班人，弹劾权贵，直言敢谏，做高岗之鸣凤。现在政界贪污之风，豪奢之习，虽不敢拿来同清末比较，然而以高友唐比较江春霖辈，却是决无逊色的。高友唐当时正因张学良拿了颐和园的字画藏之银行而弹劾少帅。他认为即使张学良后来认识到行为不当而将字画检还，但也已成立了法律上的侵占罪。事情虽小，但决非小题大做，国家公物岂可任意取携？

身为律师的郑毓秀旋即在上海各报刊登启事为自己辩护，有关上海地方法院审判厅存款侵占之事，系书记官酆权所为，不应以郑毓秀为该案主体。监察委员的弹劾仅限于国家公务员之行为，而郑毓秀身为律师而非公务员，故不应在弹劾之列。因此，高友唐之弹劾“既出范围，又系诬陷”。

同年 8 月 30 日，江宁地方法院开庭审理了此案。检察官的起诉书称，郑毓秀 1927 年 3 月担任上海地方审判厅厅长时，任命钮传椿为书记官兼会计事务，将当事人存交法院之款项陆续支取二万二千五百零二元一角四分四厘，连同该厅在上海中国银行存款洋息一千二百十三元二角九分、银息三十二两九钱九分侵占，未移交后任。郑毓秀等“假藉职务上之机会，共同侵占公务上之管有物，依刑法第四十二条实行共犯同法第三百五十七条第一款之罪”。

然而，当法院分别传唤各被告到庭时，郑毓秀姐妹、杨肇熉却均已出国，仅钮传椿一人在押。再次开庭审理时，钮传椿的辩护律师蒋豪士称，有关会计手续舞弊之事均由酆权经手，请求传唤此人出庭作证。法院遍寻酆权无果，不得不宣布展期审理。至此，该案再无下文。

该案的不了了之在世人意料之中，正如署名“愚公”的作者在《北洋画报》上所言，如今国家纪纲之废弛，社会道德之陵夷，断然不是小小一个前任厅长或区区几个恶律师的功力所能致。纵使高友唐举发各点千真万确，此案必然要牵涉到若干高级及最高级的司法行政长官，这些高级官吏又皆“革命伟人”。有此背景，高友唐弹劾的结果便是可想而知了。曾任法院厅长、时为律师的郑毓秀可算是知法犯法，但她凭借自己的法力仍能逍遥法外。因此，这次弹劾的意义也只能是让郑毓秀坐坐“精神上的监狱”了。

亦庄亦谐刘半农

1934 年 7 月 14 日，中国新文化运动先驱刘半农在北平病逝，年仅 44 岁。生前旧友鲁迅、胡适、赵元礼、湘如等或撰文或挽联，追思刘半农的卓越成就和幽默人生。

投稿起家

1934 年 8 月 18 日《北洋画报》中《刘半农投稿起家》一文，介绍了刘半农的简要生平。

刘半农，江苏江阴人，原名寿彭，更名复，初字半侬，后改半农，晚号曲庵。刘少时在江阴中学读了几年书，因家境贫寒，不待毕业便到上海，谋了一份月薪 12 元钱的小差事。时值鸳鸯蝴蝶派小说盛行，所谓“小说争传艳与香，不谈美女即才郎。可怜著作等身客，千字文章值半洋”。刘半农也用了一个五分带有女性香粉气的笔名“半侬”，四处投稿，以换取生活费。当时的投稿人分为两种，一是非职业投稿，一是职业投稿。职业投稿者因受生活压迫，不得不迎合现实，丧失自我，徒知阿俗取宠，以求作品有出路。作品虽有出路，但自己思想的出路却被扼杀了，故而很难取得成就。刘半农当时也是职业投稿者，但却算是自强不息、出类拔萃的例外。

刘半农在文坛中渐有文名，遂得升至中华书局做了一名小编辑，专门翻译外国小说如福尔摩斯侦探案之类书籍。如果长此下去，刘半农至多也不过混到徐枕亚、张恨水一流人物的地位罢了。但他却凭借着绝顶的聪明、正确的判断力，抓住了时代的脉搏，赶上了社会的潮头，投身《新青年》，参加文学革命，成为五四运动的一员偏裨战将。

1916 年 12 月，蔡元培新掌北京大学，锐意改革士风。为了网罗人才，他把目光放在了杂志的投稿者上，并发现了不少的人才。例如，陈启修教授便是在《学艺》上发表了几篇文章而被看中的；陈独秀则是经《新世界报》汤尔和之介绍。《新青年》上投稿得力的人员多被延揽至北大，刘半农是因在《新青年》上刊发的《我之文学改良观》而被破格聘为北大预科国文教员。刘半农这位少年失学的青年，却如锥处囊中，脱颖而出。1920 年便由北大公费送到欧洲留学，得了个博士回来，成为中国第一流的学者。

回国后，刘半农曾任教育界要职，但始终未离北大。其翻译之《茶花女》，1932 年冬曾由余上沅主持，公演于北平协和礼堂，博得观众极度美誉。

幽默诙谐如吴稚晖

刘半农天资聪颖，性富诙谐，其作品亦如其人，多以幽默论调，讽世规俗。1934 年 9 月 20 日《北洋画报》刊发《刘半农与吴稚晖》一文，作者窦炳讲述了几段刘半农的轶闻趣事。

刘半农一生的滑稽性格，一直以吴稚晖做范本。吴稚晖自述写文章的秘诀取法于“放屁放屁,真正岂有此理”这一句话。刘半农便去寻出这句话的出处，当找到《何典》一书时，他欢天喜地曰 :“吴老丈的老师被我们抓到了！”于是，刘半农“悉心静气，将此书一气读完。读完了将它笔墨与吴文笔墨相比，真是一丝不差，驴头恰对马嘴”。刘半农在重印序言中说到，吴稚晖的滑稽之处在于把任何天大的事情都看得米小米小。例如，1932 年江苏省政府改组，有新闻记者向吴稚晖探询消息，他便说那是等于土地庙改组无关紧要。

1923 年 2 月，中国现代哲学界展开了一场科学与人生观的大论战。吴稚晖写了一篇压阵的大文章《一个新信仰的宇宙观及人生观》，以闲谈的方式、诙谐的笔调，发表了自己独到的意见。他声明，我所谓“新信仰的宇宙观及人生观”，并非哲学家的宇宙观人生观，而是“柴积上日黄中老头儿信仰中的宇宙观人生观”。刘半农佩服得五体投地。

1931 年，刘半农曾任国立北平大学女子学院院长，主张女子应称呼“姑娘”，而不应以舶来品之“蜜丝”为时尚，引起社会之讨论，平添几许谈资。同年，他辞去院长之职，与钱玄同、黎锦熙等人专心编纂《中华大辞典》，以注音字母之顺序为排列，每编一字则上穷金石籀篆，下究白话方言，致有引申假借之义，无不推原究竟，研讨无遗。其篇幅较之陆尔奎《辞源》，大过百余倍。故而刘半农乐此不疲，当作终身事业，但却事未成身先去。

1933 年秋，北平女子学院发生风潮，院长顾澄辞职，外间曾传将由刘半农继任。为此，刘半农对外发表评论，语极滑稽，酷类吴稚晖的口吻，他说："院长人选云云，这不知道是那一阵风里刮来的无根之谈，真是岂有此理。我因为不愿做事务员，才把什么院长、教务长辞个干净，安心读书。若要我把已开得书本阖去，去当事务员，除非饿得要讨饭。自然做事务员比讨饭好。老实说，做一个学院院长的光荣，在我眼中，未必比一堆花生米更有风趣。但人各有志，所以观点不同。犹之乎官僚军阀把我们书呆子看得不如干屎橛，而我们也必须自认为活该。"

刘半农赴西北调查方言时，在百灵庙山坡上出恭，吟得两句颇有盛唐气味的诗句，叫作："登山拉屎去，天地一茅房。"这自然又是在步吴稚晖的后尘了。为此，作者赋诗一首："吾爱吴夫子，萧闲晒日黄。滑同刘老老，稽赛汉东方。改组江苏省，重修土地堂。登山拉屎去，天地一茅房。"

刘半农善写打油诗，常署名"桐花芝豆馆主"。他的弟子解释说，相传昔有蔡某，为文辄自称蔡子，一日以所作诗文呈苏东坡请教。苏东坡略一翻阅，便曰："此打油诗也。"蔡子大骇曰，生虽不肖，何遽至此？答曰：“菜子不打油更有何用？”刘半农将桐子、花生、芝麻、大豆这些打油的原料齐聚一身，便可打出很多很好的油来，写出更多更好的打油诗。刘半农曾刊登启事，广泛征求各种骂人的方言。好友赵元任、钱玄同见报后联袂登门拜访，分别操各种方言把他大骂一顿，他却逐一认真记录，骂人的人却已笑破了肚皮。

虱子要了命

1934年6月下旬，刘半农偕历史学家白涤洲、沈仲章、周殿福等人，到归绥（今呼和浩特）考察方言。抵达百灵庙时，他们夜宿乡村草房。大家都睡在土坑上，唯独刘半农自备一张行军床，在舍中支架独卧。入夜，刘半农故意在行军床上作僵卧状，开玩笑说：“我这是停柩中堂啊！”闻者大笑。但谁又能想到，这句戏言竟成了他自己的谶语。

考察中，刘半农突然发烧不退，不得不回到北平。但病情并未引起刘半农的重视，他只是请了中医诊治，喝了些汤药，后来病危时才送至协和医院。经医生检查，刘半农血中有螺旋菌，这是从不卫生的逆旅中，由虱子传染来的黄疸病，又称回复热。医生说，如果发现及时，只消注射一针“九一四”便可治愈，但当时却为时已晚，回天乏术。有人说，1931年刘半农的介弟刘天华因患猩红热而病逝，就是西医治疗不当所致。因此，刘半农因含悲手足而痛绝西医。但这次却因此断送了自己的生命。

刘半农一生幽默，故而他生前近亲至友在撰写挽联时也多诙谐之语。

《桐花芝豆堂私淑弟子挽诗》曰：“光头何必着袈裟，削发抄残虱子家。死作城隍应不愧，曾编何典备稽查。”作者在释文中说，刘半农此次因赴西北调查方言，被虱子传染，得螺旋菌之回复热病，协和医院查知病源，即将其头发剃得精光，以防虱子滋生传染，无奈病势沉重，竟然病逝。他在昏迷中

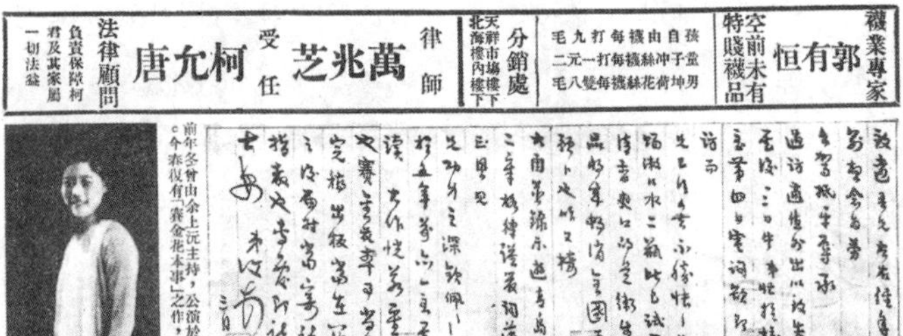

刘半农致友人任致远手札

曾呓语道："将作城隍去。"他生前因吴稚晖之言，将《何典》一书翻印行世，中论各种鬼物，刘半农且亲绘一图，形态毕肖。"今若果作鬼宰，则典籍具在，亦有驾轻就熟之快也。"

北京大学某教授所拟挽联颇富幽默。上联曰："五四云乎哉？以博士而修城隍，如呓复如狂。我替新文学估价，自它他两字发明以来，还是嫖经能救世。"下联为："先生今已矣！因滑头致遭苦打，有情兼有趣。谁知百灵庙远游，竟毛发一齐剃光头而还，可怜虱子不饶他。"

胡适、赵元任的挽联饱含着对挚友的浓浓情思和短暂一生的肯定。前者是："十载凑双簧，无词今后难成曲；数人弱一个，教我如何不想他。"后者为："守常惨死，独秀幽囚，新青年旧伙，如今又弱一个；拼命精神，打油风趣，老朋友当中，无人不念半农。"

沪杭两地追悼史量才

1934年11月13日下午,《申报》总经理史量才在从杭州返回上海途中被刺客枪杀，消息一出，震惊全国。《申报》《北洋画报》《人言周刊》《民鸣》《时代公论》等报刊，以图文的形式跟踪报道了此案。在报道了史量才遇害始末和社会反响的同时，上述报刊也详细记录了上海、杭州两地社会各界对史量才的隆重公祭。

上海报界大王

史量才，字家修，江苏江宁县（今属南京市）人，1880年出生于松江泗泾镇的一个富庶中医之家，1901年就读于浙江杭州蚕学馆，1903年毕业后，先后在上海育才学堂、兵工学堂、务本女学和南洋中学任教。1905年他加入上海政界组织宪政研究会，踏上政治舞台，但因不赞同立宪派主张而陷入苦恼之中，生活上更是“狼狈不堪言状，饿乡亦曾游也”。

武昌起义爆发后，时任沪军都督的陈其美欲借用蚕桑女子学堂，作为据点攻打江南制造局。史量才慨然应允。尽管最终没能实现预定计划，但他对革命的支持和同情却让陈其美铭记在心。后受陈其美委派，史量才主持清理上海海关工作，任松江盐务局主任。他做事干练、思维敏捷，深得陈其美赏识。

经过几年的从政生涯，史量才深感宦海沉浮，不是自己的人生目标，遂于 1912 年，与张闳、应德謇、赵凤昌等合资，以 12 万元购买了正处困境中的《申报》。1916 年，他又收购了其他合资人的股权，实现了独家经营。至 1931 年，《申报》的日发行量由接手前的几千份发展到了 15 万份,年利润达数十万元。

史量才在经营上长袖善舞，在用人上也是善纳人言。《申报》的社论、副刊、增刊成为品牌,对国货之拥护、教育之倡导、时事之针砭,为报纸赢得了数十万的拥趸。在 1927 年收购了《时事新报》全部产权、1929 年以 80 万从福开森手中收购了《新闻报》大半股份后，史量才一跃成为全国新闻界最大的报业巨子，荣获“上海报界大王”“中国的北岩爵士（英国的报业大王）”等美名。

史量才常说 :“报馆不仅是一个商业机关，同时还是一个社会机关，是应该替社会服务的。”之江大学困难时期，他曾多次伸出援手，捐助大笔办学经费。1932 年《申报》创办 60 年时，他出巨资请丁文江、翁方灏主持，绘制了当年最为准确的《中华民国新地图》。

沪杭公路遭暗杀

史量才身材矮瘦，在他狭小的脸上，却有着一只硕大鼻子和一对大耳朵，言语中带有较重的上海口音，声音洪亮高亢，目光炯炯有神，精神充沛饱满，永远不知疲倦。

史量才深知树大招风之理，平素为人低调，韬光养晦，深居简出，业余生活以打拳、念经为主，后以为如此绝非长久之计，始稍与杜月笙等往还。史宅位于静安寺路哈同路口，占地27亩，来访者必经友人介绍，并由介绍人陪往，否则一律挡驾。史量才无子，史咏赓为其过继义子，除就读学校外，亦不准其外出。史家人日常出入戒备严密，曾购得一辆钢甲汽车，玻璃为避弹材质，且车外无开门把手，落锁后必自内开，车门方启。

1934年10月6日，史量才因胃病复发，携全家赴杭州西湖别墅秋水山庄休养，11月13日，乘车从杭州返回上海，同行人有其如夫人沈秋水，沈的侄女沈丽娟，史咏赓和他的同学邓祖询，连同司机黄锦才，共6人。下午3时许，当车行至海宁县翁家埠一带的沪杭公路时，忽被一辆别克汽车拦住去路，当即从车上下来六七人，举枪便射。史知事不妙，自车内跳出，向乡间奔逃，两名杀手紧追其后。史逃入附近一沈姓农家，从后门冲出时，被击中足部，至一个干涸小塘旁痛极倒地，追来的杀手向其头部连开两枪。史血流如注，当即遇难，时年仅54岁。史量才也成为继邵飘萍、林白水之后的又一名被害著名报人。

据国民党特务沈醉回忆和相关史料记载，刺杀史量才的命令正是蒋介石下达，军统戴笠安排蓝衣社赵理君等特务具体实施。刺杀原因是，1931年九一八事变后，史量才聘请爱国民主人士黄炎培、李公朴参与《申报》工作，发表巴金、茅盾、鲁迅等左翼作家的文章，反对蒋介石围剿红军。他还利用在金融界的影响，拒绝认购国民政府巨额债券，却为十九路军捐出巨款。因不满国民党当局的不抵抗政策，《申报》全文刊载了宋庆龄的宣言，配发社论称："人有人格，报有报格，国有国格，三格不存，人将非人，报将非报，国将非国。"蒋介石遂下令禁止邮寄《申报》35天。随后，蒋介石与史量才会面时，蒋对史说："我有一百万军队！"史回："我有一百万读者！"蒋遂下决心除掉史。

上海史宅大殓

史量才遇难后，史咏赓向航空学校借了一辆卡车，将尸体运回上海。1934年11月16日下午2时，史宅举行了隆重的大殓仪式。上海市政府所属各机关，一律下半旗致哀。

是日中午，公共租界巡捕房特派大批探捕在哈同路静安寺路史宅左右戒备，并有便衣干探及武装西捕乘摩托车来往逡巡，市公安局侦缉队长也率同便衣侦探协同防范保护。

自史宅大门起，即密搭芦棚走廊，沿宅前广坪北向西转，拐弯处设立来宾签名处。再往前即为灵堂，幛以白幔，中悬史量才立体遗像，神情安然。灵桌上摆满供果，白烛高烧，檀香袅袅。四壁遍悬挽联，治丧处所拟最为动情，联曰：“死亦寻常，忍此一刹那痛苦，有舆论在，有事实在，复何遗憾；生逢多难，综公四十年贡献，为国家惜，为社会惜，敢哭其私。”台阶上下满堆花圈，左右傍立军乐队，北面为来宾休息处，史宅敦聘社会各界娴社交者和《申报》职员等，担任招待。

15 日下午 3 时，杭州市长周象贤代表蒋介石和浙江省府主席鲁涤平，搭乘沪杭快车即已来沪。经济委员长宋子文、上海市长吴铁城、保安处长杨虎、教育局长潘公展、土地局长金里仁，各界领袖虞洽卿、王晓籁、杜月笙、王正廷、张啸林、叶恭绰、钱新之、王云五、周作民、张公权等社会名流悉数到场。外宾有日本纺织同业会总务理事船津辰一郎、《上海日报》社长波多博、日本电报通讯社上海支局长下条雄三、上海每日新闻社名越常砥、中国照相版印刷公司海纳格、德医师恩格尔、古士巴洋行舒士德等。社会团体有之江大学、之江大学经济学会、白虹田径队、中华国货维持会、市民提倡国货会、上海市派报业职业工会、淞沪纪念广慈院、中国航空公司、上海报界工会及杭州市商会等。来宾多达 2000 余人，素车白马，观者塞途。

下午 2 时整，大殓仪式开始。沈秋水身着灰布棉旗袍，外套一袭如雪麻衣，双手抱琴，弹奏古琴一曲，寄托了对夫君的无限哀思。万国殡仪馆4名西人技师先将遗体穿戴整齐，外裹红缎绣花陀罗经被，周身包围，缭以红缎带，仅露头部，放入新式玻璃棺内。该棺由万国殡仪馆提供，外表以淡金色钢质造成，棺内四周以白缎衬垫，簇成花纹，上有玻璃层盖。所盖陀罗经被系平等阁主狄楚青所赠，在前清时代，非王公大臣不能享用，且必御赐，革鼎以后，一切平等。被上有梵文大悲咒、往生咒。

2时半许，在家属亲友的痛哭声中，行合棺礼。伴随着凄婉的哀乐，仪式依次进行:静默、孝子及家属斋集、鞠躬、献香、献爵、献花、鞠躬。大殓仪式后，往吊宾客由吴铁城、王正廷等前导，循序绕柩一周，瞻仰遗容，作最后之诀别。只见史量才面色如生，惟略清癯。群皆无语，惟朱子桥喃喃诵经，王晓籁连呼“量才！量才啊！”听者无不动容而潸然泪下。

两地公祭

大殓后，史量才的灵柩暂厝静安寺路史宅。史家一直祈盼着警方能够尽快破案，将凶手绳之以法。但他们哪里知道国民政府最高统帅就是罪魁祸首，在那样的黑暗统治下，又怎能破案呢?

一年过去了，在破案无望的情况下，史家决定将史量才安葬于杭州西湖秋水山庄。

1935年5月19日上午，史家家属在史宅举行祭奠仪式。

下午2时，由亲戚代表周子平、沈柏年、黄子键、沈德基、王亚农、陈继三、钱振芬、王麟宝，及《申报》代表经理马荫良、副总主笔周梦熊等躬亲扶榇，舁上柩车。2时半发引，送灵仪仗由静安寺路哈同路口史宅出发，4名公共租界捕房马巡开道，中间是十余名西捕，后面依次为旗车、姓旗，公安局乐队、报界工人子弟学校学生、邮工军乐队，鲜花遗像车、神幡，淞沪纪念广慈院童子军、孤儿院乐队、《申报》同仁、《申报》馆妇女实习班学校全体师生，福字灵车、孝车20辆，执绋车50辆，后殿以自由车10余辆。仪仗经静安寺路、西藏路、北京路、河南路，直达北站，仍由亲戚代表扶柩下车，舁入运柩专车。

灵车停靠在淞沪路车站旁，车厢内满扎鲜花，下铺地毯。月台前盖搭蓬屋，为公祭之所。入门处高扎鲜花牌楼，上缀“云间鹤唳”四个大字。公祭处设立临时灵堂，四壁遍悬挽联，灵桌上供放鲜果祭菜，桌前堆放花圈。

下午4时，宋子文、孔祥熙、王正廷、吴铁城、王晓籁、杜月笙、许世英、虞洽卿、林康侯、杨虎、钱新之、黄延芳、张啸林、叶恭绰、周作民、朱庆澜、吴蕴初、胡笔江以及各团体代表、《申报》同仁共1000余人，在北站举行了联合公祭。杜月笙担任主祭，钱华司仪。奏哀乐后开始公祭，次序为：与祭人就位、全体肃立、献花、行敬礼、礼成退。素车白马，备极哀荣。

20日晨8时一刻，灵榇由铁路局特备执绋专车启程运往

民國念四年五月廿九日　社會畫報　每星期三出版一張

星期三　第六十期　隨社會晚報附送不另取費

▲史量才先生出殯留影（右上）杭州軍警護送（右中）松江站紅十字會及學校公祭（右下）靈柩行經杭州延齡大馬路

（左上）斜橋站各公團致祭（左中）硤石站申報分館致祭（左下）靈柩運出杭州車站（各片均由上海啓昌照相館攝）

1935 年第 60 期《社会画报》整版报道了史量才出殡场面

杭州，各方送殡赴杭者达 200 余人，沿途经过莘庄、松江、嘉兴、硖石、斜桥、长安各站时，均有相关人员迎候路祭。下午 1 时 9 分，专车抵达杭州站。

杭州方面于 12 时前即派招待人员在车站设立招待处，接待迎灵来宾。特备签名簿，来宾签名后各分赠素花和史量才纪念章。下午 1 时 50 分，杭州市绅商代表 20 余人在城站路口搭棚举行公祭。杭州市政府特派市保卫团一队，省公安局特派车巡队、骑巡队各一队到站维持秩序，并派军乐队奏乐。公祭后，47 辆灵榇专车车队继续前行，途经清泰路、三元坊、迎紫路、延龄路、仁和路，转入湖滨路至秋水山庄停灵止，一路徐徐而行，两旁观者甚众，道为之塞。

下午 3 时许，灵榇车队抵达史府。之江文理学院校董会及史氏戚友联合在灵堂举行公祭，由王晓籁主祭，吴蕴斋、朱少屏襄祭，上香奠帛，读祭文，行三鞠躬礼。嗣后《申报》代表马荫良等全体再次举行公祭。5 时许，宾客始渐散去。上海宾客于当晚 7 时 35 分，仍乘原车返沪。从上海到杭州，沿途均由《申报图画特刊》主任胡伯洲、摄影记者徐天章拍摄影片 3000 尺，以为纪念。

史量才大殓、公祭之隆重、仪式之繁复，为上海前所未有。但此案真相直到中华人民共和国成立后才得以大白天下。

人愈骂，我愈蛮：林语堂经历的那些笔战

林语堂是中国现代著名作家、学者、翻译家、语言学家。他学贯中西，著作等身，谈吐优雅，追求幽默，素有“幽默大师”之称。然而，笔者翻阅数百种民国报刊却发现，竟有同时代的十余位著名文人，或骂过他，或与之打过笔战。如果说鲁迅是最能骂人的，那么，林语堂则可说是挨骂最多的了。

幽默小品受非议

1932 年 9 月 16 日，林语堂创办《论语》，“以提倡幽默为目标，而杂以诙谑”，曾名噪一时。此后，他辞职改任《人言》编辑，1934 年复辞《人言》而为良友图书公司主编《人间世》。《人间世》因系纯粹小品文月刊，刚出版一期，即遭《申报》“自由谈”、《中华日报》和其他刊物的非议。据同年第 36 期《出版消息》载，以鲁迅、郭沫若、田汉为代表的左翼作家认为，在此国难时期，不应出版此种“玩物丧志”的刊物。林语堂也不甘示弱，分别应战。岂料，战线愈拉愈长，攻击者愈聚

愈多，林语堂几有“四面楚歌、应接不暇之状”。

1948 年第 3 卷第 34 期《人物杂志》中《“啼笑皆非”林语堂》一文称，当年，在上海创办《论语》《人间世》《宇宙风》，林语堂贩卖幽默、提倡性灵、大赚其钱、风头正劲之际，也正是他一天天走向“堕落”之时。鲁迅因与他本是多年朋友，又极珍视他的英语才能，曾忠告他不要弄这些玩意，要致力于翻译。鲁迅曾在给曹聚仁的信中写道：“语堂是我的老朋友，我应以朋友待之。当《人间世》还未出世、《论语》已很无聊时，曾经竭了我的诚意，写了一封信，劝他放弃这玩意儿。我并不主张他去革命、拼死，只劝他译些英国文学名作，以他的英文程度，不但译本于今有用，在将来恐怕也有用的。他回我的信是说，这些事等他老了再说。这时，我才悟到，我的意见在语堂看来只是暮气。但我至今还自信是良言，要他于中国有益，要他在中国存留，并非要他消灭……”鲁迅的话，即使在旁人看来，也的确是良言，而林语堂不但不听从，反而与鲁迅针锋相对地打起了笔战。

鲁林之战，硝烟弥漫，也曾引得一些读者和报刊的反感，1934 年第 5 期《时事旬报》曾发表《声讨鲁迅林语堂的办法》报道称，上海当时成立一个新兴文艺团体，曾开会提出一个声讨鲁迅、林语堂的议案，开列了数项办法：一发表通电；二函请国内出版界，在鲁迅、林语堂作风未改变前，拒绝其作品的出版；三函请全国报界，在鲁迅、林语堂未改变作风以前，一概拒绝其作品之发表及广告；四呈请党政机关，严厉制裁鲁迅、林语堂两文妖；五警告鲁迅、林语堂迅即改变其作风，否则誓与周旋。

1935 年第 1 卷第 1 期《澎湃（武汉）》和 1946 年第 1 期《泰山》中《曹聚仁大骂林语堂》《曹乌鸦大战林语堂》两文，则披露了曹聚仁与林语堂口水之战的起因。曹聚仁与林语堂早有文字之交，曹常为林主编的《人间世》写稿。后因林在暨南大学的一次演讲中暗射对曹不满而发生摩擦。曹素喜幽默，更爱骂人，遂借徐懋庸主编的《芒种》半月刊发表《我与林语堂先生往还的终始》一文，称林之幽默小品为“屁话”，二人就此交火，引发两厢对骂。林在《人间世》上发表《今文八弊》，说曹是虚伪的“载道派”文人，有“方巾作祟、猪肉熏人”之气。曹则发表《永远填不满的坑沟》，说“我几乎不能想像我和林语堂先生之间有怎样广阔的间隔，或许是一条深黑永远填不满的坑沟”。曹林交恶，各自将不便公开的私人密函公诸报刊，由笔战而谩骂，由谩骂而刊登启事，宣告绝交，开文坛未有之恶例。不久，徐懋庸也被裹挟其中，曹徐二人联名发文质问林，言词激烈，毫不客气。

林语堂的反击，引来更多的反对之声，笔战逐步升级。1936 年第 2 卷第 6 期《娱乐（上海）》的《郭沫若攻击林语堂》和 1947 年第 12 期《新光》的《郭沫若、田汉讽刺林语堂与周作人相提并论》两文，记录了左翼作家郭沫若、田汉等人的加盟助阵。

林语堂的《宇宙风》创刊后，郭沫若曾用“鼎堂”（郭沫若字）署名，在该刊上发表自传。但不久，郭便自称，当时林写信要他替《宇宙风》写稿，并没有说明《宇宙风》是什么性质的刊物，出于对友人的信任，他便答应下来。后来，有一些人见到他的文章登在《宇宙风》这样的杂志上，就过来提醒他，像他这样有进步思想的人，不应与林同流合污。郭才晓得自己的失误，立刻停止了《宇宙风》的续稿，并转而发表文章批评林的幽默。嗣后，又有田汉、宋云彬加盟，他们甚至在文章中把林与汉奸文人周作人相提并论。他们强调，林虽没有投降日本人做具体的汉奸工作，但他只知谋一个人、一个家庭的奢华与享受，丝毫不顾国家民族的危亡，更没有做一些切实的抗战工作。最要不得的是，他自始至终只做一个抗战的旁观者！这种消极的观念无异于甘做汉奸的周作人之流！

言论观点起风波

1936 年，民国著名随笔作家江寄萍曾对林语堂夫妇做过一次专访，林却大谈“妇女回到家庭去”的观点，这便惹恼了江，遂在《申报》妇女专栏发表《幽默大师林语堂夫妇访问记》声讨林。同年第 4 卷第 3 期《女子月刊》也刊发社评《休矣！林语堂》力挺江寄萍。此文大意为：

在国家处于危难的紧要关头，妇女们纷纷行动起来，积极准备参与抗日救国，而竟有人跳出来叫喊着让“妇女回到家庭去”，并且这个人竟然是“幽默大师”林语堂，真让人觉得可气复可笑。在接受江寄萍的采访时，林对“现代女性”嗤之以鼻：“大凡优良的女性，不喜出风头的，只是在家里不声不响地教养子女，尽她天赋的使命。新贤妻良母是多么高贵的天职……在政治上出风头的女性，最是坏蛋！”

在林看来，凡女人就应该尽其“天赋的使命”而永远在家庭里做“贤妻良母”，不能问闻国事，否则就是“出风头”，而这种“出风头”的女性就是“坏蛋”！但林曾公开表示“理想中的新女性”又是“要没有依赖性”的，应具“西洋女子的独立精神”。此文作者对林语堂发出质疑：这样说来，倒要向林先生领教，“回到家庭的女子”要如何才可以取消女子的“依赖性”？要如何才能具“西洋女子的独立精神”？这岂不是自相矛盾吗？

作者认为：男女平等、婚姻自主、妇女解放，在中国已经倡导多年，对于新女性来说，家庭只是女子应该兼顾的事情，而并不是女子“天赋的使命”或“高贵的天职”。“教养子女”不一定只是母亲的责任，父亲也有“教养子女”的使命；厨房的事，也不一定单独是妻子的工作，丈夫也有尽义务的必要；家庭毕竟不只是女子所私有，国家社会也毕竟不只是男子所私有。妇女解放就是要铲除封建礼教对妇女的束缚，解除剥夺妇女自由的痛苦锁链，而“生活独立”正是妇女解放的目标之一。

最后，《女子月刊》写道：“休矣，林语堂！还是多抄抄《笑林广记》吧！”

1934年，陈望道、陈子展、胡愈之、叶圣陶、黎烈文等在上海发起大众语运动，即要求白话文写得更接近大众口语，运动得到鲁迅的支持。他们曾在《申报》副刊“自由谈”上发起“大众语”的讨论。而林语堂却始终以提倡《论语》的语录体而自得，曾在《论语录体之用》中写道：“吾恶白话之文，而喜文言之白，故提倡语录体。依语录体老实说去，一句是一句，两句是两句，胜于别扭白话多多矣……汪精卫之演讲中白话文之病，噜哩噜苏，不知说些什么；吴稚晖能说老实话，却中古文之病，思想无系统，糊里糊涂，不知想些什么；今者糊里糊涂已陪噜哩噜苏乘军舰赴庐山，解决吾国外交财政重要政策矣。”同年第131期《每周评论》中的《林语堂胡愈之交恶》一文，记录了大众语代表胡愈之与林语堂的一场笔墨官司。

1934年，大众语问题的讨论，在上海颇为热闹。惟林语堂不以为然，我行我素地打着语录体的旗号，以幽默的文笔写着自己的小品杂文。胡愈之遂撰文骂他是“死文学的鬼怪”。林语堂岂甘沉默，起而与胡周旋，骂胡是大众语的“红娘”“靠向大众讨饭吃的小丈夫”，彼此唇枪舌剑，冷嘲热讽，好不热闹。

一波未平一波又起，大众语与语录体的笔战尚未硝烟散尽，著名诗人、散文家的聂绀弩又就一个植物问题与林语堂宣战了。他在1935年第1卷第6期《文艺大路》撰写《林语堂底“扯谈”》一文说：

林语堂在《宇宙风》第一期开卷第一页写的文章，意见是中国传统的昏乱说法：“天命之谓性，率性之谓道”“尽己之性……乃能尽物之性。”从达尔文倒走了一千多年且不说它，还加上了一个更昏乱的“元气”，作为买一送一的赠品。

依他的说法，好像植物的发荣滋长，跟土壤、气候、空气、阳光、水分这些东西毫无关系，单靠神秘莫测的“本性”或“元气”来支持的。可是,既然“宇宙万类”都“必尽其性”，且“花树开花，乃花之性”，何以又有“无花有刺之花”的“谬种”，偏不尽其性呢？……

道理即使再简单明了，跟林语堂可讲不通。首先他就说他的话是“姑妄言之”，根本就不能认真。认了真对他讲，即使他听，还不是“姑妄听之”！（按“姑妄言之”“姑妄听之”为《宇宙风》的两个栏目）。鲁迅当时在《杂文》上发表了一篇文章，叫作《从帮闲到扯淡》。林的话根本就是“扯淡”，虽说同时也是帮闲。

美国之行很受伤

1936年夏，受诺贝尔文学奖获得者、美国作家赛珍珠的邀请，林语堂远赴美国讲学、创作。接连写作出版了《吾国与吾民》《我的哲学》和《妻与妾》等英文专著，大受美国读者欢迎与出版商、制片人的青睐，他在好莱坞编剧的一部电影竟得到 5 万美金的回报，就连当年稿酬收入最高的张恨水也是望尘莫及。于是，林乐不思蜀，除在 1944 年的一段时间短暂回国，直到抗战后，他一直在美国喝着洋酒、吃着面包、赚着版税，享受着惬意闲适的美好生活。然而，他在抗战胜利后的一些言论和文字，却引起部分美国文艺界人士的指责和批评，甚至在哥伦比亚大学的一次演讲时，他竟被学生们赶下了台。当年《上海滩》中的《林语堂受辱记》、《国际新闻画报》中的《林语堂在美国大受窘》、《协大新闻》中的《演讲“中国真相”》等十数篇文章，再现了林语堂在美国的种种窘态。

逸經　第十一期

(提倡語錄體文，也是一種功績，尤其得我們不費爲而勉爲白話文者之熟讀揣摩啊。)

現在總該談談林語堂之幽默。語堂雖因創辦「中國唯一的幽默刊物論語」而得有「幽默大師」之銜，可是他的文章筆調體裁屬于諷刺的爲多，已見上文；眞正的幽默只偶爾一見而已。談吐之間，他說「笑話並不多，而且說來也不大可笑。然而獨新的，創作的，眞正幽默的妙語和雋語(Wit)，却時時從他尖銳的嘴唇吐出來，眞是令聽者報「會心的微笑」而還覺得有清涼舒服的感覺。例如：他素知我專門研究和尊崇太平天國史實，心有所思，筆有所述，口有所道，眼有所看多是太平朝詞宣傳。有一天，他在席間當着衆人的面對我說：「洪秀全是爲您而生的；如果沒有洪秀全，您一生便無事情可做，無文章可作了。」在那座微笑稱善之下，簡直令我啼笑皆非——不知是恭維耶？抑譏諷耶？又有一次，他在一個太平洋其樂會演講「英國人與中國人」，其中有幾句話：「上海的公共租界，中國人叫做大英租界。我以爲中國人的叫法是對的。」又云：「英國人當把名稱弄錯而致顚倒是非。例如：英國是民主政治的而却自稱爲君主國。」這一種清新新穎可愛可賞的幽默可算是他的代表作。總之，語堂是富有幽默感的，也把幽默視爲他的人生觀之要素之一。這種看法，當然是美國教育之一個果子；凡留美學生或美國人都看得出來。這裏所談只及到因果，至於他的「幽默觀」之價値問題，茲不及論。

關于語堂的內心生活，還有兩點要談談的。我最不佩服有些外國人妄指他是一個「犬儒」(a cynic)。夫犬儒之爲物，對于人生一切價値失了信仰，只是從旁譏笑，目的是消極，是虛無，而態度和手段也是消極。語堂何嘗是如此？由以上所述，從哲學上，可以說他是個「人本主義者」。他對己、對人、對家庭、對民族國家、對道德法律、對人生的三寶——眞、美、善、和一切其他的眞正價値，都有正面的，積極的信仰，不過他好用諷刺的，似是消極的筆調和言辭以抒發其抱負而已。古之忠臣孝子，有所謂「幾諫」，「諷諫」者；語堂立場，有類乎此。(注：這裏所說的「人本主義」並不是美國近年新興的一種倫理的宗敎 Humanism；他乾脆是一個 humanist。)

語堂近影

大華烈士：我的朋友林語堂　一九

—697—

1936 年第 11 期《逸经》专门刊发了“送林语堂先生赴美讲学特辑”

这些文章认为：林语堂在美国创作的专著，十之八九都是在写害人的鸦片、女人的小脚、风流的姨太太等题材，这个福建人实质上是献祖国之丑，以换取洋人的猎奇，进而自己大把赚美元，可耻莫此为甚！他所贩卖的“东西文化”，无非是用中国女人的小脚助长美国人的谈笑；再把美国人的小市民趣味贩卖到中国来。当年，国内的出版业充斥着投机取巧、光怪陆离的书馆，很多人以“新礼拜六派”为荣，这都该归功于林大师建设“东西文化”的“勋绩”啊！

美国著名文艺批评家爱特蒙·威尔逊对林语堂也曾表示极大的不满，他在文章中写道：“美国文化的一个最坏的现象，是容易被其他国家文化最平庸的因素所鼓动，且使这批平庸的人，因为受到他在本国所绝不容易受到的拍手叫好的那种欢迎而更流于庸俗。”这个“平庸”“庸俗”的人指的就是林语堂。

1944 年，林语堂抱着很大的希望飞回重庆，一是想弄个一官半职过过官瘾，二是他在美国的中国式幽默创作灵感渐近枯竭，想回国搜集一些素材。不料，官儿没有弄到手，反而受到国内左翼文坛和新闻界的集体抨击。碰了一鼻子灰后，自知在后方无法容身，他只好灰溜溜地重返美国了。回到美国后不久，他便创作出一部新著《枕戈待旦》。1945 年第 2 期《文萃》署名“余林”的《林语堂博士在美国搞些什么》，却对他的这本书大加贬斥：

让众人感到有趣和不解的是，林博士在这本书里不惮其烦地花了很长篇幅先来一个“态度声明”，反复说他是“没有拿过政府一元钱，也没有代任何党派鼓吹”，确是“靠写书为生”

1936 年第 1 期《谈风》中的宇宙风社、西风社、谈风社同人欢送林语堂（左立第二人）赴美国时的留影

的独立作家。然而，这种此地无银三百两的“态度”，反倒让人疑心他的“独立”了。《枕戈待旦》非常热衷于中国的“内战”，而且立场鲜明地站在国民政府一边。为此，一位著名的美国女记者说：“我真惊讶于林氏的胆量，他竟敢以个人的资格负起宣布那尚未宣布的内战的责任！”书中的“解决中国国内战最好的办法，是让华府（按指美国政府）给中国政府装备三个坦克师”的言论，语气坚决，面目毕露，一点儿也看不出林大师的“幽默”了。无怪乎著名记者福尔门极端愤慨地说：“这简直是一个法西斯的主张，我，作为一个为民主而战的美

国人听了这样的主张，深深地感到这是一种耻辱。”此后，福尔门在另一篇文章明确地表示：“要解答这个问题，应该把问题摆在所有中国人民的面前，让他们自己去解决。”

1946年10月，美国的电影明星、作家、伶人等一批“进步人士”，响应“美军退出中国”的呼声发表宣言。但林语堂却大为反对，认为美军可以留在中国帮助国民政府作战，彻底扫除中共军队，才可使中国太平。这样的论调，在美国文化界人士看来，完全是林语堂在拍美国政府的马屁！

自此，林语堂在美国知识阶层中的声誉由红而黑，一落千丈。有人说，美国人喜欢寻求新鲜刺激，时间一久，林语堂由新鲜变为陈旧，更何况林语堂目光短浅，只看到了政治的表象，安得不被美国人抛向垃圾堆上呢？而1948年第3期《协大新闻》刊登的《演讲“中国真相”》一则小消息，则使林语堂彻底颜面扫地。

此消息称：美国哥伦比亚大学请林语堂演讲，他刚一上台，该校千余人学生便群起质问，大呼：“我们不听美丽的谎言，哥伦比亚大学不是南京的宣传处！我们先要问中国同学怎样了，中国同学对皮鞭、木棍、水龙头的兴趣如何？”林竟一时语塞，无言以对，台下遂报以一片嘘声，他只得狼狈地逃了下来。

1947年5月26日，美国《时代》杂志曾以超大篇幅刊登文章，力捧国民党政要陈立夫，说他是继承孔子传统的一大圣人，如果要没有他，中国早就灭亡了……“中美两国的桥梁，应该横架在彻底美国脑筋的人如马歇尔以及彻底中国脑筋的人如陈立夫之间，这座桥确乎是很长的，只有这样的长桥，才能承受亚洲和平及进步的重担”。其意在于亚洲的和平进步只有靠马歇尔之流和陈立夫之流而加强合作，目前的合作还远远不够。此文一发，林语堂连忙从纽约打了一通电报给《时代》周刊：“贵刊5月26日关于陈立夫氏一文品质上乘，兹电祝贺。该文为对此重要人物之第一篇明智的研究文字，鄙人敬对作者古恩亦表庆贺之忱。”1947年第5期《自由丛刊》公布了电报全文，揭露了“林语堂的丑恶嘴脸”。

1947年第70期《新上海》署名“戎马生”的文章，则说明了外交家张平群为什么也要“大骂林语堂”。曾任国民政府行政院发言人、时任中国驻美国总领事的张平群，是一个精通英、法、德、俄和西班牙五国语言的外交家。他在政府的官职虽不很大，但许多国际人士对他却颇为重视。因此，当他就任总领事时，美国舆论对他极表欢迎，甚至连副国务卿艾契生也对驻美大使顾维钧说“美政府对张平群所负使命及其能力极为依赖”。受美国人和侨胞热烈欢迎的张平群，对林语堂的印象却甚为恶劣。当时正值老舍和曹禺两位作家到美国访问讲学，张平群遂在领事馆请他二人吃饭。席间，对他二人的作品赞美有加，但谈及林语堂时，他却恶狠狠地投了一支箭，说林语堂是“抗战旁观者”。谁都知道，这本是田汉在重庆时对林语堂的指责，现在张平群借来一用，更是表明官方对林语堂在抗战期间表现的不满。据说，这话传到林语堂的耳朵时，他气得几乎发狂。

回国演讲遭诘责

1944年，林语堂从美国短暂回国，曾在重庆、长沙、韶关等地讲学、观光。在中央大学他作了题为《论东西文化与心理建设》的演讲，一时引起多家新闻媒体的诘责。同年第2卷第4期《天下文章》的《林语堂的玄虚》和1948年第3卷第34期《人物杂志》的《“啼笑皆非”林语堂》两文，从与死人算旧账、外国也有臭虫和青年读《易经》三个方面，对林语堂展开了口诛笔伐。

演讲时，林语堂一张口便开始骂鲁迅：“以前鲁迅说中国书看得教人昏睡，外国书看了就抖擞精神。他说外国虽有颓唐派，但是有生命的颓唐派，中国虽有积极入世的士大夫，但只是没有生命的士大夫。这种愤激的话，不能叫做认识……”其实，他对于鲁迅的原文及其用意并没有完全弄清楚。没有弄清楚就开口大骂，只是因为鲁迅已死。

鲁迅生前劝他的话可谓良药苦口，但林大师不但不听，反而怀恨在心，在鲁迅死去多年之后，竟然翻起旧账，大骂一通。要做英雄莫如骂死人，死人是不会还嘴的，但死无对证，又怎能显出洋博士的英雄气概来呢？

林在演讲中说：“外国也有黑市，也有人弄权舞弊，也有骈枝机关，人浮于事地混乱局面……也有吏曹因循成法推诿责任，也有政策未立，举棋不定的外交等等……”林大师的贡献真是不小，吃了几年洋面包，就替我们中国人争回了这么多的荣誉！若夫国内的贪官污吏、豪门巨贾之流，听了他的这番话，一定要拱手与握手并行，华语共洋文同说，“顶好”！“yes”！在场听演讲的人真是眼福不浅，亲眼见到了一位身穿西装革履，用英语演讲的华籍大师！他在桂林住旅馆时，在登记簿籍贯一栏内只填了一个“华”字。以此表明他是一位“洋阿Q”！或称“美式阿Q”似更恰当，因为“美式”两字时下不是很流行吗？请林大师“拿起镜子，照照阁下的尊容吧！你的头上也还有不少癞疮，和‘吾国与吾民’一样哩！”

林在演讲中号召中国青年读《易经》的玄妙见解，其实恰是他从前反对过的。只因他已摇身一变而为名流了，既然成为名流，当然要主张青年读古书，对他来说，这当然是很合时宜的举动。只有两三年的功夫，他的心境就“冲淡”了，只剩下“麻木与玩疲”了。他觉得这种反复古的思想，不过“只是一些不合时宜的隔日黄花”，便流露出他的“太平人的寂寞和悲哀”来，遂感慨地说：“从前那种勇气，反对名流的读书救国论，莫谈国事论，现在实在良心上不敢有同样的主张。”

如果说此前只是单人或接续几人撰文骂林语堂的话，那么 1944 年第 1 期《文艺春秋（上海）》中的《林语堂的来去》一文，则集合了郭沫若、曹聚仁、卢炯光、华年、刘一行等人的集体狂轰。

冲锋在前的郭沫若把林语堂比作“新辜鸿铭”。最幽默的是林大师要青年读《易经》，他说《易经》为儒家精深哲理所寄托，非懂《易经》，不足以言儒。但林大师自己呢？却还是“未窥其涯略”。即如此,何以晓得《易经》的“哲理”与“精深”,《易经》又怎么就成了20世纪的中国青年所必读的典籍呢?诚然,林大师的目的在于唤醒中国青年的自信心。“有自信心固然是必要的,但首先要弄清你自己,你连自知之明都没有,你到底‘信’什么?……因为他既无自知之明,又无知人之雅,东方既未通,西方也不懂,只靠懂一点洋泾浜的外国文,检拾一些皮毛来,在这里东骗骗西骗骗……要青年有自信心,而且要青年读古书,这种议论并不算什么新奇,因为我们仿佛又看见了一位穿西装、吃大菜、在中国用英文演讲的摩登辜鸿铭而已!”

曹聚仁则对林语堂翻旧账骂鲁迅,骂曹本人是“迎合青年心理”劝他们莫读古书,是“躲在床下偷看古书”的人,耿耿于怀。林在暨南大学演讲时,已经隐隐约约地骂过鲁迅了。“这一回才指名道姓指老老实实指了出来,可惜周先生已经死了,听不到他的鸿论了。他所以骂我和徐懋庸兄,是因为我们指出他所校订的《袁中郎全集》的标点错误,说他们自己不懂古书而要劝青年读古书,有点可笑……好在林大师手中那部《易经》和张天师手中那部《易经》,同属‘念念有词,莫名其妙’的东西,任何青年不会听之而上当的。”归根结底,林的最大错误,还在他的“东西文化”观。他对于东方文化的了解实则非常有限且肤浅得很。然而,他在美国卖野人头卖得久了,一些欧美人士以为他讲的就是东方文化的本来面目,真是误人不浅啊!

曹聚仁在文章最后挑衅性的文字,让读者闻到了民国笔战的火药味："呜呼！自从林大师赴美，我们之间也快有七年不交手了，这番远道归来，不忘旧账，又来算了一回，也是一大快事！只想不到他在大时代中混了这么久，并无什么长进呢！"

卢炯光以记者身份记叙了林语堂在韶关演讲以外的花絮。开讲不到五分钟，林大师感到听众未能如愿地"肃穆恭听"，破题大呼："今天不是演讲，是看马戏！"再逾十分钟，听众还是喧嚷，林大师即下驱逐令了："要吵的，赶到外面去！"三番五次后，人们才算安静些。演讲后，林大师在众人的簇拥下来到休息室。有记者问他对韶关的观感。大师眉宇飞扬地答："本人初次到韶关，又因应酬太忙了，昨天应长官部之请，今天又应省府设在海阁之宴，只今午参观过生产团，不错，不错！"最后，大师特意表示，郭沫若等对他根本就是谩骂，对他的演讲根本不懂！他决不会理会，也不准备驳斥了。

署名"华年"的文章则报道林语堂桂林之行中在某酒馆里的表现：林来得突兀，去也悄然。在山城的酒家中，他骂郭沫若、斥曹聚仁，兴高采烈地对谈外国新闻记者，轻描淡写地打开了粮政、宪政的问题。除了这一次对记者的谈话，他没有演讲，没有在公共场所出现，也没有受到盛大的欢迎。十日的勾留，他遍游了桂林、朔阳的好山水后，便匆匆地走了。

《天津商报画刊》记者刘一行除记叙了林语堂在长沙访友、观光、看戏、品尝美食的行程外，还介绍了林在《长沙日报》上刊发的一篇题为《论月亮与臭虫》的文章。文章从讽刺自命不凡的留学生，说到回到祖国连中国话也不会说了，再谈外国一切无所不好，就是月亮也比中国所见的要圆些、亮些、大些。

后三者的文字虽是平铺直叙，但也能读出揶揄与嘲讽的味道。

为人处事惹麻烦

与林语堂笔战的文人，大多与他先是朋友，后发生摩擦、交恶甚至反目。究其原因，除政治立场、思想观念、学术观点外，也有一些是因为他为人处世的问题。

1937年第6卷第8期《电声(上海)》中《胡适之攻击林语堂》一文，介绍了胡林的一次笔墨之争。当年，胡适在英国发表了一篇文章，其中有引用了林语堂多年前说过的一句话“中国不亡，世无天理”，让读者对林产生误解。为此引起林语堂的不悦，撰文表达了对胡适的不满。胡适也写文章为自己辩护，并对幽默大师大肆攻击。

据史料记载，林语堂曾在致胡适的信中写道：“多年前，我想总是十年以上吧，你曾说：‘中国不亡，是上帝瞎了眼。’经过十年的智慧成熟了，我能热诚拥护你的名言了，也许还能修正一下。依我说如果不亡，那是列强的恩典。日本将要夺取中国，如果列强并不介意。中国，算是一个国家，是存在于英、法、美、意、西班牙、葡萄牙的共同特许之下的。”

1941年第17期《小春秋》“文人掌故”，将鲁迅与林语堂的交恶的起因归结为一支烟头惹的祸。此文描写道：某年盛夏的一个夜晚，星月皎洁，清风徐徐，鲁迅与林语堂在上海某宅饭后促膝谈心。闲聊之中，鲁迅忽然将手中的烟头随意一抛，恰巧落在林语堂草席编的拖鞋上，将鞋烧了一个大洞。林语堂发觉了，声色俱厉地质问鲁迅：“你怎么这样不当心？”鲁迅也不甘示弱地答道：“即使完全烧了，也不过几毛钱，何必大惊小怪呢？”鲁迅认为林语堂太过小人气概，林语堂则以为鲁迅蛮不讲理。于是，二人唇枪舌剑，一来一往，互不相让，吵将起来。结果，不欢而散。此后，林语堂出国，鲁迅留沪，彼此鱼沉雁渺，音问不通。直到鲁迅作古，林语堂也没有一掬同情之泪。《小春秋》此文属一望可知的假新闻，记于此处，聊备一说。

有关鲁林的纠葛，在 1949 年第 4 卷第 10 期《公平报》的人物谈中也有提及。鲁迅写给许广平的厦门通讯中，除了叙述个人的生活、思想等外，也曾谈及当年他与林玉堂（即林语堂）一段往事。据说，《人间世》创刊前，林语堂曾在家里请客，应邀的有黎烈文、徐懋庸、刘大杰等，鲁迅也在应邀之列。只是客人如约相继到齐，惟有鲁迅姗姗来迟。有人生怕鲁迅路远来不了，要林语堂设法催一催。林却很有把握地说：“不必催，一定会来。”略过一会儿，门铃响了，来的人果然是鲁迅。只见他身着长袍，脚蹬胶底鞋，“品海”牌香烟架在手上依旧抽个不已。席间大家相谈甚欢，鲁迅还谈了些《金瓶梅》的方言用语之类。行前，鲁迅又向林借了一册很厚的德文书，出门雇了一辆出租汽车，由徐訏陪同返寓。依此为据，有人说鲁林之间决非泛泛之交，更非文坛上谣传的敌人。也有人说私交深浅是一回事，对政治、世界、文学的看法不同又是另外一回事，他二人的距离，本质上还得由思想观念的发展来决定。

1946 年第 15 期《海星（上海）》曾披露，田汉曾写了一篇题为《谈到周作人林语堂》的文章，讲述了林语堂为人处世中的一件小事。在林语堂出国之前，开明书店每年都要给林十几万元的版税，这让他冲昏了头。待开明书店遇到困难时找他入些股，他不肯，竟以"内子今年有一计划，要积满现金 20 万元"为由相搪塞。后来，他到了美国有了美金，就更看不起开明书店的版税了，遂与开明书店断绝了往来。可见，他已经变成了一个非常庸俗的家伙。

林语堂也曾因为没有兑现承诺而惹恼了老东家《论语》，1947 年第 53 期《新上海》中的《论语大骂林语堂》中称，抗战胜利后，在邵洵美的主持下，《论语》得以复刊。时间不长，却在《论语》中出现了不少讽刺、谩骂林语堂的文章。从《论语》的历史而言，当然不应该骂林，毕竟林在创办《论语》时是有功之人。但《论语》骂林又是事出有因。据说，1946 年春邵赴美时，曾向林说明《论语》不日复刊，并向他索稿，林点头答应，约定每期一篇。回国后邵一再函催，林未有片纸只字寄回，更无一封回函，故《论语》复刊后没有刊发过林的一篇稿子。邵为此气愤不过，大骂林不够交情、不讲信义。因此，《论语》连续刊登骂林的文字，也就在情理之中了。

在所有骂林语堂的文字中，当属 1935 年第 1 期《杂文》

中画家于非厂的《狗与林语堂》一文，言辞最为激烈。文章开篇用大篇幅介绍了狗的种类和作用，像是一篇关于狗的常识性文字，但作者话锋一转，便到了林语堂的身上。“说到林语堂大师是我相当注意过的人。记得当青年横被杀戮的某年，他曾在一篇题名《鲁迅》里面，颇为青年叫喊；记得在杨杏佛惨死之前，他也为《自由》什么啦，写过文章，演过讲。这可见他并不是一般‘食肉’的家伙，心无一窍的。哪知他，生活在温饱以上了,他的蛮性也就发作了:他在《论语》《人间世》上面，不断地间接直接帮闲，而说来还神气活现。这自然会引起反响来，然当时为他而发的文字，总都是望他好好作人的,就像我的那篇《野鬼火烧人间世》吧,实已‘垂泪而道之’了。但住惯洋房，吃惯大菜，吸惯雪茄，搂惯舞女，闲适够了，正想追求肉欲的林语堂大师，他不惟不肯用理智来虚心接受，却认为人家是在骂他，而且说‘天生蛮性，人愈骂，我愈蛮’，并且认为是‘普罗之狺狺之声’。等到他在暨南大学演讲，大拱顺风旗，扬言他以前反对孔子，现在是尊崇孔子了，并劝人扛其孔子做人之道，且表明他是反对什么‘破锣’和‘激昂派’的。他在那儿这样洗刷自己，不是没有意义的。然而这正如他自己所说‘那是顶下贱的妓女’，‘给嫖客们媚笑’！不过妓女下贱、媚笑是为饥寒所迫，林语堂所为何来呢？他的‘性灵’流露出来了‘脑袋要紧’。实在不像妓女那么下贱，也不一定就弁上脑袋。”

文章最后写道：“林大师常说人骂他，大概是欢喜恭维的了。那么，我就来恭维两句吧：‘哈，林大师，你消沉么？那何必呢？既然这样，岂不求‘闲适’而得到‘烦心’了么？罪过罪过！看来，你势须‘麻木不仁’才能于玉体有益的。请试试看，要是理智仍然同你捣乱的话，那就请你爽快变个狗吧，你看多闲适自得呢！我由于叭儿狗吃屎，才明白动物（和人）的进化是勉强不来的。”

于非厂虽为书画家、金石家，但他的文笔甚佳，善写杂文、随笔，曾在《一四七画报》连载《痛痛集》。

笔战现象古已有之，但范围之广、人数之众、频次之高、影响之大，民国时期堪称之最。在笔战中，除了像周作人、张资平、胡兰成等人因政治失节而沉沦外，如林语堂、胡适、章太炎等大多名流，尽管都被人“骂”过，但并没有影响他们在学术上的地位和社会中的影响。甚至可以说，笔战是民国文坛上的一道独特风景，正是这一场场此起彼伏的笔战，从某些方面推动了社会的前进，促进了学术的进步，提升了民众的鉴赏水平，更让民国文人历经磨砺，越战越勇，越勇越精，终成大师。

天津文人痛悼严智怡

严智怡（1882—1935），字慈约、次约、持约，天津人，中国近代著名教育家严修次子。1903 年留学日本，1907 年毕

严智怡先生遗像

光明大戲院
日夜開演
驚險戰爭
悲壯聲片
凡爾登血戰
明星大戲院
日夜開演
諷刺滑稽
有聲佳片
脂粉美人
追悼嚴持約先生專頁
清時懷盛德
名世仰高文
追悼

1935 年 4 月 6 日《天津商报画刊》的“追悼严持约先生专页”

业于东京高等工业学校，1916 年组织筹备天津博物院，1922 年任该院院长兼天津公园董事会会长，1925 年任天津广智馆董事长。1928 年天津博物院改组为河北第一博物院，严智怡仍任院长，有“中国近代博物馆事业开拓人”之誉。1935 年

3 月 21 日严智怡在津突然病逝，年仅 53 岁。31 日下午 3 时，在南开学校瑞廷礼堂举行了严持约追悼大会。其亲属、旧友和南开学校师生千余人参加。礼堂正中高悬严持约遗像，上方书写“遗爱千秋”四个大字，遗像下堆满鲜花、花篮、花圈，两侧是百余副挽联。曾任天津县县长、城南诗社社员陈中岳主祭，南开学校校长张伯苓致悼词。同年 4 月 6 日《天津商报画刊》刊发“追悼严持约先生专页”，十数位天津文人撰写挽诗、挽联。

严智怡是城南诗社社员，以津门名士高凌雯为首的全体社员撰写祭文：

> 严持约先生之灵前曰：呜呼，矫矫严公，视明听聪；勇于为义，侪辈所宗。学古入官，饶有父风；天胡不吊，降此鞠凶？昔在酉年，结社谈诗；以文会友，首轫者谁？君有名父，经师人师；龙蛇应谶，举国同悲。明德之后，必有达人；善继善述，超群绝伦。初司冬官，继掌成均；菁莪棫朴，功擅陶钧。维君秉德，世仰其责；谋国之忠，治事之专。责人恒薄，律己何严；同社往还，方冀鹏骞；如何不禄，我欲问天。水西之庄，名重莲坡；君承遗训，乐此涧薖。遗址经营，烬稿规摩；自君之亡，水亦不波。往事杂陈，泪坠如麻；魂兮归来，敢告以私。斯文未丧，乞君护持；幽明岂殊，神其鉴之。呜呼尚飨。

女活动家刘清扬之兄、著名报人刘孟扬作挽联：“先一日方共闲谈，笑语如常，讵料当时成永诀；我二人最称莫逆，尘缘顿隔，更从何处觅知音。”

城南诗社社员张芍晖的挽诗记述与严持约的友情和失友之痛:“疮痍讵起肺肠中,北冀高贤一霎空。桃李城阴滋化雨(严曾在教育厅任职)，栋梁吹折恨罡风。诗催铜钵交欣订，魄濯冰壶术未工。不出里门偏客死（严病逝于医院），盖棺归去泣孤桐。”“眉山叔党继东坡，莲社缘何屡薤歌（当时城南诗社社友逝者多人）。好友鸿泥入日印（就在当年正月初七日还曾一起合拍小照），高门啼血仲春多（严范孙的忌日也在二月）。一樽竹叶香飞酒，两树梨花艳到柯（严宅有梨花两株，花开之时屡次招饮）。此会今生安得再，黄墟重过泪滂沱。”

少帅张学良的三弟张学曾挽诗云：“乍闻噩耗欲天呼，疾痛河鱼陨大儒。永叔学传公子棐，颜渊德迈小人须（他与严均曾在赵幼梅门下）。城南诗酒交同证，冀北纲常教待扶。不有返魂香一缕，莫轻涤魄向冰壶。”

教育家、城南诗社社员刘潜（字芸生）挽诗曰：“噩耗初传蓦一惊，茫茫百感集平生。红尘浊世原泡幻，对此难忘太上清。”“人鬼分明一刹那,医方其奈命途何。丹砂祸比刀兵惨，况复神膏用华佗。”“如此清闲得几年，灵签一语竟相传。匆匆便向中央去，黄土无情泪泫然。”“年年禊饮拟桃潭，载酒寻诗三月三。几度回车增腹痛，更无吟兴到城南。”“菊花天气忆重阳，风雨秋高说故乡。三径就荒尘音绝，何人犹问水西庄。”“三山晓日百沽潮,豪气年来未尽消。往事成尘忍追忆，空余残梦在清宵。”“小蟫香馆月黄昏，满树棠梨泣露痕。试作驴鸣君一笑，只堪宋玉赋招魂。”

城南诗社社员吴寿贤挽诗称，他已经7年没有到严宅了，没想到今日前来竟是与好友诀别：“七年不到蟫香馆，今日重来为哭君。一院梨花如旧识，无言相对吊斜曛。水西图卷存先泽，庄址重寻见雅怀（严范孙先生曾绘水西庄图，遍征题咏，并语余拟在庄址建诗社，君继承先志，去岁两次在此宴客）。如此英才如此寿，葱茏玉树遽长埋。”

金石收藏家方若挽联深为严持约壮志未酬身先去而遗憾：“理有难明，岂是热肠肠竟断；学期致用，如何宏愿愿成虚。”

著名教育家、曾任广智馆馆长李金藻挽联为：“辛苦为谁忙，正当哀乐中年，拂意事多如意少；死生诚命定，痛忆凄凉病馆，热肠人到断肠时。”

著名书法家、诗人赵幼梅与严修交往甚密，长严持约14岁，亦师亦友，感情甚笃。21日晨，突然接到严持约病故之讯，赵幼梅不禁“心惊手颤，热泪夺眶而出”，回想起3月16日下午，严持约还曾到自己寓所做客，二人相谈良久。如今屈指算来，仅过5日，竟是幽明相隔！当晚，赵幼梅在灯下拈笔撰写《闻持约病逝》一文，追思了严智怡人生履历和他二人的多年交谊，感慨万千。

严持约为严范孙侍郎第二子，光绪壬午十二月生人，其伯父严香孙部郎名之曰连中。持约原名益智，赵幼梅曾为他取字曰损之，范孙先生认为甚佳，但因犯于先辈讳，乃改为慈约，后又有次约、茈玥，复更字为智怡。在他去世前数月，刚刚自改字为持约。持约髫龄之时，就深得赵幼梅喜爱。甲午年（1894）严范孙督学贵州时，曾命持约拜赵幼梅为师，并且开玩笑说：“令其受业，且托孤也。”言罢，二人相对大笑。庚子年（1900），赵幼梅赴严馆师从张伯苓，学习之余，教授严范孙先生的子侄们书法、诗书，名为学习，“乃实受业矣”。

1933年，赵幼梅曾致函严持约，大意是，如今你的精力甚强，又有父执辈数人的扶植，可努力刊印尊翁遗著。流光易逝，且勿因循而荒废。严持约得函后乃退出政坛，专心着手整理先父旧稿，岂料未竟全功而溘然已逝！据说，1935年春节后，严持约曾赴山西万泉的关帝祠求得一签，第四句为“如此清闲更几年”。当时并没有引起注意，后来众人思之，竟成了他生前的一句谶语。

严持约不甚能诗，但酷嗜作诗，乐此不疲，持之以恒，1933年加入城南诗社。当时，赵幼梅曾赠律诗一首，其中有“杜陵诗派传宗武，苏过文名继子瞻”之句，表达了他对严持约寄予的厚望。此后，在城南诗社醵饮和水西庄雅集之时，严持约皆有诗作，初稿完成，即送交赵幼梅修改润色。严宅院中有两株梨树，严范孙先生在世时，每值梨花盛开之时，即邀客吟赏。1935年春，严持约也援先父旧例，邀约诗社社员到严宅。他特意从故都北京购得蜂糕见贻。雅集之时，严持约诗性大发，作诗三首，其中“故都糕点饶真味，归奉高望更馈师”之句，颇为亲切有味。孤灯下的赵幼梅，想起与严持约多年的文字缘、诗文乐，竟在今日戛然而止，不禁潸然泪下。

徐世昌的胞侄徐绪通（字一达）、书法家郭则沄、城南诗社社员刘赓垚等均作挽联或挽诗。

当年期刊对聂耳死因的记叙

1935 年 7 月 17 日，《义勇军进行曲》的曲作者聂耳，在日本鹄沼海水浴场游泳时意外身亡，年仅 24 岁。消息传至国内，

699 電聲週刊

漁光曲版稅

周璇無戲可做

影片商赴日

國聯教電協會 編電影百科全書 我選「漁光曲」等片應徵

精神不死 金城客滿悼聶耳 女明星到者不多 吃豆腐大失所望

前藝華演員 馬鳳樓死

廣州影片檢查處 拒絕檢查派拉蒙影片

馬東武之喪 天一撥助五百金

1935 年第 4 卷第 34 期《电声》记录追悼会经过

电影、音乐、文艺等各界人士无不震惊、痛悼。由于在将遗体打捞上来后，聂耳头部和鼻孔均有出血，因此，社会各界对于他的死因曾有质疑。从1935年至1948年的《新音乐月刊》《电声》《星华》《电影新闻》等报刊，详细记叙了聂耳的死因。今年(2019)是中华人民共和国成立70周年，在国歌再次奏响的时刻，让我们共同缅怀这位伟大的人民音乐家。

“中国新音乐”的开路先锋

聂耳(1912—1935)，原名聂守信，字紫艺，云南玉溪人，生于昆明。有三兄一姊，4岁时父亲去世，他在艰苦生活中长大。他天资聪颖，小学时即已对音乐、舞蹈产生深厚兴趣。1927年聂耳考入云南省立第一师范学校，开始学习小提琴和钢琴，1928年加入中国共产主义青年团，同年底参加滇军朱培德所招的“学生军”，经广东、湖北、湖南到上海，吃尽了苦头，也锻炼了意志、丰富了阅历。1929年4月部队遣散，正巧欧阳予倩主办的广东戏剧学校招生，他虽然顺利考取，但因该校研究的尽为广东旧剧，所以不到三周，他就离校回昆明，重入昆明省立第一师范原班学习。他曾组织剧团，上演《女店员》《罗密欧与朱丽叶》等剧。他的哥哥在上海做生意，需要一个转运事务所，他遂于1930年7月抵达上海，在云丰申庄做职员。

1931年3月云丰申庄倒闭，聂守信随即失业。4月，《新闻报》广告栏中刊出黎锦晖主办的明月歌舞团招生，限额三人，待遇

1935 年第 7 期《电通》封面人物聂耳

很好，除膳宿外每月还给三元津贴，于是他报了名，并在130多名考生中脱颖而出，被独具慧眼的黎锦晖看中，得以与薛玲仙、王人美、黎莉莉、胡笳等明星同班学习。当时他的名字叫聂紫艺。他生性活泼开朗，学习之余常和大家开玩笑，大家初称他为“孽子”，后因他的耳朵非常灵，听音准，故而大家都叫他“耳朵先生”。

一天，联华影业公司总经理罗明佑过生日，也是演艺界的一个同乐会。当晚，明月歌舞团推举聂紫艺上台祝词。他自编的祝词，甚为风趣幽默，还运用了云南、广东、湖南、北平、江苏等多地区的俚语方言，兼而穿插模仿猫、狗、猪、鸭等动物声音，以他那丰富的表情表现出来，让在场的观众无不捧腹。他的表演成了当晚最出彩的节目。第二天，明日歌舞团收到了一篮鲜花和几样珍贵的小礼物，题款为：“聂耳博士惠存罗明佑敬赠。”聂紫艺说：“我本来已有三只耳朵了，大家硬要再送我一只，我只好收下了。”于是，从此，他便更名为聂耳。

聂耳极具音乐天才，在明月歌舞团进步神速，开始尝试自己创作歌曲。1932年4月，聂耳加入左翼剧联及其剧评小组。“一·二八”的炮火更是惊醒了他，加深他对“妹妹爱哥哥”“哥哥爱妹妹”软性音乐的不满。于是，常以“黑天使”的笔名在《时报》上撰写评论，批评黎锦晖音乐的创作方向。黎锦晖得知写文章的就是聂耳后，很严肃地找他谈了一次话，警告说：“你既要吃我的饭，就不该写文章骂我。”聂耳说：“我何尝是在骂你，我不过是希望你改变改变作风罢了。难道你丝毫没有感觉到时代已经不同，靡靡之音已经没有生命了吗？”聂耳对他毫无恶意，不过希望他把自己的聪明才智拿去创作一些对国家社会有益的东西罢了。黎锦晖的不谅解，也让聂耳无法继续呆下去了，于是，他脱离了明月歌舞团。

1933年,经田汉介绍,聂耳加入了中国共产党。1934年8月，他来到北平，曾投考北平艺术学院，未获考取，遂改师从俄国音乐家托洛夫学习。三个月后，经影星金焰的介绍，聂耳进入联华公司一厂工作。他注重收集现实生活中的创作素材，打桩工人、码头工人的号子，时常萦绕在他的耳畔，自然地迸发出来。于是《打桩歌》《码头工人歌》就这样诞生了。这两首歌得到百代公司音乐主任任光的赏识，迅速出版了唱片。这是聂耳成功的第一步，也是中国新音乐的第一声。唐纳评价他："在极短的时间里他会写成一支新曲，但是他也会费掉整夜的功夫考虑着已谱成的每段音阶、每一个音符。"

伴随着帝国主义侵华的炮火，聂耳又创作出一系列极具时代特色的作品。《大路歌》《开路先锋歌》第一次唱出了中国工人阶级不怕困难勇敢向前的斗争精神,《义勇军进行曲》第一次发出了中国人民反抗帝国主义侵略的吼声。他的歌曲像钢铁一样发出铿锵的音调，带着强烈的爱国热情和对侵略者的无比愤怒，刺激了国人沉闷的内心，变成了惊天动地的呐喊，迅速唱遍全国。聂耳的名字前遂被冠以"前进作曲家""时代的歌手""中国新音乐的奠基人"。

溺亡于日本海滨

1934 年，随着上海政治局势的日益恶化，热血沸腾的艺人们也只好像当年影片《逃亡》一样四处逃亡。为继续深造，也为躲避严酷的、随时可能发生的危险，聂耳决定先去日本，然后再赴法、德、俄等国研究音乐，预定七八年后归国，以期在中国音乐界作出更大贡献。

因其兄侨商在日本大阪，聂耳故于 1935 年 4 月 15 日先作日本之行。抵日后，寄居兄家潜心研究日本歌曲，并前往日本各地游历。同年 7 月中旬,应友人之邀赴东京都参加“新协”音乐会。17 日，聂耳作公开演奏，颇受欢迎，并应邀参加主办方宴会，饮酒不少。午后宴毕，偕滨田宏子、李相南等友人同往横滨之神奈川县藤泽町鹄沼海滨浴场，因聂耳不谙游泳，入水后，“偶一不慎，致为巨浪所卷，逐流东去，不复归来”。据同游者称“聂自入水后未曾浮起”，在海边寻找约三小时无果，随即报警。18 日上午，接到日本警察通知，聂守信（聂耳在日本仍用此名）已被打捞上来，经法医检验，系溺水身亡。

日本各大报均报道了聂耳逝世的消息，时在东京的一些留学生和进步华侨立即召开紧急会议，商议对聂耳的善后事宜，公推聂耳生前好友张天虚赴现场收领遗体，在日本火化后带回中国。运回国后，暂时寄存在上海，并通知聂耳的哥哥前来。后由聂叙伦将骨灰带回昆明，安葬于西山。

因聂耳的遗体打捞上来时，有“七窍流血，厥状可怖”的现象。因此,中国留学生方面对聂耳之死是否溺毙曾产生质疑。剧作家郑伯奇曾在《悼聂耳先生》一文提出疑问:“虽说是在太平洋的边上，鹄沼去镰仓和江之岛并不远，交通又很便利，平常去游览的人就不少，况且现在正当炎暑，海浴的人一定更多，难道大浪涌来的时候，他就不避?他回避不及也就没有人救么?道路传闻，说他的尸身留有血迹，因此便有人推想到谋害，谋害在警察制度严密的日本，事件似乎不是这样容易完结的。这大约是痛悼之余的一种空想罢!那么也许水中有什么毒虫，他不幸而做了无名的牺牲了么?”郭沫若先生为聂耳撰写碑文时也曾两句:“不幸而死于敌国，为憾无极。其何以致溺之由，至今犹未能明焉!”

张玮先生于2018年出版的《历史的温度2》一书中《聂耳是否死于日本暗杀》一文,有理有据地否定了“暗杀”的猜测。

精神不死　歌声永驻

聂耳意外逝世的消息传至国内，电影、音乐两界人士无不同声惋惜，郭沫若、田汉、冼星海、夏衍、赵丹、蔡楚生、沈西苓、陈波儿、黎锦晖等近百位文艺界人士在报刊发表追思文章、诗歌，近百位社会名流发起组织聂耳追悼会，1935年8月16日，电通公司率先在上海金城大戏院举行了第一场追悼会。

是日上午8时许，金城大戏院楼上楼下1600余个座位即告客满，不得入门在门口翘首以待者、在戏院外逡巡者亦达数百人。金城声明在先，不得悬挂挽联等物，故追悼会现场布置甚为简单：台上在那棕色的丝绒幕前，高高地悬挂着聂耳的遗像，他的脸上“流露着丰富神情感的青年，奕奕的目光，扫射着在场数千的来宾”。遗像上方是一幅竹布横额，上书“上海各界追悼时代乐曲作者聂耳先生”。下面堆满了花圈，四周缀以鲜花，此外即无他物。

除天一电影公司外，其余全国各大电影公司均派代表参加，追悼会筹委会公推明星公司周剑云为主席。他在报告中称，今年三大艺人之死（阮玲玉、郑正秋和聂耳），实在让中国电影界遭受重大打击。我们民族前途的危险是一个困苦艰难的时代，“我们都是负担这样重大责任的人”。著名演员施超宣读祭文后，沉痛的哀乐响起，与会人员全体起立，向聂耳遗像行三鞠躬礼。各公司所送花圈均由其主祭人献奉。继由数人先后登台演说，多以介绍聂耳生平略历和作曲成就。孙师毅还宣读了聂耳的遗产报告，报告称聂耳在百代、胜利两家唱片公司均有未收版权，艺华也尚欠其作曲费。

演说毕，开始演奏聂耳遗作，为以存真，均觅原唱人演唱：龚秋霞唱《卖报歌》，陈娟娟唱《小小猫》，王莹唱《凯歌》，胡萍唱《牧羊女》。《新女性》主题歌原为阮玲玉演唱，但因其同年自杀而只得请他人代唱。也有一些明星因故未到，于是，金焰的《大路歌》《开路先锋》，陈波儿的《毕业歌》，王人美的《铁蹄下的歌女》等蜚声一时之歌，均以唱片代唱。胡苹、王莹为聂耳生前好友，当场哭得双目通红，实为真情流露。

追悼会接近尾声时，一些影迷和歌迷竞相追逐明星签名留念。大腕黎莉莉和高占非、高倩苹夫妇大受追捧，被粉丝们围得水泄不通，连呼“不得了了”！陈嘉震、孙瑜、史超、周伯勋、郑应时等也是一时应接不暇。

1936 年，上海电影、音乐、文艺各界人士，筹备在聂耳

金城大戏院聂耳追悼会场景

逝世一周年再次召开追悼会，并演唱他的遗作，以示纪念。因舞台主人张善琨是新华影片公司的老板，与电影界颇有渊源，遂定在共舞台召开。但到了那天，法租界巡捕房却突然给共舞台送信称，在 15 个发起团体中，有一个团体曾在公共体育场举行过民众歌咏大会,而受到华界警务当局禁止。于是，追悼会未能如期举行。7 月 26 日，聂耳追悼会终于在上海环

聂耳追悼会部分来宾合影

龙路中华职业教育社举行，各社会团体400余人出席。主席宣布开会后，默哀三分钟，继由生前友人报告聂耳生平，并有数人作激昂演说,歌唱由聂耳生前挚友吕骥作曲之《聂耳挽歌》和聂耳遗作等数十首歌曲。最后还演唱了《救亡进行曲》《打回老家去》等其他作曲家所作的进步歌曲。歌声雄壮，响彻云霄，歌唱者精神激动，许多人不禁潸然泪下。法租界大批探捕一直在会场严密监视，但终于没有干涉。

1937年7月18日,聂耳逝世两周年、七七事变爆发后不久,上海歌曲作者协会、艺社等团体，在上海大戏院举行了一场追悼会,参加者1000余人。主席周钢鸣致词,蔡楚生随后演讲,主席团提议：将聂耳逝世日作为中国音乐节，当时全体举手通过。仪式后，演唱了聂耳遗作，最后台上台下一起合唱《义勇军进行曲》，一连唱了三遍，雄壮激昂，惊天动地，在场监视的特务们听后无不胆颤心惊。

此后，每年的聂耳祭日前后，总有各界人士发表文章，追悼这位“不是关闭在艺术之宫、而是活在人民大众心坎里的歌手”。他的精神不死，歌声永存。

邵洵美与项美丽的初次相遇

1935年9月1日，《声色画报》在上海创刊，由新月派诗人邵洵美、美国女作家项美丽主编，社址在上海平凉路21号，发行人沈同，由时代图书出版公司出版。同年11月至第3期停刊。该画报虽仅出版三期，但因其中英文合璧的独特风格而在民国画报中占有一席之地。

《声色画报》为综合类画报，月刊，16开本，每期34页，影写版印刷，画报封面为英文版，封底为中国版。邵洵美在创刊号《编辑者言》中说明了办刊宗旨和风格。“随着交通的进步，各国交往逐渐频繁，而以往的交际仪式过于虚伪，该到了剖心相见的时候了。各国人民若要相互了解，建立真正的友谊，那些官样文件当然不可靠。为了介绍各国文化、分析国际形势，增进中西方文化交流，遂有此刊的诞生。”几位编辑商议刊物风格时一致认为，不能办成只有少数人享受的、高深的纯文字刊物，而要办成“浅明而真切的”图文并茂的画报，“又是解释重于研究，诉述重于批评”。因此，画报为中英双语，语言率真直白，图片精美，印刷精良。中文论著前增加英文说明，英文文章前设有中文简介，提醒西人错误的文章由西人撰写，

《声色画报》第一期封底

解析国际形势的文章由国人撰写。文字方面以介绍各国文化艺术、人物往来为主，如邵洵美的《最近来华的四文人》《我的外交》《中国的仇敌》和 J.P.McEVOY 的 *WHERE THE BLUE BEGINS*、Sheila 的 *SHANGHAI IS SWELL* 等。而《现代国际政

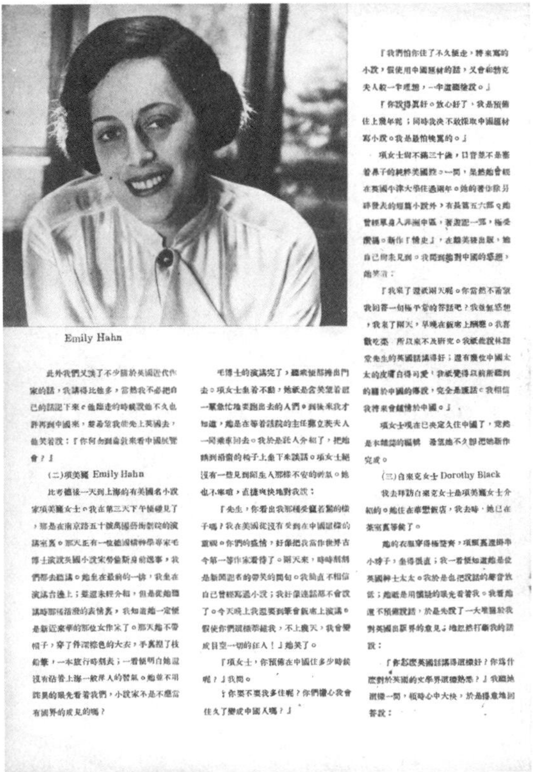

Emily Hahn

此外我們又談了不少關於美國近代作家的話，我講得比他多，當然我不必把自己的話記下來。他臨走的時候說他不久也許再到中國來，要希望我能先上英國去，他笑着說：『你何勿到倫敦來看中國展覽會？』

(二)項美麗 Emily Hahn

比考德後一天到上海的有美國名小說家項美麗女士。我在第三天下午便碰見了，那是在南京路五十號萬國藝術劇院的演講室裏。那天正有一位德國精神學專家毛博士演說美國小說家勞倫斯身前逸事，我們都去聽講。她坐在最前的一排，我坐在演講台邊上；雖還未經介紹，但是從她聽講時那種活潑的表情裏，我知道她一定便是新近來華的那位女作家了。那天她不帶帽子，穿了件深棕色的大衣，手裏捏了枝鉛筆，一本旅行時刻表；一看便明白她還沒有沾着上海一般洋人的習氣。她並不用詫異的眼光看着我們，小說家不是不應當有國界的成見的嗎？

毛博士的演講完了，聽衆便都擠出門去。項女士坐着不動，她祇是含笑望着匆匆忙忙地要跑出去的人們。到後來我才知道，她是在等着該院的主任鄭立英夫人一同乘車回去。我於是託人介紹了，把她請到留前的椅子上坐下來談話。項女士絕沒有一些見到陌生人那樣不安的神氣。她也不囉唆，直捷爽快地對我說：

『先生，你看出我那種受寵若驚的樣子嗎？我在美國從沒有受到在中國這樣的重視。你們的盛情，好像把我當作世界古今第一等作家看待了。兩天來，時時刻刻是新聞記者的帶笑的問句。我簡直不相信自己曾經寫過小說；我好像連話都不會說了。今天晚上我還要到筆會飯席上演講。假使你們這樣恭維我，不上幾天，我會變成目空一切的狂人！』她笑了。

『項女士，你預備在中國住多少時候呢？』我問。

『你要不要我多住呢？你們擔心我會住久了變成中國人嗎？』

『我們怕你住了不久便走，將來寫的小說，假使用中國題材的話，又會和勃克夫人較一下理想，一年讀者徒費。』

『你說得真好。放心好了，我是預備住上幾年呢；同時我決不敢採取中國題材寫小說。我是最怕挨罵的。』

項女士尚不滿三十歲，口音並不是塞着鼻子的純粹美國腔；一問，果然她曾經在英國牛津大學住過兩年。她的著作除另碎發表的短篇小說外，有長篇五六部。她曾經單身入非洲中區，著遊記一部，極受歡迎。新作『情史』，在紐美被出版，她自己尚未見到。我問到她對中國的感想，她笑着：

『我來了還祇兩天呢。你當然不希望我回答一句極平常的答話吧？我並無感想，我來了兩天，早晚在飯席上應酬。我喜歡吃菜，所以來不及研究。我祇能說林語堂先生的英國話講得好；還有幾位中國太太的皮膚白得可愛，我祇覺得以前所聽到的關於中國的傳說，完全是謊話。我相信我將來會鍾情於中國。』

項女士現在已決定久住中國了，究竟是不錯誤的編輯，希望她不久即把她新作完成。

(三)白來克女士 Dorothy Black

我去拜訪白來克女士是項美麗女士介紹的。她住在華懋飯店，我去時，她已在茶室裏等候了。

她的衣服穿得極整齊，項頸裏還掛串小珠子，坐得很直；我一看便知道她是位英國紳士太太。我於是也把說話的聲音放低；她祇是用懷疑的眼光看着我。我看她還不預備說話，於是先說了一大堆關於我對英國出版界的意見；她忽然打斷我的話說：

『你怎麼英國話講得這樣好？你為什麼對於英國的文學界這樣熟悉？』我聽她這樣一問，頓時心中大快，於是得意地回答說：

邵洵美以笔名撰写的《最近来华的四文人》一文和项美丽的玉照

治的透视》一文，记录了日本侵华的事实，痛斥日方所谓的“亚洲是亚洲人的亚洲”错误言论。图片方面有名胜、服饰、民俗、家居、戏剧、电影、书画、摄影、漫画等。而通过刊载意大利赠蒋（介石）飞机返沪、中波文协会理事离华、中苏文化协会成立、美国军政部长携夫人访华等，记录了西方文化社团来华交流、外国人在华的生活等。画报以中国建筑、服饰、生活用具中各种龙的形象，告诉读者龙在中国从始至终具有神秘色彩，它在中国人心上中拥有至高无上的地位。一组《现代中国女子的面面观》图片，则介绍了中国现代女性在政治、艺术、学习、旅行、婚嫁等多方面的现状和发展。

邵洵美曾留学英国，不仅是诗人、散文家、翻译家，也是一个著名的出版家，他的时代图书出版公司曾同时经营着《时代》《论语》《时代电影》等六种杂志。他在上海广交各国朋友，并与美国小说家项美丽演绎了一段风流故事，项美丽并以《项美丽与海上名流》一书披露他们之间的感情纠葛内幕。而《声色画报》中的《最近来华的四文人》一文，则较为详细地记录了他二人的第一次相遇。

1935 年 6 月，项美丽抵达上海。第三天下午，邵洵美到南京路 50 号万国艺术剧院，聆听德国精神学专家毛博士演讲小说家劳伦斯的轶事。邵洵美坐在演讲台的边上，项美丽则端坐于第一排的显著位置。邵洵美已经听说项美丽的来沪消息，虽未经人介绍，但“从她听讲时那种活泼的表情里”，他已断定她“一定便是新近来华的那位女作家了”。只见她没戴帽子，穿了件深棕色的大衣，手里捏了支铅笔和一本旅行时刻表。因为他们座位的关系，偶尔也会对望几眼，她的眼神自然、纯真，毫无诧异之感。因此，邵洵美认为，她还没有沾染到上海一般洋人的习气，不免产生了立刻认识她的冲动。

演讲结束后，项美丽并没有马上离开，她“只是含笑望着这群急忙地要跑出去的人们”。当打听到她是在等该院主任弗里茨夫人一同乘车回去的时候，邵洵美遂经弗里茨太太介绍，把项美丽请到沿窗的椅子上一同坐下聊了起来。她“绝没有一些见面陌生人那样不安的神气”，也不做任何寒暄，直接爽快地回答邵洵美有关来华感受的问题：“先生，你看出我那种受宠若惊的样子吗？我在美国从没有受到在中国这样的重视。你们的盛情，好像把我当作世界古今第一等作家看待了。两天来，时时刻刻是新闻记者的带笑的问句。我简直不相信自己曾经写过小说，我好像连话都不会说了。今天晚上我还要到笔会饭席上演讲。假使你们这样恭维我，不上几天，我会变成目空一切的狂人！”说罢，她笑了，笑的是那样迷人。

“项女士，你预备在中国住多少时候呢？”邵问。

“你要不要我多住呢？你们担心我会住久了变成中国人吗？”项反问道。

“我们怕你住了不久便走，将来写的小说，假使用中国题材的话，又会和勃克夫人般，一半理想，一半道听途说了。”

“你说得真好！放心好了，我是预备住上几年呢！同时，我决不敢采取中国题材写小说。我是最怕挨骂的。”

项美丽当时尚不足三十岁，“口音并不是塞着鼻子的纯粹美国腔”，倒觉得有些英国味道。邵洵美一问，果然她曾经在英国牛津大学住过两年！于是，共同的英国经历迅速拉近了他们之间的距离。邵了解到，项除发表一些短篇小说外，已经出版了五六部长篇小说。最让他肃然起敬的是，她为撰写一部游记，曾只身一人冒险进入非洲中部实地考察、体验生活。她的新著时已在美国出版，只是因来华缘故，她至今还未见到。

谈话即将结束时，邵问项对中国的感想如何。她笑道：“我来了还只两天呢。你当然不希望我回答一句极平常的答话吧？我并无感想，我来了两天，早晚在饭席上应酬。我喜欢吃菜，所以来不及研究。我只能说林语堂先生的美国话讲得好，还有几位中国太太的皮肤白得可爱！我只觉得以前所听到的关于中国的传说，完全是谎话。我相信，我将来会钟情于中国的！”

这次相遇后，他们便成为了朋友，并且一起主编了这本《声色画报》。事实证明，项美丽不仅对中国产生了浓厚的兴趣，在华九年，翻译了毛泽东的《论持久战》、撰写了《宋氏三姐妹》，并且爱上了这位英俊潇洒的花样诗人邵洵美先生，上演了一场轰轰烈烈的旷世之恋。

命运多舛：创办《北洋画报》的冯武越

1936年1月19日晨，著名报人冯武越病逝于北平德国医院，灵柩暂厝北平交道口柏林寺。生前友好无不痛悼，纷纷赴平吊唁。因其家和家属均在天津，其主要生活经历也在天津，所以，送殡仪式先期在津举行，5月3日又在日租界松岛街妙峰山下院禅林举行吊唁仪式。《天津商报画刊》和《玫瑰画报》先后开设追悼冯武越纪念专版，华北文艺界名流纷纷撰文追忆冯武越。

冯武越，名启缪，广东番禺人，笔名笔公。13岁与邻人合作创办《儿童杂志》。因其父冯玉潜曾任墨西哥公使，冯武越遂自幼随行游学海外，16岁赴法留学，后转比利时、瑞士学习航空机械及无线电等，学成后遍游欧美实习考察。冯1921年回国，曾任东北航空署总务处第五科监察兼撰述，1925年前后来津，定居于英租界新华村10号一楼一底的一幢小楼。1926年7月7日，冯在津创办在华北最具影响的《北洋画报》，1931年九一八事变后，又创办了《图画新闻》，王小隐任主编。后因东北局势急剧变化，报业受挫，加之冯武越肺病复发，遂于1932年停办了《图画新闻》，1933年3月1日将《北洋画报》交与同生照相馆经理谭林北。此后，冯武越赴广东西山四平里村养病，笃好

侍宦墨西哥時之武越（右至左：武越，其尊人玉滑先生時任駐墨西哥總領事，其弟至海，現均已作古！）

畫報先進

馮武越先生紀念專頁

□關於武越

秋塵

武越死日，送殯者，除家屬親戚外，僅有老友北大教授唐立厂，實報記者宜永光（即老宜），餘如王小隱，張醉丐，及作者等，均在津滬，各以事牽未及前往。武越生平交遊素廣，死後如此蕭條，可發一嘆。武越靈柩，現寄北平交道口柏林寺。現定五月三日在本市日租界松島街妙峯山下院禪林懸弔。武越在山中養病時，每日與其夫人翰絳雪通信，信上半文半畫，所繪色彩鮮明，筆致精細，不類不壽之人。現其夫人已裝訂成帙，將永存紀念。武越最後之著作，為「廣東華林寺五百羅漢記」，共印二百冊，現尚集存其家。馮絳雪夫人，現卜居英租界新華村十號，為一樓一底之小樓，四壁蕭然！夫人決閉門課子，以成武越之志。武越有兩子，長健龍，就讀工商大學附中，次健麟，女健鳳，在培才小學，俱聰慧過人。

武越之家庭（中坐者其尊人玉滑先生立者右武越•左絳雪夫人•三幼童右至左：健龍•健鳳•健麟）

□哭武越

吳秋塵

予識武越，在十六年之夏，時北洋畫報正發行「程硯秋特刊」，予主東方時報之「東方劇」，曾為短文許師，並論捧角者。因得小隱以之介，相見，大悅，因曰蓋所謂不打不相識也。十九年秋，武越約編北洋畫報，任事凡三年，時武越方有事於東北，隨師偕往，畫報事務，悉由予主持，武越則遠在三千里外，日以函至，指示解說，巨細無遺，有如講義，於以見其對北畫之苦心經營。此三年中，國難作，津變起，武越宿疾發，報奇跌。武越常奔走關內外，每歸，常深夜剪燈促膝，縱談天下事，娓娓不倦，友而兼良師。編北畫者多不能久，稍久者情感亦多不相容，獨予直至廿一年北畫出讓，始與武越同去，不得謂非夙緣。武越一生精力，俱在北畫，北畫易主，武越之心血已瘁，體益羸，乃入山休養。病稍轉，曾來津，予過其家，仍殷殷以重辦畫報相期許，初不料別未經年，竟成永訣，人生朝露，可勝默哉！武越理智勝於情感，對人不稍假借，作事認真，不肯有絲毫鬆懈，對藝術極忠實，處朋友以直道，人或有病其不隨世俗者，此正武越之所以為武越也。

予與武越遊，前後共八載，歷逢其祖太夫人之喪，太夫人之喪，其尊人玉滑丈之喪，其弟至海兄之喪，武越之運亦厄矣！而武越亦終不克享大年，悄然以去，高山流水，思之泫然！

予主編北畫時，「畫樓」在法租界廿六號路。今歲玫瑰創刊，社址亦在廿六號路，與舊日畫樓，近在比隣，以門人經第主編斯報，時來小坐，緬懷往時盛況，宛在目前。而此作即草於當日畫樓之隔壁，世事雲烟，恍同一夢！作者固絕未想到在此地此時此報追念老友，武越有靈，當亦不禁詫然以驚，悽然以感也。夜風搖樹，霧暗星迷，擲筆長歎，故人何處！

◁武越停靈之北平柏林寺▷

◁「戎馬書生」之武越▷

十九年武越在瀋創東北新聞影片社，為我國新聞攝影社之始。

北洋畫報歡迎藝術大師徐悲鴻夫婦留影（後排左至右第三人為武越，最左一人為吳秋塵。）

武越最後之一影（右至左：絳雪夫人，其叔耿光先生，武越，攝於北平西山，不匝月武越逝！）

武越宅中最後一次詩酒之會（中立合十者為武越時在廿四年秋）

武越（左）最後主辦之趙少昂黃少強扇面展覽會時廿四年秋

《玫瑰画报》追悼冯武越专页

佛学，得大乘净土之秘，影印出版《广东华林寺五百罗汉造像》。

冯武越在西山养病期间，极感无聊，与夫人赵绛雪及友人通信成为最大乐趣。一次，冯武越接到王伯龙来函时，适与女友玩挖花游戏，一见来函，雀跃之至，遂将游戏丢到一边，专心展读信函。冯武越致友人信函均极认真，且每函洋洋洒洒在千字以上，文字半文半白，极富文采，为此，接函人多将其转发在报刊上。一次，王小隐将冯武越的信函剪头截尾刊于《新京日报》，冯武越见后认为："虽有趣，但觉肉麻，盖函中尽玩笑话耳。"

王伯龙在《天津商报画报》撰写的《山中"红叶"故人书》一文，节录了冯武越在西山养病时寄给他的一封信，从中我们可以了解他二人的深厚情谊：

……忆去岁旅津时，聆大方（方地山）及赵幼梅诸先生谈话，于兄之所吟咏，赞赏有加，称为难能。弟于诗词完全为门外汉，只能作偶句而已。缘 14 岁即放弃汉学而习蟹行文（拉丁语），旋即负笈西游，于国学殆无所知。苟非诸公为我启示，我未知兄为诗人。然今者诗人之称，兄则克当，何能硬派到我头上？来书中所谓"红冠黄叶瘦诗"云云，是否有误，弟认为诚误，"尚希赐予更正，以免淆惑观听，不胜盼祷之至"。否则弟将面红至可与鸡冠花比赛矣！此其所赛，赛之在色，赠兄小影，实无聊之中找不到可以奉贻之物，因以检寄，亦欲使故人知我山中之闲逸，与病容之渐次消失，将引以为慰耳。故于影背书明“祈勿公布”，即恐人谓我自作宣传。此种毁谤弟实吃不消也。其实弟自民十三以来，主干画刊三种，苟欲自作宣传，则虽日登小照一张，有何不可？承兄见爱，惠题佳句，此次所做插图，如绿叶扶花，亦未尝不是。弟固非固执者流也。忆去岁养疴居津，初从松声大师习写松，兴之所至，以处女作一小帧，以为信简，驰寄绸裳，渠竟以付商画刊登，我悻悻焉者久之。盖初学作

冯武越夫人

画，已自惭形秽，以之与友朋相见则可，以公之大众，人其谓我何？此亦由于弟太过认真之故。其实可以不必如此，但弟本习科学之人，于一针一线一钉之微（实习制造飞机及汽球，均须亲为设计，图绘缝纫及钉凿）不敢或苟（与人性命攸关），以是养成认真习惯，此于现社会则殊不相宜。镂冰兄初商报时，此画亦正在发轫，尝谓弟曰："苟中国人人人能如我俩之肯认真，国家当不至如此其糟。"言下不胜感慨。弟由是引为知己。所以其自许而又扬我，实以彼能自知知人耳。兄与共事渐久，当益钦其人，又彼能引兄为助，亦可见其知人之明，而余言为不谬矣。

言语中多为谦虚之语，从中亦可见冯武越之为人与性格。

同年 4 月 27 日《玫瑰画报》的纪念专版，刊载了冯武越的父亲冯玉潜、夫人赵绛雪和两个儿子的全家福，1935 年秋冯武越回津时在家与天津文人最后一次雅集的合影，以及他与徐悲鸿夫妇在《北洋画报》门前的合影等 8 帧照片。冯武越生前好友吴秋尘撰写《关于武越》《哭武越》两文，记叙了他二人的交往故事。

1927 年夏《北洋画报》刊发"程砚秋特刊"时，吴秋尘正在主持《东方时报》的"东方朔"专栏。吴秋尘曾发表文章评论该特刊，兼论追捧程砚秋的捧角家。冯武越方才注意到吴秋尘的名字，后经著名文人王小隐之介，二人得以相见，彼此大悦，相谈甚欢，从此交往日多。冯武越要算是吴秋尘的益友兼良师。

1930年秋，冯武越邀约吴秋尘主编《北洋画报》，吴秋尘欣然应允，任事三年。其间，冯武越曾有事于东北，王小隐偕往，画报事务悉由吴秋尘主持。而冯武越则远在三千里外，仍日以函至，指示解说，巨细无遗，足见其对画报之苦心经营。这三年正是中国遭遇国难之时，天津事变后，冯武越旧病复发，但在报业奇跌的时局下，他不得不奔走于关内关外。回津后，他二人经常深夜篝灯，促膝纵谈天下事，娓娓不倦。《北洋画报》的编辑众多，但多不能久，有稍久者情感亦多不相容，独有吴秋尘坚持的时间最长，直至1932年冯武越将《北洋画报》出让他人。

他二人相识八载，这八年冯武越可算是厄运连连，他的奶奶、母亲、父亲、弟弟相继离开人世。冯武越常常是尚未从上一段悲伤中走出来却又迎来了下一段悲伤。尽管命运多舛，但他仍将一生的心血放在《北洋画报》。在《画报》易主后，他的心已瘁，体益弱，乃入西山休养，病稍转，曾回津，与在津文人相聚家中，对重振《北洋画报》抱以殷切希望，并与吴秋尘相约届时再度携手。冯武越激动的话语仍在耳畔，动情的眼神犹在眼前，但不料别未经年，竟成永诀。

在吴秋尘的眼中，冯武越“理智胜于情感，对人不稍假借，做事认真，不肯有丝毫松懈，对艺术极忠实，处朋友以直道，人或有病其不随世俗者，此正武越之所以为武越也”。

在津前来为冯武越送殓者除家属亲戚外，仅有老友北大教授唐立厂、《实报》记者宣永光（即老宣）、王小隐、张聊公和吴秋尘等十数人，众多的友好均因事牵未及前往。为此，吴秋尘不禁叹道:“武越生平交游素广，死后如此萧条，可发一喟！”

冯武越生前与其夫人通信频繁，几乎每日一函，信上半文半画，所绘色彩鲜明，笔致精细，完全不像出自即将离世人之手。夫人赵绛雪将其装订成帙，以做永存纪念。冯武越遗有两子一女，时长子健龙就读工商大学附中，次子健麟、女健凤均在培才小学读书，皆聪慧过人。

虽然在津各报多对冯武越的去世或报道消息，或刊载追忆文章，但笔者遍查当时仍在刊行的《北洋画报》，却对此只字未提，这不能不让人有一种人走茶凉、物是人非之慨。

曹禺两次为陆以洪做伴郎

1936 年的第 11 期《玫瑰画报》和第 1380 期《北洋画报》，同时报道了在天津永安饭店举行的一场别开生面的婚礼，婚

奇異老牌無綫電收音機

1936 年第 11 期《玫瑰画报》

礼的主角是南开中学才子陆以洪与天津女子师范学校才女董芝如。在父母之命、媒妁之言的“六礼”婚仪为主流的民国时代，读者也可从中管窥到在男女平等、婚姻自主新思潮推动下的民国知识界的新式婚礼。

陆以洪是南开中学的高材生，不仅学习成绩优异，而且英俊潇洒，风度翩翩，是该校有名的帅哥。他与著名剧作家曹禺为同班同学，关系甚好。据说，曹禺的代表作《雷雨》中的繁漪即以陆的嫂子为原型。董芝如为河北省立女子师范学校文学正系、艺术副系的毕业生，长于绘画，《北洋画报》《天津商报画刊》均刊登过她的作品。他二人毕业后，先后到市立师范学校执教，同攻文学，皆好皮黄，在学校的活动中时常粉墨登场，共同的事业、相同的爱好，让他们彼此产生了好感。在绿蘩美术会会长、女子师范学校图画系教师苏吉亨的介绍下，他二人遂水到渠成地共浴爱河。

同年 3 月 29 日下午 3 时，陆以洪与董芝如在永安饭店举行婚礼。南开、女师、市立师范三校师生百余人前来祝贺，一时颇为热闹。但眼见吉时已到，仍未见新娘登场，急得新郎一遍遍地打电话给女家。3 时许，新娘姗姗来迟，从花车上下来时，头上沁着香汗，但见其手臂上部竟未敷粉，大小臂黑白分明，判若两人。来宾不禁揣测，恐系新郎打电话催促过紧的缘故吧！伴娘为南开大学傅毓芬女士，是新娘的得意门生。伴郎是曹禺，寻常的伴郎多与新郎同行，而曹禺却总是躲在新郎背后。有人问他为什么羞于见人，曹禺才红着脸说，我不想再做伴郎了，真是没有办法，要不是老陆，我真不干，这恐怕是我平生最后一次做伴郎了！原来，陆以洪今天的婚礼实为再婚，他与前妻举办婚礼时，也是在永安饭店，伴郎也是曹禺。这下来宾明白了，难怪曹禺如此尴尬呢！相对曹禺的焦躁不安而言，众人皆为新郎的沉着淡定所折服，陆以洪在结婚仪式、应对嘉宾提问和发表新婚感言时，均表现出超凡的自信和从容。在婚后的喜宴上更是开怀畅饮,毫不畏醉。

是日，来宾极为踊跃，以新郎新娘之门墙桃李为多，市立师范的同学们还别出心裁地临时组建了一支啦啦队，为婚礼助兴。只听啦啦队有节奏地喊着:“董先生,嘻嘻嘻,哈哈哈,哎呀！”“董小姐，哈哈哈，嘻嘻嘻，哎哟！”在场的人无不为其绝倒。啦啦队不仅给婚礼增添了喜庆气氛，更让这场婚礼与众不同。

张聊公给柳亚子挑错

张聊公是民国时期著名报人、剧评家、票友。早年就读于天津新学书院，曾在上海、北平生活，与平津沪三地文人

奇異老牌無綫電收音機

1936 年第 10 期《玫瑰画报》中《柳亚子未免欠通》一文

多有往来，1930 年前后回到天津，在交通银行天津分行任职。20 世纪三四十年代曾是《东方时报》《北洋画报》《立言画刊》《三六九画报》等平津地区多家报刊的撰稿人，文章内容包括戏剧评论、民俗风物、文人往还、时评随笔、平津掌故等方面。他在 1936 年第 10 期《玫瑰画报》中的《柳亚子未免欠通》一文，则为驰名中外的大文豪柳亚子先生的文章挑错。

柳亚子先生是南社的一支健笔，闻名海内外。阅读他当时刊登在《逸经》创刊号上的大作《我和言论界的因缘》一文，张聊公对其中两处文字提出疑义：一是此文中有“曼殊常叫的倌人，是花雪南，楚伧常叫的是杨兰春，我却是张娟娟”之句。“我却是张娟娟”之意自然应该是“我常叫的是张娟娟”，但柳亚子先生为了节省文字，省略了“常叫的”三字，则不免使人产生“柳亚子先生即为张娟娟”的歧义。张聊公认为此处本来是可以节省文字的，但至少“的”字必须保留，若改为“楚伧是杨兰春，我的却是张娟娟”，则文通义顺了。巧合的是，当年上海《晶报》也曾指出该文此处的疏忽，甚至讥笑柳亚子先生文法不通。二是该文最末一段“我的总辑头衔，也从此去消了”之句中的“去消”一词，张聊公认为想是作者的自造词，非为固定词，似系“取消”之笔误。“取消”一词在当时虽尚属舶来的新名词，但在此处代替“去消”一词，犹感略胜一筹。

民国时期文人间的笔战屡见报端，有的是两人开战，有的是多人混战，战火弥漫，历时数月。或为观点、方法之争，或是人格、人身的攻击，而给一篇文章的语法、文字挑错尚属鲜见。查阅当年的报刊，并未找到柳亚子先生对张聊公挑错的回应。

张伯苓促成伉乃如续弦

1936 年第 43 期《玫瑰画报》中著名报人吴秋尘的《伉阎婚礼记琐》一文，记叙了南开大学教授伉乃如与南开校友会

大光明理髮店特別大減價
電機燙髮
◀壹元▶
永昌
高尚消夏之勝地
英美機器廠
赤樂園
諸君

1936 年第 43 期《玫瑰画报》中《伉阎婚礼记琐》一文

主席阎子亨之妹阎书玉的结婚过程。

1936 年 7 月 20 日下午，46 岁伉乃如与 33 岁阎书玉在南开女中礼堂举行了一场极为简单的婚礼。参加婚礼的人不多，均为南开系列学校成员。证婚人为校长张伯苓，介绍人有会计主任华午晴，庶务主任孟琴襄，校友会委员王明甫、李新慧等四人，司仪是英文教员刘百高、著名导演吕仰平二人，伴郎为校医景绍薪，伴娘为南开女中教员沈希咏。

吉期时值溽暑，来宾各个汗流浃背。午后，快雨淋漓，积暑全消，众人皆喜，连称新夫妇福气不小。新娘阎书玉在上妆时也对旁边的人说："这两天，天气太热了，我早就盼望下雨，凉爽些，我也喜欢下雨，今天果然就下雨了！"喜形于色，脸上洋溢着幸福。来宾所送礼物五花八门，鼎章照相馆的喜礼为伉阎订婚时的放大合影一幅，一对新人比肩微笑，呼之欲出，为礼物中最精彩者。

婚礼仪式极为简单，只有宣读结婚证书、交换戒指、证婚人演讲等环节，就连新人行交拜礼均省略了。来宾中不免有人议论，为什么一对新人不行交拜礼呢？张伯苓遂在讲演中特意解释说："新郎不主张交拜礼，是因为向来新郎深深鞠躬，而新娘至多不过点头，未免吃亏之故。"据伉先生后人说，当年 1 月伉乃如的原配妻子邢钟秀刚刚因病去世，他们的五男二女七个孩子均已成年，对父亲在短时间内再婚皆不支持。为此，张伯苓、华午晴等人数次亲往伉家劝说，促成这桩婚事。婚礼现场，伉乃如唯恐场面过大刺激到几个孩子，遂低调举办婚礼。张伯苓校长的一番话其实是在为伉乃如打圆场。

婚宴时，对戏剧颇有研究的王守媛女士，兴奋地说："我恨不得天天有这样的盛会啊！"张伯苓校长听到后说："可不能为着你高兴，先生们就人人天天续弦啊！"语罢，举座哄然大笑。有人提议席散后，在新房会集校友王守媛、缪雪亚、陆济恭诸人排演《得意缘》，以志庆祝。惟因时间仓促未及筹备，只在宅中由一二人清唱数段代之。夜色已深，一对新人在笑声伴着雨声中送走了来宾。

宁死不屈的报人刘髯公

20世纪二三十年代，天津有一份老百姓最喜欢的平民报纸《新天津报》，报纸以内容贴近生活，语言通俗，敢为老百姓说话而著称。该报的创办人刘髯公豪爽侠义，以痛骂军阀打开报纸销路，尤其是1937年天津沦陷后，他积极宣传抗日，拒绝出任伪职，坚决不与日伪政权合作办报，因而被日本特务逮捕，关押于日本宪兵队。在押期间，面对各种酷刑，刘髯公宁死不屈，狂歌谩骂，在保释出狱后不久，饮恨而死。

《新天津报》创办人刘髯公

刘髯公，原名刘学庸，字仲儒，笔名髯公，清光绪十九年（1893）生于天津武清县杨村镇，回族。其父经营小粮店，因蚀本关闭，此后，家境困难。读过几年私塾的刘髯公，十几岁便开始独立闯荡世界。一个偶然的机会，经法国驻华领事馆的厨师姚奇山介绍，进入领事馆做了一名录事。凭借天生的灵性和多年混迹社会的经验，他的工作得到了法国领事馆的赏识。1900 年刘调任天津法租界工部局侦探长。在任期间，他在天津车站、码头、警察局、法院及各

新天津報十週年紀念專號

誌本報十週年紀念

歷十週年主持平民風化

願千萬歲提倡禮教精神

1934 年 9 月《新天津报》10 周年纪念专刊

机关广交朋友。不久，他就在津娶妻生子，开设明星自行车行。逐渐在天津法租界站稳脚跟，取得了较高声望。

在列强瓜分天津租界之时，刘髯公深感民不聊生的痛苦，决心创办一份平民化的报纸，替老百姓说话，畅所欲言，大抒中国人民的志气。他聘请擅绘画、长书法、粗通外文的薛月楼为主笔，段松波任副经理，自任社长，创办《新天津报》。该报于1923年8月正式发刊，初为四开小报，日发行量仅500份。报纸内容以面向平民大众为主，不登桃色新闻而刊登大众关心的新闻，突出真实性、通俗性。刘髯公为《新天津报》制定的训词是："大公对外，忠实服务，倘有陨越，上帝临汝。"他把训词制成镜框，悬于报馆墙上，每逢节日，他还要对全体员工训示一遍。后刘又陆续创办《新天津晚报》《文艺报》《新天津画报》《新月刊》等六种报刊，扩充报社，设立私家电台，办新闻函授学校。几年后，《新天津报》日发行量增至5万份，在全国报刊界颇具影响。

刘髯公喜京剧，工老生唱腔，演唱水平出众。曾多次与京剧名角章遏云等在法租界的春和大戏院同台演出，被誉为津门名票。

他关心家乡教育，热心公益，扶危济困。20世纪20年代末，他在杨村七街庆德胡同内的自家宅院里兴办了杨村回民小学，出资举办杨村全镇学生演讲比赛会，奖励优秀学生。杨村清真寺1935年遭雷击后殿烧毁，刘髯公同七街回民官绅穆文善团长领头出巨资，并向全国和杨村回汉乡亲募捐集资，使清真大寺修复如初。当年回汉民耕种的田地有很多在夹道洼里，几乎年年涝灾，水排不出去，刘髯公出资并募捐六万现大洋在夹道村南北运河大堤上修涵洞一座，让洼淀里的积水能及时排出。

1931年9月，日本帝国主义发动“九一八”事变，东北大片国土沦丧，刘髯公义愤填膺，他通过《新天津报》宣传抗日救国，积极报道抗日英雄马占山、冯占海、上海十九路军蔡廷锴，痛斥不抵抗主义，深得民众欢迎。

1937年7月29日天津沦陷前夕，《新天津报》宣告停刊，刘髯公亲自在《新天津报》撰写社论，向广大读者告别，文词慷慨悲壮。日本侵略者大为恼火，他们对刘髯公采取利诱和威胁的手段，让《新天津报》复刊。日伪政府请他参加天津市治安维持会筹备会，刘髯公拒不赴会，还把送通知的人骂了出去。日本特务想对他实施武力，但因他住在法租界，又不便下手。

同年8月2日，津城狂风大作，暴雨倾盆。有从外面回来的家人说，法租界外不远的特三区东天仙戏院门前有千余人正在雨里浇着，时值初秋，露宿街头的妇女儿童啼饥号寒，惨不忍睹。刘髯公闻听，不顾家人阻拦，披上雨衣，出了法租界，来到东天仙戏院前。他想用汽车将他们送到意租界的报馆，但被意租界当局阻拦。他又给戏院的产权人法国仪品公司董事长打电话，提出让难民在戏院里暂住，戏院租赁费由刘髯公来付。经过一番交涉，难民终于住进戏院对面铺房，有了栖身之所。

刘髯公回家后仍不放心，又先后给天津基督教青年会董事雍剑秋和《天津晚报》负责人常小川打电话，约定次日共商救济难民事宜。岂料，翌日刘髯公竟遭不测。

8 月 3 日上午，刘髯公像往常一样乘汽车上班，车行至万国桥（今解放桥），日本宪兵队令车上的人下车检查。刘髯公刚一下车，即被几个日本特务逮捕，押送日本宪兵队。刘髯公在当时是有社会地位的人，深受拥戴，哪里受过这种待遇，一进宪兵队后，他毫无惧色，破口大骂。

在押期间，在刑讯室他以训斥和咒骂回答敌人的审问，用悲壮高亢的京剧唱腔倾诉他一腔怒火，日寇残忍地用皮鞭抽打、轧杠子、上电刑，他强忍着疼痛不停地叫、骂、唱。第二天日本宪兵队长请他到客厅吃茶、谈话，劝他与日本人合作，继续出版《新天津报》，以示“中日一家，共存共荣”，他仍以骂相对，遂被丢进水牢，浸泡在肮脏的污水中，受尽蚊虫叮咬。在此后的数次审问时，他不是痛斥日寇屠杀中国人民的罪行，就是大骂汉奸丧失天伦，恣意蹂躏同胞。在牢里他高唱《宁武关》《骂毛延寿》等京剧唱段以及随意编唱的戏词,哼唱“我纵然为国家尽忠死……也落个青史名标万古美名传”。

此后,日本人又派汉奸向刘的家人转达“要想保住刘髯公，得让报纸复刊”之意。刘的弟弟等人面见刘髯公时，听他骂不绝口，哪里还敢提及报纸复刊之事。后经家人及亲友四处取保，天津各清真大寺的阿訇联名具保，家属瞒着他接受了日方的复刊条件，刘髯公才得于 10 月 26 日获释。

回到家中，刘髯公对前来看他的报馆同仁们说：“《新天津报》决不再出版了，大家另觅出路吧！千万不要忘记自己是中国人。”他因受酷刑，伤及内脏，呼吸困难，身体不能活动，每日躺在病床上唱着自编的戏词，度过了最后的几个月。临终前，刘髯公瘦得只剩下了一把骨头，仍嘱咐家人不要把《新天津报》拱手送给日本人，用尽最后一口气力唱出：“我为国家尽忠死，落个青史传美名！”唱罢闭上双眼，愤然辞世，时年仅45岁。

千松楼文人雅集

江苏督军李纯的长子李子洲在津之时，夙嗜戏剧，尤好绘画，师从画家赵松声学习绘画，颇有心得。1940 年 10 月初，舌画家黄二南抵津，李子洲遂于寓斋设宴款待黄二南，请老师赵松声，画家陈少梅、吴迪生，报人张聊公及臧君作陪。赵松声号万松楼主，李子洲遂取“千松楼”为斋名。

赵松声在天津画坛名重一时，为同道尊崇，他对陈少梅推崇备至，欣然自居其下。陈少梅声名正隆，但为人谦逊，更敬重赵松声。当时，陈少梅虽酬酢频繁，但仍应约而来。酒足饭饱，众人余兴未减，李子洲操琴，陈少梅与张聊公配戏连唱两段。李子洲善唱净角，可惜座上诸公唯有他善操琴，众人皆为未能听到他的黄钟大吕之音而遗憾。

李子洲收藏古今名人书画甚富，自称最近购得南宋马远的一幅中堂画，但不敢断其真赝，另以 250 元购得《黄河图卷》，也不知出自何人手笔。黄二南、吴迪生均请一观，李子洲乃使仆从取出。赵松声观后，对马远画中松石的笔法颇为赞赏，但不敢断为真迹。画中有吴宽题诗，写作俱精，吴迪生观后确定为吴宽真迹，但题诗仅咏画中景物，并未言画作，因此，

食母生
維他賜保命
力弗肝
千松樓讀書記
詩
月中桂分韻得前字
鼓雅
(二)長坂坡
中國戲院
王金城
秦雲鳳
麗金店
豐
福合綫店
近期開幕
英租界張家大橋
歡迎參觀指導
結婚日期已定請到?
祥記時裝公司
近七年間所未聞的
新舉動
華林
孤軍血戰記
西湖南菜館
三鑫
呢絨綢緞
商店

1940 年第 10 卷第 6 期《新天津画报》张聊公的《千松楼读书记》一文

不能因吴宽之真而推断马远之真。因吴宽为明末清初书法家，此画无论真伪，为古画应确定无疑。《黄河图卷》长至丈余，河道为黄色，山峰作青绿色，间用蓝色，备极鲜明，笔致之细致，设色之鲜丽，令人赏心悦目。众人一致认为，此画为清宫如意馆或其他类似机关所作的黄河流域地图，虽未知何人所作，但可确定为我国美术精品，更为考证黄河旧时河道的绝好材料。李子洲称，自己收购此画原为救人所急，众人无不感佩其古道热肠。

李子洲再请黄二南、赵松声、陈少梅三大画家合作一幅中堂画。陈少梅因事务繁忙，不克久留，乃先绘一位老人，顷刻而就，下笔甚远，意态生动，衣纹明晰，观者无不叹赏。赵松声称："今日艺坛之上善绘仕女者，少梅应算第一支笔了！"赵松声让李子洲取来扇面，仅寥寥数笔，一位美人便跃然纸上，神态婉妙，令人生怜。送走陈少梅，黄二南在老人旁画嵯峨巨石，气势雄奇。赵松声请张聊公补竹，张聊公虽手心发痒，但终不敢轻试。赵松声遂亲自上阵绘松，一幅中堂画遂告完成。

随后，黄二南又为同座臧君画石，请赵松声补松。李子洲的司机嗜画如命，借机恳请赵松声转求黄二南为其画一小条。黄二南以指画竹，秀挺可观。赵松声补石，益增精彩。应李子洲之请，黄二南再作一幅扇面，云山烟景，苍茫入古。李子洲大获丰收，甚为欣喜。

张聊公既饱盛宴，复观名作，欣幸之余，乃撰文《千松楼读书记》，刊于 1940 年第 10 卷第 6 期《新天津画报》。

剧作家洪深因何自杀

1941 年 2 月 5 日晨，剧作家洪深和妻子常清贞在重庆的家中双双服毒自杀，幸被女儿洪铃发现，救治及时，才未酿成惨剧。翌日，国内数十家报刊报道了这一消息，一时轰动全国。人们在惊异的同时，不禁要问他们为什么自杀？有人说是因为经济困迫，有人说是感情原因，有人说是身心问题，有人说是事业受挫，有人说是政治因素，莫衷一是，言人人殊。笔者试图通过当年报刊的报道和评论，找出他们自杀的真正原因。

经济困迫

由于连年抗战，大后方经济困难，国民政府唯有增加法币的发行量来弥补巨额的财政赤字，遂造成物价飞涨，货币贬值。1940 年底，法币发行指数为 560%，物价指数达 1276%。

为了节省开支，洪深 1940 年来到重庆后，就将孩子们寄养在香港儿童福利院，只与妻子常清贞、小女洪铃，共同居住在重庆西郊歌乐山赖家桥。这是一个十户人家的大杂院，洪家是院中最北端的一间十几平米小平房，阴暗潮湿，一年四季见不到阳光。洪深当时在文艺资助金保管委员会任职，月薪 300 元，当时只能购得半石大米。为了糊口，洪深将昔年在政治部任职时佩用的一套武装皮带都卖掉了。据说，有次《快活林》杂志采访洪深，访谈完毕，记者循例要为他摄影。洪深身上的西装实在破敝，脱去后，里面的衬衫更是千疮百孔，衫领磨蚀殆尽，鸡零狗碎，而脚上的革履，皮底脱开，翘口如蚌。记者一时无措，洪深苦笑着连连摇手称，无颜以此姿态入照，刊诸报端更是羞煞人矣，摄影就算了吧！到了重庆后，由于生活的折磨，他那原本壮硕高大的身躯渐现佝偻，宽阔的额头爬满了皱纹，痛楚的表情时常挂在脸上。

1941 年第 1 卷第 35 期《大众影讯》载，洪深最疼爱的爱女洪铃素患肺疾，同年初，病情突然加重，住进重庆第三医院。为了支付高昂的医药费，洪深曾举债 2000 元，但仍不敷应用，遂又向其供职的文艺资助金保管委员会贷借 1000 元。但有人对此颇有微词，称按规定，该会中委员不得贷借。身为委员的洪深立即将 1000 元璧还。为了给女儿治病筹钱，他乃应广东中山大学文学系之聘，拟于 3 月就职，月薪 300 元，校方答应预支 6 个月薪水，以解其燃眉之急。

尽管洪深生活拮据，但经济困迫并不是他自杀的主因。洪深尽管穷困，但他是戏剧界的领军人物、大学教授，无论是社会声望、社会地位，还是经济收入，均居中上位置，生活上不如他的大有人在。况且他交游素广，决不至于借贷无门，

三六九畫報 (20)

洪深自殺之詳情

·明人·

名戲劇家洪深於上月五日晨在渝全家服毒消息，已見本市各報，茲得滬上特約寄稿，報道洪氏自殺詳情，茲摘錄于後：

洪氏歸任職文化工作委員會委員，會並兼文藝獎助金保管委員會委員，然仍鬱鬱不得志，去多，女人已感覺洪氏多少有失常態，神經似乎受刺激甚深。

最使洪氏痛苦的是洪氏愛女洪鈴小姐的病。洪小姐素患肺疾，現已入第三期，病情極沉重，而醫藥費又很昂貴，為了洪小姐的病，洪氏曾舉債二千元，其間並向文藝獎助金保管委員會貸借一千元，後因一部分人稍有微詞，會中議決委員不得貸借，洪氏身為委員，乃首先將一千元歸還。為增加收入起見，洪氏近應中山大學文藝系之聘，月薪三百，並多支六個月薪，打算於三月間前往履新。

近二月來，洪氏本擬多寫稿子，償還債務，但心緒異常惡劣，往往舉筆不着一字。自殺前五六日，曾對朋友說：「我現在只好無聊的吸吸煙，喝喝酒了。」又說：「我簡直一個字都寫不出來。」洪夫人常青眞女士，對話劇運動頗熱心，為了演劇，不惜把親生子女遠寄于香港兒童保育院，而自殺前，她的情緒惡劣，亦不亞于洪氏。

上月五日晨，洪氏夫婦決意自殺，洪氏服多量安眠丸，洪夫人則飲紅藥水二瓶，並留下絕命書一封，有「一切都無辦法，不如歸去，我也管不了許多」等語。

洪氏夫婦服毒後，被洪之長女洪鈴小姐發覺，當即託人打電話給郭沫若，郭氏於是偕同醫生赴賴家橋之療院洪宅探視，至時，洪氏夫婦已昏迷不醒，當即行緊急療治，幸發覺時間尚早，經注射後，即將毒品吐出，洪氏夫婦危險期已過，經短期間休息，即可復原，惟洪氏總覺略差。

次日，獲得洪氏自殺之消息後，文化工作委員會即舉行會議，政治部贈洪氏醫藥費一千元，並決定聘洪氏為政治部設計委員，月薪二百元左右，同時，擬具體辦法，保障文化人及作家今後生活。但洪氏對于贈款，口授友人撰就辭謝文字，全部璧還，並表示所有捐贈，一律謝絕，自謂「生性狷介，否則亦不至有今日也」云。

七日，洪氏好友田壽昌，凌鶴等陸續赴賴家橋探視。

最後消息，聞洪氏表示，俟休養後，即將離渝赴粵，擔任中山大學文學系主任之職。

※洪深近照※

佳片推荐錄(三)

·子敏·

(十一)紅騎血戰記(五彩)
主角：賈雷古柏，寶蓮高黛，彭可洛夫，卜雷斯登，弗斯特，等。
出品：派拉蒙公司。
劇情：描寫加拿大英國紅衣騎兵壯烈事蹟。

(十二)勇冠三軍。
主角：佐赫爾。
出品：聯美。
劇情：紅白民族一百人血鬥史。

(十三)鸞鳳劫。
主角：費雯麗與其新夫勞倫斯奧立佛合演。
出品：哥倫比亞。
劇情：文藝悲劇。

(十四)鳳鳴九霄。
主角：葛蘭亞麗遜。
出品：新環球公司。
劇情：音樂歌唱片。

(十五)一代歌后。
主角：愛麗斯費，唐阿曼契，亨利方達。
出品：二十世紀福克斯。
劇情：寫歐州名女伶麗琳露桑兒一生事蹟。(完)

費雯莉的三部傑作

◆長青◆

1943 年第 3 期《三六九画报》报道洪深自杀之详情

更不会因一钱迫死英雄汉。

文化工作委员会得到洪深自杀的消息，随即召开会议议决，赠予洪深医药费 1000 元、并聘其为设计委员，月薪 200 元，同时拟定具体办法，切实保障文化人的今后生活。但洪深口授友人撰就辞谢文字，全部璧还。1941 年 3 月 10 日，吴玉章、徐特立、林伯渠、何思敬、陈伯达等 32 名边区文化界代表致电慰问，请时在重庆的周恩来同志代转洪深，希望洪深早日康复，继续为新文化事业奋斗，并汇款 500 元。港、沪、川、滇诸地友人和社会各界人士纷纷捐款救济，更有以学校名义募捐者，在短短十天内，洪深即收到各地汇款逾两万元。而洪深一律谢绝，自谓“生性狷介，否则以不致有今日也”。洪深虽穷，但他穷得清白、穷得硬朗。文化人不怕苦，也不怕穷，但政府应有布衣暖、菜饭饱、病有医的基本制度做保障。

感情问题

1939 年第 6 期《艺海周刊》中的《洪深永矢不忘的三事》一文写道：“名戏剧家洪深生平有三件永远不肯忘记的事：一是妻子看不起他而同他离婚；一是在美国留学的时候，受了白种人的气；还有一件是他父亲洪述祖，因刺杀宋教仁一案而被逮处刑。”由此可知，再婚的洪深并不幸福。

1941 年 8 月 3 日《社会日报》中《洪深和他的夫人常女士》一文介绍说，洪深的元配夫人去世后，遗下一大群孩子。他因经验限制及职业原因，一时无法抚育这些孩子，遂急于续弦。常清贞与洪深同为江苏武进人，是洪深前妻的亲戚。元配夫人病重时，曾对洪深说，如万一不起，可续娶常女士。常清贞

“久居乡间，无摩登之习，而具有贤妻良母典型的一个诚实女子”。1936年，他二人正式结婚。结婚仪式非常简单，只邀请几个至亲好友在家中秘密举行，以免靡费。他们还签订了一份合同，由洪深起草，常女士修正同意，即请律师证明签立，所列条款均为双方之义务与权利。而1942年第10卷第3期《杂志》则更为详尽地介绍了常女士的个人情况。常清贞是一个大家闺秀，出身官宦人家，从小就在父母的钟爱中成长，过惯了千金小姐的生活，官场里的坏习气无形中也吸收了不少，一心向往着住洋房、坐汽车的舒适生活。她有一位堂房姊妹，早她一个月出嫁，丈夫充任知县。新娘一出花轿，便做起了官太太。相形之下，常女士嫁了一个穷酸文人，远离了官场，这不免让她有些失望，甚至日后对丈夫产生鄙夷。尽管洪深当时已经出了名，而且头衔也不少，但常女士总是看不上他。这样的家庭生活，洪深当然不会快乐。本来像这样的婚姻大可不必勉强下去，而常女士又是一名旧式女子，认为离婚有损名誉，坚决不肯。他们的婚姻遂陷入僵局。洪深时常紧皱眉头对朋友说，我劳碌半生，只是为太太做牛马，赚到的钱悉数交给太太，而太太还不领情。

1941年第1卷第33期《大众影讯》中《洪深殉爱》一文爆料常清贞有过感情出轨。有一位同样从事戏剧工作的白鲁先生，曾热烈地追求过常女士，而她竟然表示接受。对于这种不正当的恋爱，曾有外界人士对常女士提出严正忠告。于是，他二人表面上似乎疏远了，但暗地里仍然互通款曲。

洪深得知后伤心至极地对友人说，如果太太真的被人家侵占，他愿以全家性命殉爱。这次的自杀或许正是洪深实行的殉爱计划。

而据自杀现场看，洪深服下大量奎宁丸，常清贞吞下两瓶红汞水，如果抢救不及时，他二人均将失去性命。一个能与丈夫一起殉情的妻子，不能说对丈夫没有感情。

身心问题

1936 年第 5 卷第 36 期《电声》称，洪深有着牛犊一般强壮的身体，有着驴子一样饱满的精力，块头甚大，身体极健，四十岁前从未害过大病。每遇小毛病发作，他总是硬抗，绝少吃药。但自与常清贞结婚，生活负担骤然加重，原本并无大碍的胃病竟然日甚一日。每晚午夜二三时即醒，至天亮辗转床榻，难以成眠。每餐更不能多食米饭，稍多即感胃涨。平日则消化不良，大便结闭，时见肠虫。这些症状到了夏季尤为严重。洪深在南京中央医院医治时，曾有一名德国医师断定，他的胃病已成不治之症，必于三年内夺其性命。一旁的妻子闻听此言，吓得不得了，平日一想到丈夫的病，便唉声叹气。洪深本人却不以为意，常用好话安慰妻子，深信自己能有 60 岁的寿命，决不会在四十二三岁早逝。但洪深这种不怕死的表示，只在夫人面前才这样替自己遮饰，装做若无其事的样子。面对朋友时，他总是报着自己的“死耗”说:“朋友，我只有了三年的生命，在这短短的时期中，我是要宝贵着养身，好好混他一混的。”在学校讲课时，他多次对学生们说：“希望你们一定要认真听我的课，可是听一次少一次喽！”由此可知，这位不怕死的英雄还是有点怕死的。在了解自己胃病的严重性后，他非但没有专心疗养，反而更加拼命地工作了，除努力创作多写剧本外，更为自己制定了一个三年内不可能完成的超量工作计划。

1932 年 7 月 23 日《电声日报》称，洪深曾撰文称：“我的脾气很是燥烈，同时自己觉得很是刚直……我还有些黑旋风李逵的牛脾气，就是富贵不能淫，贫贱不能移，威武不能屈，情面也不能拘。”洪深的朋友都知道他为人坦率、热诚、刚劲、勇敢。他的一个学生认为，“他的不拘小节，在表面上看起来，洪先生确是个便宜行事的人物。但是在骨子里，他对于他所热衷信仰的东西，却丝毫也不肯苟且……待人接物还是太天真，并且他的感情作用很重。因此，他从前在外面常常受到意外的麻烦。在遭遇碰壁之时，有时他甚至于气愤不能自已。据他自己说，他的胃病就是这样害出来的。这固然是他的一个弱点，但这也正是他的可爱之处。”

来到重庆后，洪深郁郁不得志。1940 年冬，在招待文化界的宴会上，他拼命地酗酒、胡闹。朋友们也都感觉他的失常定是受到了重大刺激。在洪深自杀前两个月，他本拟多写一些稿子，得到稿费后偿还债务，但他的心绪异常恶劣，往往举笔不能写成一字。就在前五六日，他曾对朋友道：“我现在只好无聊地玩，吸烟、喝酒 ..... 我简直一个字也写不出来了！”

洪深长期患有胃病，严重影响睡眠而导致神经衰弱。他的耿介性格着实得罪了不少的人，工作、生活的压力更给他带来精神上的折磨。身体上和精神上的痛苦，让他失去了生存的快乐而时有激愤。身心问题应该是他自杀的原因之一。

事业受挫

1930 年到 1931 年，对洪深来说，可谓多事之秋。当时，他在上海已加盟明星电影公司，为剧本委员会九委员之一，并在复旦、暨南两所大学任教。他钟情戏剧、电影艺术，为人耿介，与人讨论艺术时，不特不稍阿附，且多批判，使人难堪。1930 年 2 月，洪深因“不怕死事件”与上海大光明影院对簿公堂；10 月初，其在巨籁达路上的寓邸又被警方搜查；1931 年 3 月，又因其在现代学艺研究所挂名所长一事，致由国民政府外交部转饬上海高等法院刑庭侦查。幸有上海市社会局长潘公展出庭作证，才得南京中央党部谅解，不予起诉。

一连串的打击让洪深心灰意冷，他不禁感叹世道之日非与艺术研究之艰难，故将两所大学之教授职务诚请顾仲彝等教授庖代，暂时脱离上海艺术界。1931 年 3 月至 6 月，洪深曾应大陆银行总经理谈荔孙之邀，从上海来到天津，担任该行秘书长一职。声言从此“不再教书，不谈戏剧，努力于商业”。

抗战爆发后，上海救亡演剧协会成立，洪深任主席，亲自率领救亡演剧第二队，与冼星海、金山、王莹、李纯等一班人马，经过徐州突围，北走开封，经洛阳下郑州，转道武汉，发动并主持中华全国戏剧界抗战协会的筹建工作。在汉口时，郭沫若出任军委会政治部第三厅厅长，洪深曾应邀主管戏剧部门。他穿起了军装,活像个小兵似的领导着内地的戏剧运动。政府内迁，由武汉而重庆，他便领着教导剧团，带着凌鹤等人巡回四川各县演出《包得行》。

1941 年 1 月皖南事变后，以文艺形式进行抗敌宣传的政治部第三厅，由于其成员多为中共领导下的进步人士，因而被蒋介石取消。身陷迷惘的洪深，一时对中国未来的政治前途深感忧虑。正如同年第 6 卷第 2 期《中国月刊》中《从洪深全家服毒说起》一文所写:“在重庆,自郭沫若离开第三厅时,田汉、洪深也相继离职。再后来,洪深就此没有了消息 .....（他的自杀）亦许其中另有原因,因为他是代表了左倾的一个作家,说不定此种服毒是被渝方面迫使的。要是事实的话，那就与第三厅改组有着关系了。”

政治因素

1941 年第 3 卷第 8 期《上海周报》中《短评洪深的自杀》一文称 :“洪深的自杀，生活困迫是一原因。政治之不进步，怕是更大的原因。”洪深时为中国著名的剧作家，有许多关于中国戏剧、电影的理论创作，做过大学教授，在中国文化界颇有地位。他与多名国民政府要人私交甚厚，陈立夫、张道藩均为其至友。若说他因生活困迫、借贷无门而自杀，这岂不是笑话。但是，洪深的思想却颇与陈、张二人不同。在过去的中国戏剧运动，明显有着两种趋向：洪深为田汉领导的左翼剧运，而张道藩领导的却是右翼剧运。左翼剧运深得社会人士欢迎，右翼剧运却利用政治优势，给予左翼作家以严重打击，田汉等人更因此而被捕。在戏剧方面，洪深当然与田汉处在一个阵营。但是，从 1939 年下半年以来，国民政府竟然取缔言论自由，进步文人的活动受到压迫，已成重庆公开的秘密。而此种表象的背后，正是因为国共两党的政治摩擦。1941年初的皖南事变，新四军军长叶挺被扣，政治部主任袁国平牺牲，副军长项英、参谋长周子昆在突围中被叛徒杀害，蒋介石宣布取消新四军番号。“像洪深那样的爱民族、爱国家的人，那是无不悲愤至极的。他希望祖国抗战的胜利，他不愿见祖国的失败与投降。”

同年《上海周报》中的《短评洪深自杀》一文称，就在洪深自杀前两月，马寅初先生因在重庆大学演讲而被国民政府逮捕。主张正义、为民疾呼的进步人士，不是被捕就是被杀。洪深是一个极富正义感的作家，向以敢言著称，但他怎能改变这种恶劣的政治环境呢？

同年 2 月 8 日《社会日报》和第 4 期《中国电影画报》不谋而合地认为，洪深的自杀是他最后实行的“尸谏”。洪深先是深受“解散新四军事件”的打击，继而又闻《新华日报》

将要停刊的传闻，一个个坏消息使他悲痛欲绝。于是“为促成双方的团结对外计，所以，宁愿牺牲一家性命，实行尸谏”。

洪深自杀事件，决不只是他个人的问题，当时国内有数以千万不愿做汉奸、亡国奴的文化人，正在忍着饥寒在抗战文化上战斗着。为此，多家报刊呼吁，为了保证他们的生存环境，希望政府制定出更具体的保障措施，而且立即付之实施，以免有更多的洪深事件发生。

结　语

洪铃发现父母双双服毒后，立刻托人打电话给郭沫若。郭沫若遂急忙带着医生赶来洪宅，当即施行紧急抢救，经注射后，洪深夫妇才将毒物吐出。郭沫若发现在洪深身旁放在一封遗书，上书：“一切无办法。事业，家庭，食、衣、住，种种，如此将来，不如且归去，我也管不尽许多了！”（1941 年第 1 卷第 35 期《大众影讯》）

遗书中明确说明了他对事业、家庭、生活皆无办法，前途更是一片渺茫，与其这样生活在痛苦的煎熬中，倒不如撒手闭眼，一死了之。为此，有人认为，洪深自杀的原因自然是综合了事业不如意、夫妻感情出现裂痕和生活困迫这三方面的因素。但无论是这三种原因，还是前面提及的身患疾病、精神压抑的因素，归结起来其实都源于政治。国民政府取缔言论自由、右翼势力的排挤，造成了洪深的事业受挫；国民

1946 年第三卷第 3 期《文艺春秋》中刊登的洪深与妻儿的合影

政府对大后方文化人士的政治压迫，致使洪深缺衣少食、女儿不得医治。一方面有人借机发国难财，一方面物价飞腾、民不聊生。外有日本侵略者在中华大地上恣意横行，内有中国政治的诸多症结。而洪深却又束手无策、回天乏术，于是，这样一个富有血性、极具风骨的中国传统文人，在痛苦绝望中，选择极端的绝路。可以说，洪深自杀的导火索为生活困迫，但其罪魁祸首却是政治因素。

自杀不是出路，它并不能换来中华民族的抗战胜利，也换不来国民政府的政治清明，更不是进步文人的出路。应该看到，当时在中国共产党的领导下，中国民众的力量和一切进步势力正在发展壮大。问题只有通过斗争才能得到解决，每个文化战士都应以更积极、更乐观、更英勇的态度，积极投身到革命队伍中去，不懈地努力和奋斗，才能迎来最后胜利的曙光。

晚清进士章一山卖书记

章一山（1861—1949），名梫、正耀，字立光，号一山等，浙江台州三门县人。晚清大儒俞曲园高足，硕学孤忠，夙负海内重望。章一山抗战爆发后寄迹津城，与津门耆老高凌雯、金息侯、李琴湘，以及曾任直隶总督的北洋大臣陈夔龙，近代著名藏书家刘承干等，常有雅集，时相唱和。章一山虽已年逾八旬，但精神矍铄，才思敏捷。后因生活拮据，一度鬻字自给。

1936年第十七卷第14期《天津商报画刊》中的章一山

1941年冬，章一山曾思南归，行前散出藏书约7000册，均为书商低价收买。好友金息侯得知消息后急急而来，却已阻之不及。金息侯遂自告奋勇为章一山所余藏书编目标价代售，并作《章一老卖书记》

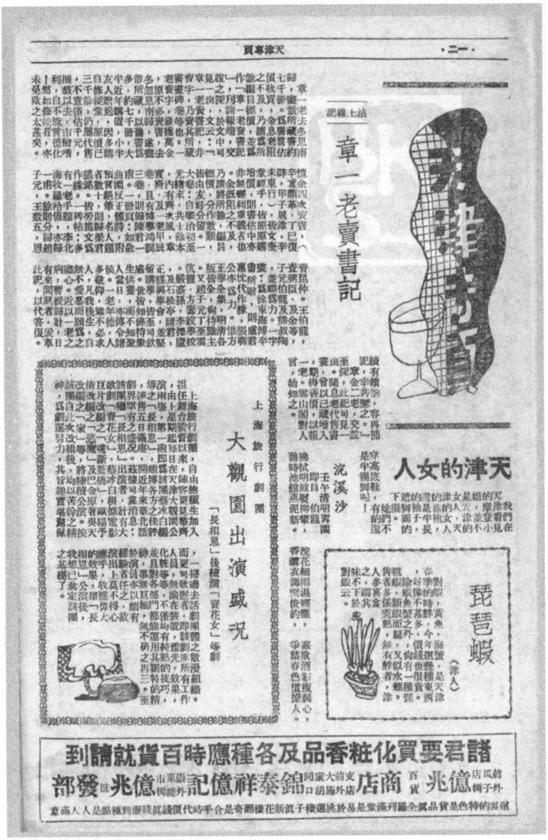

《立言画刊》1942 年第 188 期的《章一老卖书记》

一文，刊诸报端，文中介绍了章一山的藏书和买家情况。

此次章一老卖书，非鬻字，乃卖其所藏书、画、碑、卷等。章一老鬻字，岁获万金，原不必卖书，唯因南归。所散 7000

余册藏品，大半为近年购置，小半为友人赠送。其中大部购自北京陶湘创办的修绠堂书店，原价已达3000余元，但此次售价却仅千元，即被书商捆载以去。市侩嗜利，自不言德，但修绠堂当初要价也未免过高了些。金息侯不禁忆起自己也曾四次卖书，分别为辛亥鼎章、丁巳复辟、甲子庖津和辛未东行之时，均由北京降福寺街路南文奎堂书肆经手，售价皆高出购价，可见也有轻利重义的书商啊！

征得章一老同意后，金息侯遂开始对其所遗藏书编目标价，分作数类，最终皆由好友分留。一大类是自清顺治初至光绪末的十余本，内有清代诗人齐次风、方志之祖章实斋和章一老的甲辰卷，另有博学鸿词三卷，悉数被实业家陈一甫收购。第二类是册页，如晚清著名朴学大师俞曲园的反正体诗，除附其绝笔外，另有数十种名人题跋，经书法家劳笃文从中作伐，全部售与买家梁凯铭。三大类为碑帖，唐书法家李邕的碑帖几乎收罗殆尽，且多有章一老亲手题识，亦归陈一甫所有。其余碑帖则分归梅兰芳弟子丁至云、赵子元夫妇，北洋陆军上将王占元之子王敷五、王恩普昆仲，以及津门名士王伯龙、查氏后人查弼臣和金息侯本人。四类为字画，其中有前民国总统徐世昌、书画家溥心畲等人所赠墨迹，经津门名士卢惠忱、张聊公之介，各得好的去处。只有方孝孺的《方正学先生集》,明清各版皆全，尚待识主。整个售书过程，赵子元、王伯龙、熊叔陶等人颇为助力。

当时，赵子元、丁至云伉俪正在筹建学校，严范孙五弟严台孙、教育家李琴湘及城南诗社社员石松亭等人也正谋兴学会，一致坚邀章一老留津讲学，情真意切，至可钦感。俗话说：“世皆知佛待众生供养，而不知圣人当日亦传令诸侯。”章一老年高德重，人皆敬仰，晚辈后生更是无不爱慕而愿为之尽心。

售书后，章一老偶患腹泻，经医诊治，日见痊愈。但为调养起见，各处交际宴会均表谢绝，在寓静养数月，前往探问的知己好友络绎不绝。为此，章一老也只得暂缓南归之计。

据说，金息侯此次代章一山售书，为了谋得善价沽出，曾将自己的收藏增入其中，以报老友知遇之恩。后有知情者透露，众人始知内情，皆感佩他二人的交谊至深。

平津两地痛悼江寄萍

1942年11月9日下午4时，民国著名小品文作家江寄萍在天津突然病逝，年仅35岁。《立言画刊》《新民报半月刊》《新北京报》等报刊纷纷开辟“追悼江寄萍”专刊或特刊，京津两地文人不断撰文追悼他、惋惜他。《银钱画报》则于1942年11月16日推出“追悼江寄萍先生专刊”，闻人金息侯、王伯龙、吴秋尘、宋昆等或撰文或写挽联追思老友。

北京求学　天津办报

江寄萍，生于1907年，祖籍安徽旌德，早年在北京求学，毕业后留京办报。吴秋尘在《哀寄萍》一文中写道：“余与寄萍，以文字相交在15年前北京办报时，与寄萍相识在10年前天津办报时。”从1935年2月18日江寄萍在《申报·自由谈》中刊发的《北平的风趣》一文中，提到的“我离开北平竟有六七年了”，可以判断他来天津的时间应该在1928年至1929年之间。文中提到在津居住时，一次送访友出门，“一开门，邻人的狗叫了几声，正赶上胡同内的灯也熄了，只是可以望见马路外边的一盏昏黄的灯，而胡同内却是异常的黑暗。这时我忽然想到北平的胡同，假使这地方再能听得见一声梆子响，我就会忘记我是在天津的”。从这段文字中可以推测，他在北京、天津的居住环境差不多的，都是普通胡同里巷内的小平房。

王伯龙在《悼寄萍》一文中回忆了二人的交往：“我初次与寄萍兄晤面，是在8年前（1934年）一个新秋的下午，国历七月七日7时，地点在大华饭店屋顶，不是现在的大华饭店。《北洋画报》第八年纪念，由社长谭北林和总编左小蘧两兄做主人。是日得识文艺名流甚多，寄萍亦其中之一。经主人介绍，互道倾慕之诚，始悉寄萍在《北洋画报》任特约撰述，此后

我們要確保農產減低物價

追悼江寄萍先生專刊

悼寄萍

江寄萍遺影

哀寄萍 秋塵

寄萍之死

介紹科學中醫羊聘三大夫新發明
神速戒烟
兩日忌完，決無痛苦，不愈退錢。
醫士係用改良中藥注射戒除各種毒癮
效力最大
減格極微且藥內决不含絲毫麻醉劑

我們要

1942年11月16日《银钱画报》推出“追悼江寄萍先生专刊”

时常会面。”此时江寄萍已在《北洋画报》任特约撰稿人。也就是在这一阶段，他的小品文开始崭露头角。除署名江寄萍外，常用黄薏、蒙钰、看云楼主、丽霜庵等笔名，在平津冀沪等地多种报刊上发表札记、随笔。

抗战爆发后，天津许多报刊被停刊，天津名士张圭颖的《银线画报》也在其列。同年 9 月，《银线画报》复刊，江寄萍即成为该画报的特约撰稿人。虽然王伯龙称“张圭颖兄主办《银线画报》，（与寄萍）晤面机会较前益密”，但查阅 1942 年该画报的职员录中并没有江寄萍的名字：社长张圭颖，编辑委员冯贯一、宋昆、李木，采访阎朋鸟。

王伯龙的“（寄萍）自主持《庸报》编务后，辑务日繁，近作较少”文字，说明江寄萍同时还在《庸报》任编辑。吴秋尘在《哀寄萍》一文中的“七八年前与寄萍同事，在《益世报》凡三载，最后一面则在最近白云剧团宴会，尚未匝月也”，证明江寄萍也曾在《益世报》任职。

小品文斫轮老手

江寄萍的小品文在当年得到社会各界的普遍认可，尤其是他去世后，众多文人给予了很高的评价。

1942 年第 222 期《立言画刊》中的黄峰《岁暮闲话武侠小说年》一文中写道：“假若说起文坛来，江寄萍之死，说得算是一个损失，损失也不太小。在华北肯努力写小品文的本来很少，现在又弱了一个。”

王伯龙《悼寄萍》极为推崇江寄萍的小品文：

> 寄萍爱写小品文字，尤以关于时序节令之描写。每综合古人之作，汇集成篇，加以点染，生动流丽，令人不忍释手。曾撰《看云楼笔记》，散见于近数年之京津刊物。别署看云楼主或丽霜庵，由此可窥知寄萍文心，空灵要渺异常，于其想象中，构成超人生之美的境界。此固古今慧业文人之常有表现，远有屈原、宋玉，以迄近代词人可联系为一家言。其感人处，别具一种飘渺缠绵之感。凡读《华北文艺》副刊者，每观丽霜、寄萍署名，无不覃心玩索其独特风趣者……本市各报仍偶尔可见寄萍抒情杂写，轻松曼倩，如凭晚烟，倚新月，舒长啸，发微吟，刺人于不知不觉间。所谓公瑾醇醪人自陶醉，当此霜露乍零；木叶初脱，西沽送客，东阁怀人，细细清宵，耿耿不寐，一盏秋灯，四壁虫语。读寄萍短札，仿佛六朝烟雨迷离，莺华骀宕。其人恰如秣陵逸客，南宋遗民，乌帽残衫，板桥疏柳，浑似张绪当年，不减汉南丰度。

吴秋尘认为江寄萍为津门小品文的斫轮老手：“其文冲淡清雅，有知堂老人风味，名驰大江南北，津门之作小品文者，寄萍确是斫轮老手，而从此远矣。”

为人谦和　生活贫困

各报刊上的悼念文章，多为追思逝者的为人、性情和当年与作者的交谊。从中可以看出江寄萍是一个为人谦和、少言寡语的人。

王伯龙笔下的江寄萍“默察其人，寡言笑，不喜交际，与其文字，一派高华古典作风，极为相近”。吴秋尘眼中的江寄萍则是“貌清癯，体不健……从事所业忠实廉介，天性谦和，与人无忤”。

曾是同事的王朱在《未题》中告诉读者，江寄萍是一个笑脸待人的人：“平时（江寄萍）总是满脸和气。他写出轻俏的小品文，他时常地指导我们。从此这一张笑脸，是到地下长眠去了。”

众人在谈及江寄萍的死因时，不约而同地说到了他的贫困。

江寄萍在当年是写作最勤、成果最丰、社会影响力较大的作家之一。他的多产，在当时是出了名的。为什么他要多产，因为他穷，他有老娘、娇妻和幼子，一家三代都要靠他的微薄稿酬过生活。1940 年重阳节后，在《一个凄冷的秋夜》一文中，江寄萍回忆起十几年前在北京西山养病、父亲因失业抑郁而亡的苦痛。自此，养家的重任就落在了他的肩上：“我不愿意我的少年豪迈之气随着时代和年龄而消沉下去，我要使这人生的长途旅行含有正大的意识，但恐怕一切都不能如人所预期的，那是真无有奈何的事！”

“据天津某报刊载，江寄萍生前曾一度厌恶写小品，而要写武侠小说。因为他穷急了，看着武侠小说比小品销路好。写武侠小说不致发财,也还不致饿死的。那么由死者的心理证明，今年文坛是武侠小说活跃年！”黄峰这段文字是民国穷苦文人痛苦挣扎的真实写照。

吴秋尘认为江寄萍再勤奋再多产也改变不了穷困的现状：“(寄萍的)笔耕收入无多，又不善治生，文章穷而后工，而文章又真不能解决生活。凡操笔为业者，皆有同感。不独寄萍为然。而寄萍之夭夺其年，身后萧条，自意中事也。”王朱说江寄萍“上有老母，下有妻子，他的死无疑是负担过重，工作多过所致，就这白白地糟蹋了身子”。

北平作家萧菱在悼念文章中说：“他的多产，我想多一半还是为的多得一点稿酬，这是没法否认的事。用文字求生活的人，不多写一点，怎么办呢？江先生几年来谈了许多问题，他说理能达意，叙事至亲切，抒情更可以从文字窥出素朴的美丽。其实江先生虽然故去，但是他的灵魂却用一种完美的文字形式被永久保留。朴素的小品文，几年来，唯有江先生始终在这一方面下功夫。”

小病送命　死后哀荣

《银线画报》编辑宋昆在《寄萍之死》一文中，记叙了时乖命蹇的江寄萍的最后时刻：

多日以来，就不曾看见寄萍一次，据说是他病了。7日晚，突接子英兄的电话，匆匆忙忙地说寄萍不但是病了，而且转成了伤寒症，希望我能立刻把上次我患伤寒时医治得法的刘杜厂先生陪去。症状的危急到何等程度，可以从子英兄的呼吸的急促听得出来。但当晚刘先生不凑巧正出门，我未能找到他。第二天早晨10点钟，才把他陪了去。可是寄萍脉跳135（次），体温近42度，即使华佗再生也无能为力了！完了！一切全完了！青年有为的寄萍兄终于9日下午抛弃老母娇妻爱子，独自到另外的世界而去！

在谈及江寄萍的死因时，大家虽然列举了若干项，但归结到一点就是穷困的生活。

宋昆分析江寄萍的死因有三：

一死于环境，二死于自己不小心，三则死于庸医。男儿死不足惜，但我们要诅咒那杀人不用刀的庸医，我们要为文人身后的萧条一洒同情之泪。

黄马风在《悼寄萍》一文说：

小品文作家江寄萍死了，他不再写看云楼小品了。他是病死的，但不是善终，因为有病没有钱治老死的。小品文解不了穷，更治不了病，也就防不了死亡。他的死，死在许许多多的错误上：他不该自己乱吃药、乱吃东西，他不该带着病上班，他不该太老实。

他毕生的大错是最初他喜欢写文章，他读了误尽一生的书。

左右则把他的死直指当时黑暗的社会：

但社会龌龊的污垢，使他像钟表积满了油泥，所以他近年的生活越迟钝无生气了。我以为：以后他的环境能改善些，像把钟表上的油泥擦一擦，他的生活仍会复元的。但不料因小病而错服了药，油泥未擦，发条突然崩折，于是他静止了。

江寄萍的英年早逝，引起天津文艺界的一片叹息，撰写了许多悼文、挽联，尤以赵仙舟的联句最为动人："忆文字麻将，诗酒相酬，看云楼中称盛事；慨才华遭忌，音容顿杳，丽霜庵外寄萍踪。"清朝遗老金息侯先生题诗《江寄萍追悼专刊》："为儿沽上小名家，小品文章第一夸；可惜秋风吹落叶，江郎妙笔不生花。"

1942 年 11 月 12 日，江寄萍举殡，葬于极乐园。同月 15 日下午 2 时，天津文化圈在法租界明湖春饭店举行了追悼会，江寄萍生前友好悉数到场哀悼，状极沉痛。

众人在追悼逝者的同时，不禁想起他的老母和妻儿。随即决定此次追悼会，一是追悼亡者，二是为遗族募捐，三是筹备印行《江寄萍全集》。"这样，或可减少自己一点悲痛，而安慰自己吧"。为筹募捐款救济江氏遗属，平津两地还举办了戏剧义演和书画义卖活动，画家慕凌飞也将几幅近作赠予江氏后人折卖为生。

王朱在追悼会后联想起自己，联想起当年的如江寄萍一样的文人们，感慨万千：

> 记得曾问过朋弟兄，如果没法维持自己生活的人，他是要怎样？他回答说，恐怕一点点都淘汰而死掉了。所以，寄萍的死并不足为奇，他只是文人被淘汰的开端。现在我们开追悼会，将来我们也是被追悼的人，他只是先走了一步。如果黄泉道上是好走的话，也许他还在等伴儿。所以，也没什么可悲哀，将来也许追悼会开不过来呢！

闻一多与吴晗：在西南联大住对门

1937 年 7 月抗战爆发后，在清华大学任职的闻一多，随校南迁至昆明，在北大、清华、南开三校合并而成的西南联大执教。1945 年 1 月，他与同校历史系教授吴晗一同搬进西南联大新宿舍，成为门对门的邻居。

同一天搬家

1944 年，闻一多兼任昆华中学国文教员后，居住在该校宿舍，有两间房和一个厨房。当时，闻家共有八口人，除闻一多外，还有闻太太、三个儿子、两个女儿和一个保姆，甚为拥挤。因当时物价高，蔬菜贵，闻太太便在门前的大片空地上开荒种菜，不但能自给自足，而且还有剩余的可送人。

西南联大新宿舍完工后，每两间半为一家，一共 33 户，因要房的人过多，只得抽签决定。吴晗和闻一多都抽中了，吴是 13 号，闻是 20 号，刚好门对门、窗对窗。吴家算上女佣就三个人，随时可搬。闻太太一是舍不下那片菜圃，二是联大宿舍月收 7000 元房租，昆中宿舍则不取分文，闻家遂一

闻一多先生画像

直延宕着。可是，孩子们太喜欢这房子了，一来是新房，与联大附中只隔一堵墙，离附小也近些；二来一下坡就是翠湖，风景好；三来闻一多早已成为特务们的目标，昆中宿舍在城外，

3 星期六 民主新聞 中華民國三十六年七月十九日

張瀾主席重申為民主和平奮鬥

民盟南總主任委員彭澤民談話

李公樸夫人給沈鈞儒先生的信

懷一多先生 呂劍

一多先生週年祭 吳晗

啟事

研究李•聞的史料書籍 一王

1947 年第 16 期《民主新闻》中吴晗撰写的《一多先生周年祭》

深夜回家必须走一条偏僻的小路，家人太担心了。孩子们闹着立刻就搬。

吴晗先搬家，但搬家那天刚到新房门口，恰遇闻家孩子们拉着一大车的东西浩浩荡荡而来。吴正在纳闷，只见闻一多气喘吁吁地也跟了来。吴问：“决定了吗？怎么这么快就搬来了？”闻掀髯大笑：“我们用民主方式表决的呵，多数党胜利了，当然很快就来了。”吴也笑道：“这不叫民主，是孩子主，他们都未成年，算不得公民咧！”闻又得意又惋惜地说：“人多力量大，一动手，那一点东西就光了。只可惜人多手杂，把家中唯一的一只热水瓶砸掉了！”

搬过来后，闻家因人口过多，根本无法居住。闻一多狠一狠心，花 5 万元加盖了一间小厨房，将原来两间厨房一间改作下房，一间算孩子们的卧房。而孩子们又多爱住校，所以这间小卧房就成为闻一多的隐避所，很多民盟文件都在这里赶写赶印，他经常夜里一个人躲在这里制铜版。1944 年秋，经吴晗介绍，闻一多加入中国民主同盟，他两人经常在这里做民盟的工作。

闻家实在没有一件像样的家具：那张破旧的藤椅是同校孙毓棠先生去英国时送的，一张稍显完整的方桌是吴晗向学校借来转借他的。书桌是三块长板搭成的，很像是裁缝店的大案子，还有两把从乡下带来的黑漆方椅、两个小板凳，两口破箱子是一家人的饭桌，坐不下，孩子们只得站着吃。闻一多终年穿一件阴丹士林长衫、旧布鞋、破袜子。抗战胜利前夕，赵三姊送他一件半新不旧的灰色布夹袍，他如获至宝，笑得合不拢嘴，大热天还在穿。有一次，闻、吴二人雨后走过云南大学，一辆公共汽车经过，那件大衣被溅了很多泥点，闻不快了半天。

闻喜欢喝茶论道，吴为他准备了一点好茶，他们三天两晚在吴家小书房，边喝茶边聊天，经常到深夜。吴家挂着一幅“鸟兽不可与同群，吾非斯人之徒与而谁与”的篆书横幅，是闻 1945 年 2 月 12 日送的。此句出自《论语》，意为：我们既然不同鸟兽合群共处，如果不同人群交往又同谁去交往呢？见证了他们二人的志趣相投。

1945 年的一天，闻对吴喟然说，太空虚了，成天吐出去，却没有新的东西补充，要好好念书了，如果一年两年后，民主实现，政治走上轨道，只要有这一天，我们立刻回书房，好好读十年二十年书，才对得起自己，对得起所受的教育。

每家门前除人行道外，都有两丈长一丈宽的空地，大家都在这块空地种菜，闻太太也跟着种起来了，还用高粱杆编成篱笆。头一年，闻一多还不大理会。到了日本投降，联大决定迁回北平后，大家都忙打点行囊、联系交通、筹划搬家，唯独他反而动起手来，一会儿除草，一会儿修篱笆，俨然很在行的样子。吴晗心里明白，一是因为昆明还有许多重要的事情非得他处理不可，二是他家人口多，路费高，恐怕一时凑不齐。

西南联大新宿舍最穷的两家人

闻一多的妻子高孝贞曾对吴晗感慨道：“在联大宿舍 33 户中，我们两家最穷！”

1939 年，吴晗与袁震在昆明结婚。袁震婚前身体就不好，婚后又患上子宫肌瘤，出血不止引起贫血，十来天就要输血一次。联大的学生得知后主动提出献血，但都被吴晗谢绝了。当得知自己的血型与妻子相配时，他便开始给妻子输血。由于脑贫血，他曾几次晕倒在课堂上。为了支付妻子的医药费，他几乎不在自己身上花钱，穿的是大学时代的破旧衣衫，脚蹬一双露后跟的布鞋。在搬入联大宿舍之前，他不舍得坐公交，每天都要走 20 公里的路。为了给妻子加强营养，买不起肉就买大骨头熬汤。为了让妻子住院治疗，他忍痛将自己收藏多年的历史书籍也卖了。

闻一多的二子闻立雕和三子闻立鹏

闻一多一家八口，全靠他一人的收入维持。妻子患有心脏病，平素听不得大声响。孩子们分别在联大、附中、附小上学，每学期开学时，闻一多总要为学费而四处奔波借钱，他兼了昆华中学的国文教员，每月一石米、一万元薪水，后来他又开始在课余时间摆摊刻印，经济上才略有缓解。

吴晗曾在《哭一多父子》一文中写道：

你为了生活，学刻图章，成天在刻，通夜在刻，刻得右手中指起了老大疙瘩，刻得发抖，写字都不方便。为了一升两升米，为了明天的菜钱，你常说你是手工业者。饶是这样，还有一些朋友在责备你，不该干这行手艺。天啊，你在哭，我也替你哭，吃饱的人是无法了解饿肚子的人呀！

闻的二子立雕曾说："爸爸在课余替人刻图章，夜以继日地刻，我们晚上睡了觉，他还弓着背在刻，有时候他刻得眼睛发痛了，躺在床上连眼睛都睁不开，他是经常这样给生活重担压得喘不过气来。"

闻一多曾为吴晗刻过阳文牙章、阴文石章两枚印章。1945年9月下旬，吴在文具店买到一块旧石头，长方形、刻有双鱼。闻看后连夸他有眼力，问他刻什么字。吴说，随便，你喜欢怎么刻就怎么刻吧！ 10月3日一早，闻就兴致冲冲地来到吴家说："今天我做成一件事，很得意，你来瞧瞧。"吴看了刻好的印，连夸好极了。那枚牙章是吴离开昆明前夕，闻刻作纪念的，边款题"卅五年四月制时与吴晗同寓于昆明海子边之西仓坡一多"。

闻一多口味重一些，曾对吴晗说，在蒙自那一年，包伙吃饭，盐太少了，简直受不了，现在要补一点回去。他发明了一道菜，叫一锅熬，买一点牛肉或者猪肉，先在锅里煮熟，熬一大锅肉汤，再加上白菜、苦菜、萝卜、粉丝之类，边吃边熬，既省油又省事，既解馋又有味。

当时，竟有人污蔑闻一多就是因为个人熬不住穷苦，才走出书房拍案而起。而事实上，闻一多从来不为功名利禄所诱惑，1946 年初，曾有一所美国著名大学聘他去讲学，待遇极优，他却以国内问题严重而谢绝了。他相信昆明四烈士的死可以换来政协会议的召开，他想通过演讲唤醒国人、制止内战，他用自己的生命谱写了一首光明与卑鄙对照的史诗。闻一多入殓时，大家想给他换一身干净衣服，女仆翻遍了衣箱，竟找不出一件没有补丁的衣服。只好由学校买了白布裤褂、蓝布大褂和布袜布鞋，闻一多穿上了他八年来的第一身新衣服。

相亲相爱　相互帮助

在西南联大时，生活拮据的闻、吴两家经常穷帮穷地渡过难关。闻家经济上遇到困难，吴家都会挤出几个钱来救急；吴夫人常年有病，逢年过节，闻家做点好吃的，也一定会端上一碗两碗送过去。

因夫人有病不能生育，吴家一直是相亲相爱的二人世界。吴每天从学校回来，就忙着做饭、洗衣、挑柴、担水，忙完了家务便开始写作和民盟工作。最温馨的就是他二人相携着在乡间小道上散步。闻一多总是劝妻子多休息，鼓励她出去玩，甚至妻子到朋友家住几天，他也不以为意。如有好电影，闻家则举家出动，徒步来回好几个钟点。遇有游艺会、话剧公演、诗歌朗诵，他无不陪了妻子同去。有时妻子精神不好，懒得出门，他便宣传、劝驾，鼓励孩子们拉拉扯扯地拽了同去。

闻一多在孩子们面前从不怕损伤家长尊严，成天嘻嘻哈哈玩成一团。1944 年农历除夕，他给每个孩子 1000 元压岁钱，全家团了桌子玩“赶老羊”，一起闹到半夜，每当爸爸赢了，笑声比孩子还要响亮！

闻一多的大儿子立鹤性情平和，但很有思想。二儿子立雕较为倔强，有什么要求，总是用最简单、最直接的方式说出来，自信要求是合理的，必须满足愿望，往往闹成父子冲突，甚至激怒父亲打他几下。父亲的意思，只要你认一下错，松一松口就行了，但他决不，只无言地忍受着，毫不怨怼，也不认错，直到父亲气得哭了。最后转圜服软的还是父亲。立雕虽然执拗但心地善良，富于同情心，好交朋友。那时从沦陷区和南洋流亡到后方的青年，多是缺衣少食，他总是尽其所有帮助他们。他有胃病怕冷，母亲特别优待他，冬天除一件棉袍之外，还有一件毛线衣、一件大衣。他住校，周末回家时，总只穿一件旧薄棉袍。母亲问他毛线衣为何不穿，他说送给人穿了。又问大衣呢，送给人当被盖去了。母亲不免埋怨两句，他就自辩说，我为什么要穿那么多，人家一件也没有，怎么过？夜晚没有被盖，怎么成？母亲叹了一口气也就算了。有一次，一位同学交不出伙食费，大家替他凑，立雕应许出五千。他回家向父亲要，父亲迟疑了一下说，太多了点，家里没有了，等明天到学校里去支薪水。他说，今天必须交出，我特意回来拿的。父亲有点不高兴了，帮助人固然是好事，也得量自己的力量，你对朋友那么慷慨，为什么不体谅自己的父亲呢？孩子哭了，还是固执地不肯走，一定要拿到这笔允了朋友的钱。他的心里想着，我知道父亲是热心的、慷慨的，所以才敢大胆地答应别人，若是一位鄙吝的父亲，当然就不敢了。可是嘴上就不说，只是哭，只是等。父亲没法，出去转了一下回来说，现在三点钟（闻家没有钟表）还来得及，你拿了我的图章和妈妈同到学校预支一万元薪水，拿五千去。

闻一多和吴晗谈起孩子们时说："立雕这孩子，心软口硬，心里什么都明白，口里却不肯说。有时一僵几个钟点，真气人。"同时又笑道："五个孩子，只有他的脾气最像我！"

闻一多的幼女名闻翮，家里人都叫她小妹，是个天才的小诗人。她到入学年龄时正值昆明大轰炸，父亲疏散在乡下，一时没有给她找到适当的学校，哥哥姐姐都寄宿在学校，她一人在家很孤独寂寞，同时也很愤慨，常问，为什么独有我不能上学呢？一天，她忽然拉住妈妈，要求记录下她的诗，妈妈笑了，六七岁的孩子，什么叫诗呀？孩子仍缠住妈妈："你别管，替我写下来嘛！"妈妈真的拿了笔，她念一句，妈妈记一句。就这样，陆续地念点、记点，居然积了二三十首。过了两年，小妹会写字了，照着妈妈写的抄了一遍，订成一本小册子，画上了太阳、月亮、云、水、树木等插图，父亲也高兴地为诗集题字。遇有至亲好友来了，她就拿出来请人题跋。朱佩弦（即朱自清）、浦江清等都曾题过，哥哥姐姐都写了勉励的话。

一次，闻一多在家与学生聊天。“爸爸，你瞧，先生就给我 70 分！”小妹放学回来把自己的作文给父亲看。父亲慈爱地笑着，把作文接过来认真地看，笑着说：“要我是先生，至少给 85 分。”他指着先生用红墨水删掉的“我追鸡，鸡叫，躲进草里，鸡天真，草也天真……鸡比人穿得好，鸡穿毛衣”那几行说：“这几句写得就很好啊！”学生看了说：“这位先生大概没有挨过冻，也不知道人的确穿得比鸡都不如，小妹天真的眼睛看到的比许多大人还深刻、透彻哩！”

女佣赵妈原在闻家住清华园时帮着领孩子，抗战爆发时，小妹还在怀抱，闻家南下时就带着赵妈一同来了。他们沿津浦而南京而蕲水而汉口，然后再到昆明，路上人多，公路买票困难，往往分成两批，小妹一直交给赵妈。在贵州境内，遇过一次劫匪，旅店外枪声四起，赵妈抱了小妹伏在地上，用自己的身体遮住孩子。赵妈特别疼爱小妹，偶尔大人打孩子几下，她都要心疼地落泪。久共患难，闻家视她如家人，眼见已经 60 岁的她渐渐衰老，更将就她些。1945 年春节，一家人赶着过年，比平日忙了一点，赵妈累病了。闻一多忙着请医生、买药，又叫夫人和孩子们伺候老人，隔两小时试一次体温。两三天后，她挣扎着要起来做事，闻一多再三阻止，她只得竭力忍受过分的优待。正月初三，她看着夫人和孩子们的忙碌实在躺不住了，一清早在厨房里做饭，闻一多看见后惊问："你为什么起来？"她申辩说，不过是感冒，已经休息太久了。他不答应，

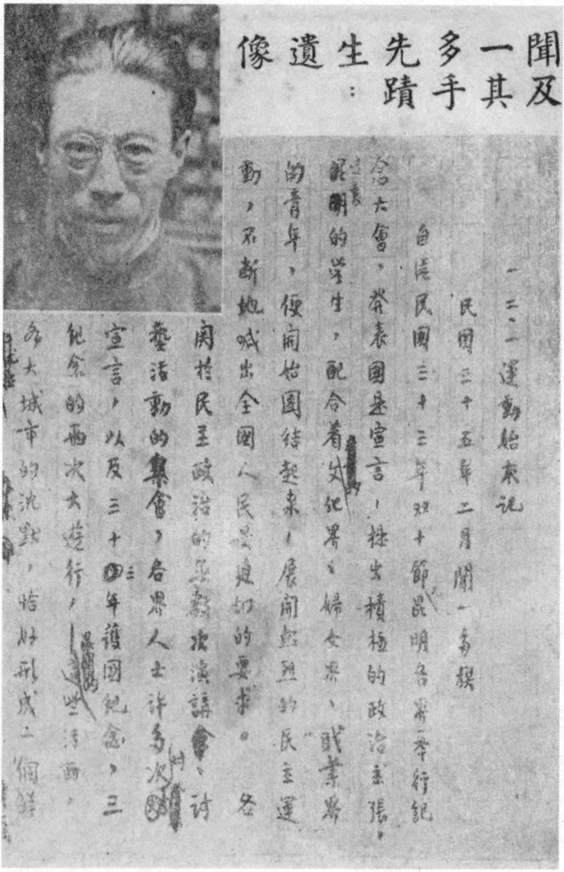

闻一多先生遗像和手迹

一定命令她再去休息。她认为不必要，不肯。闻一多大怒："你这么大年纪，好容易熬到快胜利了，可以回家了，你不想跟我们一起回去了吗？"赵妈只得回去躺在床上，不禁老泪纵横，她太想回家去看看了！

1946 年 5 月 7 日是吴晗迁走的日子。清晨，闻家一大家子与他在院门口依依惜别。闻一脸的忧伤和难过，握着吴的手勉强地笑笑，嘴里说是两个月后北平见，但心里却不确定走的时间。分别的最末一句话是要吴回清华园后，先去看看他旧居的竹子。岂料，此一去，竟成了他们的永别。

吴晗先在重庆住了一个多月，写信给闻一多，没有回信。再转上海，写了更多的信，仍没有回信，却在报纸上看到了 1946 年 7 月 15 日闻一多被特务刺杀的消息。吴晗悲痛欲绝，连续发表了《哭亡友闻一多》《哭一多父子》《哭一多》《闻一多二三事》等多篇追思文章，表达对亲密战友的痛悼。他写道：

> 天真、任性、诚恳、勇敢、无所恐惧，爱人民益于爱他自己。这些特征结合成为为民主奋斗，为民主献身的名诗人、名学者、名教授、青年导师闻一多先生。

人民音乐家冼星海的朋友圈

1945 年 10 月 30 日，以创作《黄河大合唱》而闻名世界的人民音乐家冼星海在苏联病逝，年仅 40 岁。延安各界为他举行了追悼会，毛泽东亲笔题词“为人民的音乐家冼星海致哀”。惊闻噩耗，郭沫若、茅盾、何其芳、马思聪、光未然、桂涛声、孙慎等 20 余位冼星海生前好友撰文，追思与他的过往和友情，痛惜他的英年早逝，肯定了他对中国音乐的贡献。

马思聪在法国出手相助

冼星海（1905—1945），广东番禺人，出生在澳门一个贫苦渔民家庭，幼时随母侨居马来西亚，1918 年回国，先后入岭南大学附中和岭南大学读书。冼星海酷爱音乐，1926 年入北京大学音乐传习所，1928 年进上海国立音专学习小提琴和钢琴。为了实现音乐家的梦想，1929 年赴法国巴黎勤工俭学。

初来巴黎的冼星海，身无长物。为了生存，他做过船上的煤炭夫、浴室的堂倌、餐馆的跑堂、理发店的杂役、养牛的工人等各种苦差事，命运的转机是在遇到中国第一代作曲家马思聪后。1946 年第 17 期《文萃》中马思聪的《忆冼星海》一文，记叙了他对冼星海的帮助。

大约在 1928 年或 1929 年初夏的一个下午，马思聪从马德里街的巴黎音乐院出来，一个穿着破旧大衣的广东人招呼他。

1949 年第 8 卷第 5 期《新音乐月刊》纪念冼星海专版

他说他叫冼星海，从中国一路上靠在轮船上做苦工来的，音乐是他毕生的大志，他要在法国深造提琴，请求马思聪介绍他提琴老师。他们谈着，穿过几条大街，天黑下来，巴黎显得很热闹，到处灯火辉煌。他们在一家门店前停了下来，一股热气从门缝里钻了出来，这便是当时冼星海工作的地方，一家兼修指甲的浴室，他是这里的堂倌。冼进去一会儿出来告诉马说，我得开始工作了，只得明天再谈。第二天的早晨，冼领着马来到住处。他住在一所大厦的顶楼，高度仅及成人的身高，宽度仅容一张床和一张桌子。桌子上是一面叫做“牛眼”的开向天空的玻璃窗，练琴的时候，他就站在那张破旧不堪的桌子上，上半身探出屋外，向着辽阔的天空，面对着大自然，对着上帝练习音阶。冼激励自己说：“天不怕，地不怕，只怕星海不努力。”

通过交往，马思聪了解到，冼星海经常从早上 5 点一直忙到深夜 12 点。有一次，他实在太疲倦了，在一家华侨餐馆端菜上楼时，忽然眼前一黑跌倒在地，老板教训他一通后将其开除。这对冼来说已经习以为常了，失业、饥饿、寒冷无时无刻不在困扰着他。他曾在一家咖啡馆拉小提琴，然后脱了帽子，鞠躬向客人讨钱。当走到一名中国留学生面前时，那人突然扬手打了他一记耳光，并喝斥他丢了中国人的脸。他未做任何反抗，低头默默地离开了。

马思聪深为冼星海的苦干耐劳和坚定的毅力所打动，遂介绍自己的老师奥别多菲尔（Paul Oberdoeffer）给他，并免去了他的学费。马说，对于一个像冼星海一样的人，以不可想象的苦干精神去学习，还有什么可以阻止他的成功呢？

报考巴黎音乐院时，因为看到冼星海的西装袖子过长，又是中国人，门警不让进门。他解释说，自己是来报考高级作曲班的。门警更加不信。正在这时，普罗·刁客教授从此经过，走上前来热情地攀着冼星海的肩一同进去了。果然，他顺利过关，而且还考到了个荣誉奖！校方送他物质奖励，问他要什么。他脱口而出“要饭票”！

冼星海的住处门窗都破旧，巴黎的冬天比中国南方寒冷。一夜，狂风大作，他没有棉被，冻得睡不着，只得点灯写作，他安装不起电灯。一阵大风吹进，煤油灯被吹灭，点了又灭，他伤心极了。风穿过门窗，敲打着墙壁，猛烈地嘶吼，他的心也随之撼动，来巴黎后一切的苦难与不幸全都浮现在他的脑海，一种强烈的冲动让他不能自已，借风述怀，一挥而就，处女作《风》就这样诞生了。第二天，他把《风》交给教授，教授将《风》拿到巴黎音乐学院新作品演奏会上，博得巴黎著名音乐家们的一致好评。以后冼星海又陆续写下了《游子吟》《中国古诗》等怀念祖国的作品。

冼星海以工人的身份参加巴黎的国际工会，工会时常放映中国题材的新闻片。他看到内战给人民的残害，同胞的饥饿流离，底层百姓的苦难生活。他对祖国的怀念一天比一天深切，常为祖国的多难而偷偷地哭泣。他说：“在困苦生活的时日，祖国的消息和对祖国的怀念也催迫着我的努力。我要把我对祖国的那些感触用音乐写下来，像我把生活中的痛楚用音乐写下来一样。”

作曲家孙慎曾是他的学生

1935年春，在巴黎音乐院毕业后，冼星海急于回国报效祖国。他拒绝了一名女青年作曲家的一再挽留，同年初夏做了一次欧洲旅行后便匆匆乘船而归。

回国后，冼星海立即投入到抗战歌曲创作和救亡音乐活动之中，创作了大量群众喜闻乐见的歌曲，并为进步电影和话剧谱曲。全面抗战爆发后，国共两党放下成见，联合抗日，他又参加剧作家洪深领导的上海救亡演剧二队，进行抗日文艺宣传。同年10月，转移到武汉，与张曙一起负责开展救亡歌咏运动，后再加入了郭沫若等领导的国民政府军事委员会政治部第三厅，主持抗战音乐工作。

1946年第2期《文艺生活》中作曲家孙慎的《忆冼星海》一文，记录了作者与冼星海的深情厚意。抗战爆发前，上海曾有一个业余合唱团，由电通影片公司创办，吕骥任领队。电通公司停业后，合唱队人员有所变动，孙慎就是在这时加入的。一次，为赈灾筹款，合唱队在北四川路精武体育会举行首场公开音乐会。节目进行将近一半时，有人到后台通报说，从法国回来的冼星海先生也在楼上听音乐会呢！大家听后非常激动，也许是因为过分紧张，接下来的一首四部合唱的《青年战歌》歌唱得很糟糕，各个声部也都错了，大家都因为在冼星海面前丢丑了而感到遗憾。那次，孙慎虽没能与冼星海见面，但他觉得冼星海没有学院派的架子，肯屈尊来听他们的音乐会，在心中一下子与冼星海拉近了距离。

此后，在吕骥的住所，孙慎听了冼星海的《救国进行曲》《运动会歌》等唱片，节奏活泼跳动，旋律独特，明显带有很浓的法国风。孙慎猜想，冼星海一定是个很活泼，很爱说笑的人。

一天，孙慎接到歌曲作者协会的通知，说晚上要到冼星海家里开会。歌曲作者协会由几个词曲作者组成，时在上海的施谊、许幸之、塞克、周钢鸣、吕骥、贺绿汀、沙梅、任光等都是会员，每月举办一次集会，研讨近期创作的歌曲。冼星海是后来才加入的。晚上，孙匆匆赶到法租界福履里路——冼星海的住所。这是一幢一上一下普通的住宅，客厅陈设简单，两边几张椅子，中间一张小桌，右首角落里放着一架钢琴。这是他们的第一次会面，孙紧张又兴奋。冼从房间走出来与大家打招呼，只见他个子很高，身材魁梧，黑黑的皮肤，脸上的颧骨微微隆起，一张典型广东人的面孔。生活的磨难，在他脸上划下几道深深的皱纹，那时他不过二十四五岁，但看上去却有些苍老，说起话来，语句很短，一听便知他是一个不善讲话的人。脸上虽表情严肃，但却透着诚恳。这与之前孙想象那个爱说爱笑的形象大相径庭。

此后，他们时常见面，当冼完成一首新歌时，便叫孙到冼家来。他们一齐高唱新歌，试验它的效果，觉得不好的地方即做修改。冼写歌很快，自以为豪。接触多了，孙觉得冼很虚心，譬如唱了他的《热血歌》后，孙觉得中间一句处理得不大妥当，提议将“任敌人的火焰”中的四分音符做一些改动。冼认为很有道理，毫无异议地接受了。还有一次，他们试唱《青年歌》，有人觉得有一句有点情绪低落，经过一番讨论，冼也做了修改。正是他的虚心，肯与广大人民群众接触，其作品才有一个极大的转变和进步，如《救国军歌》等作品已不再是法国风，其节奏和旋律已经适合了人民大众的需要，成为明朗、有力，易于为人民接受的有血有肉的歌曲。这也说明他已深刻地体验到了当时人民的感情和需求。

后来，孙涛声拜冼星海为师学习指挥。白天他们两个工作都很忙，孙时常在晚上跑到冼家。在冼家的客厅里，孙的面前放着一个谱架，手里拿着指挥棒，对着冼挥动起来，那阵式，仿佛眼前正有一支庞大的合唱队哩！冼从不在中间打断孙的情绪，遇有姿势不佳或节奏不妥之处，他总在指挥终了，总结性地说上几点，并亲自示范给孙看，直到孙彻底领悟。

“八·一三”抗战爆发后，冼星海随救亡演剧第二队出发，孙慎也参加了军队的政治工作，他二人暂时分开。1938 年，孙随队到了汉口，冼也正和张曙在政治部第三厅负责音乐工作，他们曾在昙花林匆匆见了一面。这时正是抗战宣传的高潮，冼工作很忙，作品很多。冼到延安后还给孙来了一封信，叙说在延安愉快的生活和紧张的工作，同时要孙把新写的歌曲也寄去，他们可用五线谱印出来。

与词作家桂涛声成为好搭档

当年在武汉广为传唱的抗日救亡歌曲《送棉衣》《在太行山上》，是词作家桂涛声与冼星海合作的成果。桂涛声曾在1946年第26期《民主》中发表《悼冼星海》一文，讲述了他们做搭档时的日子。

抗战初期，八路军取得平型关大捷后，全国上下群情激奋，倍受鼓舞，武汉文化界准备募捐10万套棉衣慰问八路军。桂涛声写了一首小诗《送棉衣》，刊登在胡绳主编的《救中国》杂志封面上。冼星海见了，激起了他的音乐热情，谱成了曲子，在南方广为传唱。后来，在胡绳的引荐下，他二人见了面。冼兴奋地说："《送棉衣》写得好，我只谱了两个小时！"并问桂有什么意见。桂连声说："你谱得又快又好，通俗流畅，唱起来又有韵味，太好了！"从此，他二人常来常往。桂对冼的歌大为赞赏，在前线冲锋陷阵的战士是抗日的有形力量，冼的歌曲则是抗战的动员令，让人听了非去杀死几个日本鬼子不可！

冼领导了一个话剧团，桂除为《战斗旬刊》与《救中国》写稿外，还负责编辑武汉三镇文化界抗敌壁报三日刊，各以事牵，他们的见面多半是在下午。但时间不长，桂便去了太行山。1938年夏，桂重回到汉口，冼时在第三厅，同时还领导着自己创办的海星歌咏队。这支队伍有男女队员一百二三十人，每天下午，冼必由武昌赶到汉口来指挥歌咏队。

有天下午，他们又在武昌见面。久别重逢，冼紧紧地握住桂的双手，非要请他到昙华林去吃小馆子。后桂时因工作关系常到武昌，两人见面的机会便多了，他们常在一起工作，谈艺术、吃小吃、聊天，假若三两天不见面，他们心中便会若有所失，不是冼来找桂，便是桂去找冼。

就这样，他们成为了很好的搭档，桂对冼的工作有了进一步的了解。冼每天到第三厅去上班，不是搞音乐创作，便是看书学习，还要指挥歌咏队，工作节奏很快，但他从未叫过苦，也没有说过一声生活无聊。在桂的心目中，冼那不屈不挠的毅力、锲而不舍的精神和对人对事的真诚和热情，不仅是当代音乐家们的好榜样，也是当代新青年们的好模范。

1938 年 8 月，因日寇的疯狂进攻，桂不得不离开汉口。临别的前两天，冼邀请桂写一部歌剧，他来谱曲，计划在读书生活出版社出版。冼告诉桂说，他当时正与钱亦石先生的女儿钱韵玲谈恋爱，已到谈婚论嫁的阶段，他准备拿这部书的稿费来结婚。后来，桂加入北上抗日的阵营，不但歌剧没有写成，而且多年也未听到冼的消息，冼结婚了没有就更不知道了。直到 1945 年桂涛声才听到冼星海在苏联病逝的噩耗。

延安的邻居何其芳

1938年武汉失守后，国内形势大变，国民政府对音乐方面的审查、改削、限制更为严苛。在这种恶劣的环境下，冼星海创作的《到敌人后方去》《空军歌》等歌曲被禁唱，他的地位受到排挤，与他有关的民间歌咏团体也被解散，而代之而兴的官方歌咏团体却将他拒之门外，他的情绪一下子低落起来。在周恩来的安排下，冼星海收到了延安鲁迅艺术学院全体师生发来的电报，邀请他到鲁艺担任音乐系教授。同年9月，他怀着试探的心情，与夫人钱韵玲从西安启程来到延安。1946年第19期《周报》中何其芳的《记冼星海先生》一文，生动地描写了作者与冼星海做邻居时的情景。

何其芳与冼星海同住一排窑洞，那是鲁艺的教员区，叫东山。两家相隔不过十来个窑洞，差不多站在门口就能互相看得见，叫得应，算是近邻了。然而，他们之间的接触却不多。在何看来，冼是一个比较木讷的人，不善于言谈，也不大和人言谈。从冼的窑洞经过，见他不是一个人曲身坐在窑洞里挥笔作曲，就是和同学们在一起谈论着创作的新歌唱。冼当时是鲁艺音乐系的主任，何则是同校文学系的主任。何认为，文学系的教员喜欢旁若无人地高谈阔论，而冼却是一个埋头用功的人，新的歌曲、合唱不断诞生。

延安很重视冼星海，也很优待，专给他一个创作间。他的窑洞里生着火，火盆四周经常有朋友们围着，安静地看书取暖，他们都是不惯北方寒冷的广东人，由于家里缺乏这种设备而来的。冼静静地伏案工作。他喜欢许多朋友到家里来，从不怕人多扰乱他的思路，他需要朋友们给他增加热气。何其芳也曾几次在那里与大家聊天。冼星海说，来延安之前，他以为窑洞又脏又局促，空气不好，光线不够，就像城市贫民的地窖。但当走进自己的窑洞时，他觉得这里空气充足、光线很够，很像个小洋房，不同的是天花板为穹形的。此后，他更知道了窑洞冬暖夏凉的好处。初时他吃杂着壳的小米饭，感到很粗糙，还有一种怪味道，吃了一碗就吃不下去了，后来慢慢才吃惯了。

1938 年冬，冼星海与塞克合作，创作了他的第一个大型歌曲《生产大合唱》。他和锄地开荒的劳动人民一样，在音乐的园地里辛勤地耕耘，开辟了自己新的领域。有一天，何其芳到冼家来时，冼正在谱写《民族交响乐》。他把写成的部分搬出来给何看，那时已是厚厚的几大本子手稿了。他对何说：“我已经写坏了好几只派克笔了。”何想，这不仅说明他创作的丰富多产，更可以想象他创作激情的饱满与奔放，仿佛五线谱成了他的键盘，笔尖成了他的手指，在全身心投入的情景下，他已经忘却手中的笔是容易磨损的金属了。他的这份激情，正是文学系同事们共同羡慕的。他们认为，一个真正的艺术家就应该像冼星海一样，创作的灵感喷泉似的，不断奔起、迸出。

在一个晴朗的日子里，他俩一起进城，蓝色的天空，太阳放射着灿烂的光芒。为预防敌机来袭，他们没有走那条经过机场的平坦大道，而是选择了后山的一条小路，还要爬过一座小山。途中，冼说读过何在《中国文化》上发表的《一个泥水匠的故事》，很喜欢诗里歌咏的那个农民，“我们的作品就应该反映工农”。他还打算把它谱曲后收录到他的《民族交响乐》里去。何问，这有办法写到音乐里去吗？冼答，音乐是什么都可以描写的。

那是一段长长的路程，他们零零碎碎地还谈了很多。时过境迁，何其芳大多已经记不得了，但是那段对话却深深地印在他的记忆里。当时，冼强调反映工农的主张并未引起何的注意，何听后只是淡淡地笑笑，觉得不过是一种普通的说法而已，而且在下意识里还有些轻视这种观点，认为只是一种教条主义、公式主义的说法。到后来，何才认识到这个观点的重要性。冼当时虽不是一个对艺术理论很有研究的人，也并没有一套完满的理论支撑他的观点，但由于他经历过贫苦的生活，对工农大众的解放事业怀抱着热忱，因此，更能够认识这个真理，并且在创作中付诸实践。

1940 年 5 月，因工作关系，冼星海飞往苏联。他走后，延安一度歌声消歇，直到新秧歌运动起来后才又到处充满了歌声，却一直没有冼的消息。苏德战争爆发后，何只是听说冼在列宁格勒围城中，详细的情形并不知道。有时，在路上碰到冼的夫人钱韵玲，何问：“最近得到星海先生的消息吗？”她总是笑着回答：“没有。”她一边抚养他们的小女儿妮娜，一边也参加音乐系的集体的政治学习与生产，一边盼望着丈夫早日归来。

1945年10月30日，冼星海因患肺病医治无效，病逝于莫斯科的医院中，李立三夫妇与苏方将其安葬于莫斯科郊外的一个公墓中。消息传来，曾与其并肩作战的郭沫若撰写了《吊星海》一文，遗憾在冼星海去世前，他到苏联时，因故未能与老朋友见上最后一面。他写道："号手又死了一个，但人民的声音是永远不会沉没的！"

曹禺轶事

剧作家曹禺出生在天津，就读于南开中学时，加入南开新剧团，在话剧活动家张彭春的启蒙下，第一次接触戏剧，后以创作《雷雨》《日出》《原野》三部曲而闻名中国现代话剧界。查阅民国时期的数十种画报，除记录了他从事话剧事业的辉煌历史外，还有他工作、生活中鲜为人知的轶闻趣事。今年（2020 年）恰逢曹禺先生诞辰 110 周年，特撰此文，以示纪念。

生活中风趣幽默

曹禺先生工作时严肃认真，生活中却非常风趣幽默。1946 年第 11 期《七日谈》中《吴祖光婚礼席上》一文，让我们见识了曹禺的妙语如珠。吴祖光素有重庆"戏剧神童"之誉，年纪虽轻，作品却很老道。上海沦陷时期，他的作品由重庆秘密寄到上海，先后排演的《文天祥》《风雪夜归人》《牛郎织女》《少年游》等剧，无不大红大紫。当年，在中国的戏剧作家中，吴祖光与曹禺、田汉可谓一时瑜亮。吴祖光的爱人吕恩曾就读于重庆国立戏剧学校，吴时任校长余上沅的秘书，曹禺任教务主任。吕毕业后与吴成为中央青年剧社的同事，二人确立恋爱关系后，曾一同赴吕的常熟老家表演了“双回门”。回到上海后，遂假梅龙镇酒家正式举行婚礼。

婚礼既没有事先发帖子，也没有举办隆重的仪式。是日，新郎、新娘若无其事，悠闲自在，一切统由筹备委员会办理。委员会由夏衍、冯亦代、丁聪组成三人小组。来宾如云，可算是戏剧界、电影界、文艺界人士的总动员，更是抗战胜利后，上海名流的一次盛大聚会。

夏衍是吴祖光的“干丈人”，但良辰吉时已到却未见他的踪影。为了等他，原定三点钟进行的仪式不得不延迟了一小时。婚礼虽没有仪式，却在嘉宾中选出一位主持人。第一个节目请老舍讲话，他是标准的北方话，一张嘴便水银泻地般地滔滔不绝，虽只讲了十几分钟，却把应有的颂祷和必要的噱头同时表出，引得众人阵阵笑声。后面依次是叶圣陶、曹禺的演讲，叶圣陶不能说国语，来宾大多听不懂，即使其中有不少“包袱”，也难以让人“叫彩”。曹禺则不同了，一口标准的北平腔，清脆而响亮，刚开口说了几句，大家已笑得捧腹了。他说：“新郎、新娘都很好，一个能文，一个……”虽然他未说出“能武”二字，但大家已经知道“能文”当然指吴祖光，“能武”一定指的是吕恩小姐了。大家听后大笑，咀嚼一番，明白其中内涵后更笑。他接着说：“如此，下一代的小戏剧家便更有希望，文武双全，能武可是挺要紧啊！”于是，来宾哄堂大笑，笑声竟比曹禺说的话还要多。众人不禁感叹，曹禺确有演说家的才能。

曹禺先生在上海国立剧专教书时，学生们都很顽皮，对于功课更是马马虎虎，敷衍了事。见到同学们这种求学态度，他甚为担忧，遂在课堂上大声喊道："你们知道吗，你们已经有一只脚插进棺材里了！"听了此话，学生们深受触动，变得特别用功，最终以优异的成绩毕业。典礼仪式上，曹禺走到主席台上笑着说："在一年前，我不是说你们已经有一只脚插进棺材了吗，现在我声明收回，因为你们用成绩证明，你们已经抽出来了！"赢得台下学生们的热烈掌声。

与郑秀的婚恋恩怨

1937 年 12 月 16 日，曹禺与清华大学的同学郑秀在南京德奥瑞同学会举行订婚仪式。同年第 6 卷第 1 期《电声》记录了这一幸福时刻。当日下午 3 时，大礼堂内各界来宾 50 余人，社会名流齐聚一堂，喜气洋洋。女方的证约人为著名抗日将领方鼎英，男方的证约人是戏剧教育家余上沅，司仪则是著名佛学家王家齐。

仪式开始，多位来宾致辞为贺，尤以余上沅的讲话最为精彩，他说道："今天是孔夫子后人孔德成结婚的喜期，日子的干支一定不错，万先生与郑女士趁此良辰，最好合拢。"博得众人的一阵笑声和一片掌声。

来宾献花篮者甚多，著名剧作家田汉不仅送了一只特大的花篮，而且还亲笔题写一首诗："女以男为家，男以女为室。

室家至足乐，国亡乃无日。万兄殆国宝，英年擅写实。揭出黑漆团，病者可讳疾。从来舞台上，非无救亡术。时局虽万变，出路只有一。不与强敌战，无由脱梏桎！携手火线下，羡兄

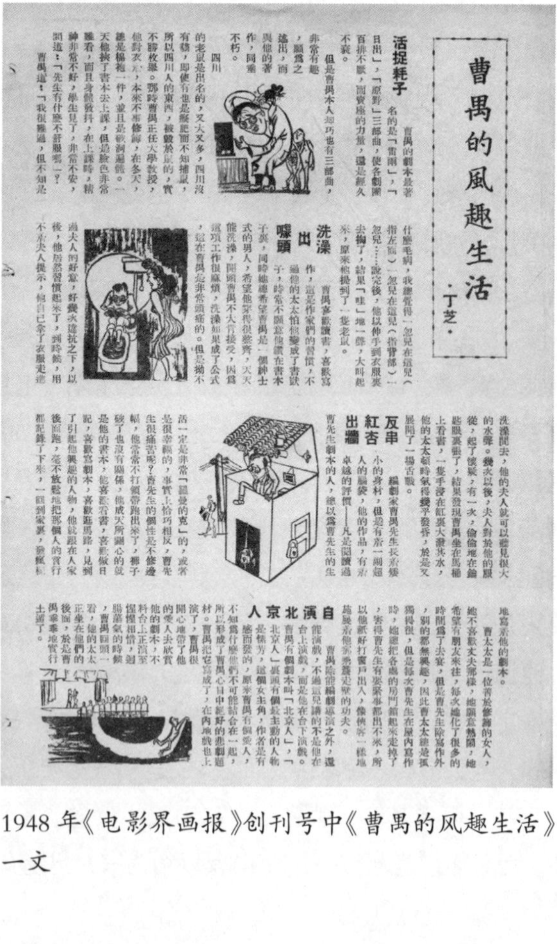

曹禺的風趣生活

·丁芝·

活捉耗子

曹禺的劇本最著名的是「雷雨」，「日出」，「原野」三部曲，使各劇團百排不厭，而賣座的力量，還是經久不衰。

但是曹禺本人卻巧也有三部曲，非常有趣，顯露之遠出，而與他的著作，同垂不朽。

四川的老鼠是出名的，又大又多，四川沒有貓，即使有也是餵肥而不知捕鼠，所以四川人的東西，被毀於鼠的，實不勝枚舉。那時曹禺正任大學教授，他對衣着，本來不事修飾，在冬天，總是棉袍一件，並且是破洞遍體。一天他換了書本去上課，但是臉色非常難看，而且身體發抖，在上課時，精神非常不好，學生見了，非常不安，問道：「先生有什麼不舒服嗎？」

曹禺道：「我很難過，但不知是什麼毛病，我總覺得一忽兒在這兒（指左肩）一忽兒在這兒（指背部）一忽兒……」說完後，他以伸手到衣服裏去掏了，結果「哇」地一聲，大叫起來，原來他提到了一隻老鼠。

洗澡出噱頭

曹禺喜歡讀書，喜歡寫作，這是作家們的習慣，不過他的太太怕他變成了書獃子，時常不願意他鑽在書本子裏，同時她總希望曹禺是一個紳士式的男人，希望他穿得很整齊，天天能洗澡，開頭曹禺不大肯接受，因為這項工作很麻煩，洗澡如果成了公式，這在曹禺是非常頭痛的。但是拗不過夫人的好意，好幾次違抗之下，以後，他居然習慣起來了，到時候，用不着夫人提示，他自己拿了衣服走進洗澡間去，他的夫人就可以聽見很大的水聲。幾次以後，夫人對於他的服從，起了懷疑，有一次，偷偷地在鑰匙眼裏張了，結果發現曹禺坐在馬桶上看書，一隻手浸在缸裏大潑其水，他的太太頓時氣得幾乎發昏，於是又展開了一場舌戰。

反串紅杏出牆

編劇家曹禺先生長着矮小的身材，但是有着一顆超人的腦袋，他的作品，有着卓越的評價——凡是閱讀過曹先生劇本的人，總以為曹先生的生活一定是非常「羅曼的克」的，或者是很幸福的，事實上恰巧相反，曹先生很痛苦呢？曹先生的個性是不修邊幅，他常常不打領帶跑出來了，襪子破了也沒有關係，他成天所關心的就是他的書本，他喜歡看書，喜歡做日記，喜歡寫劇本，喜歡壓馬路，見到了引起他興趣的人物，他就跟在人家後面跑，毫不放鬆地把那個人的言行都記錄了下來，一回到家裏，發瘋似地寫着他的劇本。

曹太太是一位善於修飾的女人，她不喜歡丈夫那樣，她願意熱鬧，她希望有朋友來往，每次她化了很多的時間為了去宴，但是曹先生除寫作外，別的都無興趣，因此曹太太總是孤獨得很，但是每次曹先生在屋內寫作時，她總把各處的房門鎖起來走掉了，害得曹先生有要緊事都出不來，所以他祇好打窗戶出入，像俠客一樣地施展着他飛簷走壁的功夫。

自演北京人

曹禺除能編劇導演之外，還能演戲，不過這兒講的不是他在台上演戲，而是他在台下演戲。曹禺有個劇本叫「北京人」，「北京人」裏頭有個最主動的人物是愫芳，這個女主角，作者是有感而發的，原來曹禺有個愛人，不知為什麼他們不可能結合在一起，所以形成了曹禺心目中絕好的悲劇題材。曹禺把它寫成了，在內地戲也上演了，曹禺很關心地帶了他的愛人去欣賞他的劇本，不料台上正演至惺惺相惜，劇腸蕩氣的時候，曹禺回頭一看，他的太太正坐在他們的後面，於是曹禺乖乖地實行土遁了。

1948 年《电影界画报》创刊号中《曹禺的风趣生活》一文

得良匹。从容画蛾眉，且待战争毕。譬如雷雨后，登山看日出。”诗歌既是对两位新人的祝贺，又宣传了抗战的主题，更巧妙地将曹禺的《雷雨》《日出》镶嵌其中。

曹禺时在国立戏剧学校任职，同事马彦祥、陈治策、石蕴华、戴涯、洪正伦等都到场帮忙，作家巴金、教育家靳以则专程从上海赶来。巴金自称怕见生客，尤其不敢在新闻记者面前露面，一到场便钻进一间客室与作家张天翼等聊天了。据说，因要准时参加曹禺的订婚仪式，巴金是特意坐飞机赶来的，结果在路上受了凉，患了伤风，期间不停地打喷嚏、流鼻涕。

1948年《电影界》创刊号中的《曹禺的风趣生活》一文，讲述了曹禺婚后的夫妻生活。郑秀在“厉害”这一点上当时是出了名的，对丈夫的管束够得上一个“严”字。郑秀是一位善于修饰的知性女人，喜热闹，善交际，爱出席各种活动。而曹禺却追求自然、简单、安静，除写作、读书外，其他事情均不感兴趣，各种应酬能推则推。所以，每当收到请柬时，曹禺总是托辞写作不去。乐此不疲的郑秀只得一人孤独前往，剩下曹禺一人在家写作。郑秀出门通常很晚才能回来，她生怕家中闯进蟊贼，而专注创作的曹禺浑然不知。因此，每次出门时，她总把房门反锁起来，害得曹禺有急事时不能出门，只好打开窗子出入，如同侠客般地施展他那飞檐走壁的功夫。

据说，曹禺创作《北京人》是有感而发，剧本中有个重要人物叫愫芳，其原型就是曹禺生活中曾经追求过的一位女性，只是因为种种原因，他二人最终没能结合在一起。这个绝好的悲剧题材便被曹禺写进了剧本里。《北京人》上演时，曹禺很兴奋地邀请生活中的女主角同赴剧院欣赏。不料，当台上的剧情演至男女主角缠绵悱恻、荡气回肠之际，台下的女主角亦已两颊桃红、泪流满面之时，曹禺猛一回头，恰与后面一排郑秀的一双怒目相对。于是，曹禺立刻拉了女主角遁走。

有一天，郑秀有事到学校找曹禺，没见他的踪影。据门房讲，曹禺接到一封信后便匆匆出了校门。郑秀觉得蹊跷，心想其中定有文章。于是上街去寻，好在成都的江安城并不大，花不了多长时间，即可在全城找个遍。果然，在一家小茶馆的角落里，看到曹禺正捧着一封信很专心地读着。郑秀一见，火往上冲，一阵风似地冲了进去。曹禺听见动静一抬头，见是夫人站在眼前，一时慌了手脚，情急生智，竟将信纸塞进嘴里，嚼了几嚼咽进肚里。太太一把没抢到，眼巴巴地看着曹禺把“罪证”销毁，气得直跺脚。后据曹禺说，那信是一位崇拜他的小姐写来的，其实也没什么，把信塞进嘴里咽下，纯属本能的反应。

第一次做电影导演

1947 年 12 月，曹禺自编自导了《艳阳天》，同年第 9 期《海棠》记述了他第一次做导演的经历。开机第一天，曹禺带着演员去拍外景。电影圈里的人对这位新导演喊第一声“开麦拉”时的情景很感兴趣，跟着曹禺前来参观。大队人马浩浩荡荡来到上海福开森路，曹禺选定在一片树荫处宣布开机。

那天，拍戏演员只有韩非和张雁两人。张雁曾在《衣锦荣归》中饰演三轮车夫，颇为成功，这次曹禺仍请他重操旧业。曹禺原以为这里会很清静，不料，架上机器开拍时，来往车辆却很多，《艳阳天》又是有声片，这可让出师不利的曹禺为难了。既然对外宣称是开机仪式，一定要有拍摄镜头的。曹禺第一次叫“开麦拉”，声细如蚊，演员好似没有听到。第二次开拍时，他干脆改用挥动手帕为号令了。路上车子太多，声音过于嘈杂，拍摄根本无法进行，他们只得草草地拍了两个镜头就打道回府了。曹禺导演生涯的首秀就此收场。韩非自告奋勇去联系警察局，下次再拍外景时，请两位警察出面维持交通秩序。等请妥后，曹禺再第二次出马。

据 1948 年第 16 卷第 7 期《青青电影》中《曹禺设计艳阳天广告》载，同年 5 月 6 日《艳阳天》完成拍摄和制作，21 日首映，受到观众热烈欢迎。这一成绩，既证明了曹禺的导演实力，又表明了观众对曹禺的追捧，业内人士知道，这其中也有曹禺亲自制作的宣传广告一份功劳。

曹禺深知广告宣传对于电影业的巨大作用。《艳阳天》还在拍摄过程中，曹禺就开始策划影片的广告宣传。他把《艳阳天》的美术师李恩杰叫到一家酒馆里商议此事，两人边喝边聊宣传海报的设计。曹禺的意见是，五位主角的人头肖像照分左右上角列开，韩非所演角色是个反面人物，应该画成绿色。

1948 年第 4 期《电影话剧》推介《艳阳天》

下方是一幅春景图，也是曹禺特请摄影师拍的一张春游照片，其中有红男绿女，有三轮车，完全是写实作品，恰当地衬托出《艳阳天》的意境，海报居中为“艳阳天”三个飘带美术字，由书法家丁熙执笔。他二人在喝了九斤黄酒后，宣传海报的构思也就敲定下来了。

查阅 1948 年 6 月 29 日的《益世报》，上面刊登了电影《艳阳天》的广告，片名下是五位影星的剧照剪影，空白处以“大气磅礴，兴会淋漓”点题，下方是那幅春游图。广告词为“写雷雨日出所未写！比原野蜕变更动人！争是非，明黑白，粉身碎骨在所不惜；护真理，管闲事，赴汤蹈火万死不辞”。

司徒雷登 1946 年重回故乡杭州

1946 年 7 月，在美国特使马歇尔的推荐下，美国总统杜鲁门任命司徒雷登为美国新任驻华大使。同年 10 月 18 日至 20 日，应杭州市长周象贤的邀请，司徒雷登重回阔别已久的故乡杭州。

西湖九里松传教士墓园为亲人扫墓

司徒雷登的父母均为美国在华传教士。1876 年，他出生于杭州，从童年时代到做传教士为止，司徒雷登在这里生活了 14 年。他的乳母是一位本土妇女，因此，他能说一口流利的杭州方言。他认为杭州方言“具有其他方言所没有的轻快悦耳的音韵和丰富的表现力”。他也非常喜爱杭州，把这里当成自己的故乡，他曾赞美故乡是“中国历史最悠久，风景最美丽的城市之一”。

1946 年 10 月 18 日上午 8 时 30 分，在杭州笕桥机场，一架从南京而来的飞机徐徐降落，新任美国驻华大使司徒雷登第一个走出舱门，频频挥手，美国驻华大使馆一等参赞石博思、秘书威格门和《中央日报》记者祝修麐等紧随其后。司徒雷登缓步走下悬梯，与恭候多时的浙江省政府主席沈鸿烈、省政府秘书雷法章、省参议会议长张强、杭州市长周象贤、中央空军军官学校校长胡伟克等握手致意，机场上社会各界代表 200 余人敲锣打鼓，热烈欢迎。

1936 年时的司徒雷登

抵达杭州后，司徒雷登一行下榻于石塔儿头的外宾招待所。该招待所毗邻西湖，登高一望，全湖在目，为观看西湖全景的最佳之所。午饭后稍事休息，司徒雷登即身着黑色西装，来到西湖九里松传教士墓园，为葬于此的父母和早卒的弟弟扫墓。他庄严地献上三个花圈，目光凝重地注视着亲人的墓地，沉默良久。他也许忆起与他们共同生活的幸福时光，抑或向亲人们汇报他的近况。他感叹，已有多年没有回到故乡，已

1946 年第 191–192 期《联合画报》中的司徒雷登在故居留影

有多年没来看望亲人了!

重回故居见到老邻居　授予杭州荣誉市民

19 日上午,司徒雷登重回位于天汉洲桥耶稣堂街上的故居。为了迎接他的到来，前不久，杭州市政府特将耶稣堂街更名为司徒街，以示纪念。走进门前的花园，他低首徘徊，这里的一草一木让他追忆起天真活泼的童年。他步入自己当年出生和居住过的房间，眼前的木床、桌椅、柜橱、花架还是当年的陈设，都是那样熟悉，那样亲切。他情不自禁地上前抚摸着它们，眼里噙着激动的泪花。这时，他当年的街坊邻居们来了，司徒雷登兴奋地喊着每个人的名字，用杭州方言相互问候着。他们一起来到花园，坐在凉亭下，回忆着当年一起玩耍的一个个细节、一段段轶事，在一阵阵笑声中，他们仿佛重又回到几十年前。

依依不舍地告别了老邻居们，司徒雷登来到了故居旁的天水堂，父亲司徒尔牧师曾在这里多年担任主持。在校长李培恩的陪同下，司徒雷登步入之江大学校园。早在 1907 年，他代表基督教南长老会提出与北长老会合办育英书院，并迁址之江秦望山麓以扩大办学规模，育英书院即之江大学前身，可以说司徒雷登也是之江大学的创办人。时值该校 101 年校庆（该校校史追溯到 1845 年创办的宁波崇信义塾），于是，司徒雷登来到该校礼堂——大都克堂，对师生们做了一个简短的演讲：

我多年不说杭州话，今天我用杭州话来试试看。

> 我回到杭州十分高兴，我看到目前的中国青年有说不出的感动。五四运动是在民国八年，那年创办燕京大学，在中国各地的学生抗日运动高潮，推广开去，进入整个社会。全国学生热烈勇敢和刻苦的精神，抵抗日本，抵制日货，唤醒了全国工农商各界，有了觉悟。所以国家的存亡、进退和兴衰都靠青年。有那时爱国思想的发展，才能获得今日的胜利。我主张学生要预闻政治，现在外敌已除，今后国内的革新是要发扬民主精神。但是人民要用法定的方式推翻贪官污吏，这就是人民对民主所负的责任和权利。中国在国际上已有宝贵的自由独立，但中国国内必须要有集会、思想、言论、宗教、信仰等自由。中国要有民主的政府，民主是以人民为主，因人民是国家的主人。今日中国在实业、商业、交通等都需要建设，人民的心理更需要建设，中国今后的革新任务就是中国这一代青年的贡献。我希望诸位共同为中国努力，建立和平、统一、自由、独立、康乐的新中国。

下午 4 时，司徒雷登来到了杭州中华基督教青年会，参加该会的复会典礼仪式。该会成立于 1914 年 1 月 1 日，抗战爆发后被日伪侵占。1946 年 7 月被杭州政府收回，雷法章任会长，李培恩、徐佑青为副会长，燕京校友王揆生为总干事。

在沈鸿烈等人的陪同下，司徒雷登一行步入四楼礼堂。仪式开始，全体唱赞美诗第 18 首，宣绥降牧师读经，施煜方博士祷告，会长雷法章报告开会宗旨，详述该会历史。继由司徒雷登致词说：

主席、诸位来宾：本人参加青年会复会典礼，深感福幸。先父母本着爱人的宗旨，从美国到杭州来传教，因此，我生于杭州，杭州是我的故乡……青年会总干事王揆生、女青年会总干事汪潘玉梅都是我的学生。我深知他们所受的教育训练与服务精神，我愿看看他们的工作并答谢各位协助的热诚。说几句不见怪的话，我爱中国，不亚于中国人。中国要完整，必须统一；要强大，必须建国；要统一建国，必须民主。期间包括人格、道义及青年思想的问题。世界最伟大、最高超、最完美的思想、道义与人格，莫如基督教的爱人群与

1946年10月19日，杭州中华基督教青年会复会典礼暨欢迎司徒雷登莅会摄影纪念

牺牲服务的精神，青年会所提倡的德、智、体、群四育，就是以此为目标。看来是小节，实在是关系很大。希望大家共同努力去做，这是本人今日的一点贡献。

接下来是沈鸿烈的训词和总干事王揆生的工作报告。随着全体唱赞美诗第22首，仪式宣告结束。

最后，市长周象贤授予司徒雷登杭州荣誉市民称号，向他颁发了荣誉证书和金钥匙，浙江省政府议长和杭州市议长先后代表杭州市民致欢迎词。在一曲欢快的音乐声中宣告礼成。此时，礼堂外已是夜色阑珊，万家灯火，时钟恰好鸣响六下。

重游西湖　依依惜别

20日适值礼拜天，司徒雷登一行来到杭州市基督教湖山堂，该堂是美国基督教南长老会牧师贝恩德，为纪念亡友、司徒雷登的父亲司徒尔牧师捐资兴建的。上午，司徒雷登在此为一对信仰基督教的青年情侣证婚。中午，在思澄堂与中国教友们聚餐，该堂为纪念著名基督教牧师张澄斋而建，为一座三层砖木结构的中西合璧式建筑。

下午，在周象贤的陪同下，司徒雷登等乘坐“逸庐”号游船重游西湖。坐在船上，他兴奋地给大家讲他当年在西湖坐彩船游湖、在北高峰避暑、在雷峰塔游玩等情景。船划至小瀛洲（即西湖的三潭印月）。登岸后，司徒雷登信步来到“曲径通幽”的门洞前，指着这四个字用中文说“康有为写的”。

1946 年第 14 期《寰球》图文报道了司徒雷登重回杭州的过程

晚上，周象贤在楼外楼设宴为司徒雷登饯行，此楼是民国时期官方政要宴请来杭名人的特色菜馆。司徒雷登一边品尝杭州美食一边激动地说：“我认为西湖是世界上最美丽的地方！”

此后，司徒雷登曾在《在华五十年》中回忆说：

值此时势艰难之际，杭州市长邀请我到我的出生地杭州作了访问，那是一段饶有兴味和令人愉快的经历。我受到了官方的接待。他们按惯例设宴招待了我。更有甚者，政府、市民和教育机构，以及许多老朋友都给我以热忱的欢迎。我并不把这些看作是对我个人的恭维，而是把它们看作是对美国人民的深厚真挚的情谊。我相信，这种友谊不会因中美官方关系之间有一段误解和疏远而遭到破坏。访问结束时，杭州市市长授予我以该市荣誉市民称号，使我深为感动。

21日上午，司徒雷登一行在笕桥机场登机离杭回京。从此，他再也没有机会重回杭州。1962年9月19日，他在美国首都华盛顿溘然长逝。其遗嘱称：“将全部文件赠送给傅泾波（其秘书），并请求傅泾波替我完成两个心愿：一是将当年周恩来送给我的一只明代彩绘花瓶送还给中国；二是将我的骨灰送回中国，安葬在燕京大学的校园内。”历经周折，他的骨灰终于2008年安葬于杭州半山安贤园，当年的杭州荣誉市民最终归于故乡。

为民主牺牲的左翼报人羊枣

他被陆定一称为“新闻巨子、国际专家”，他最先预言希特勒将在斯大林格勒惨败，他预见共产党将在解放战争中获胜，他于1933年加入中国共产党，他被国民党政府逮捕后折磨至死，他就是与范长江、邹韬奋、俞颂平等齐名的大记者羊枣。

1946年1月11日，羊枣在杭州去世，一时震惊中外文化界和新闻界，《解放日报》《新华日报》《申报》《文萃》《时代》等报刊，相继刊发消息和追悼文章，表达对这位学识渊博、才华横溢的名记者的怀念。

左翼报人　英年早逝

羊枣（1900—1946），本名杨廉政、杨潮，笔名羊枣、杨丹荪，湖北沔阳县人，5岁进家塾，14岁入清华预备学校，因参加五四运动而被学校开除，后考入唐山工业专科学校（后并入上海交通大学），1923年毕业后，在上海铁路局任职，但对铁路工作并不感兴趣。一次偶然的机会，他翻译了《今日之战争》一书，并经人介绍在商务印书馆得以出版，深受鼓舞，开始翻译工作。1932 年，受六妹杨刚的影响，羊枣开始阅读马列著作和进步书籍，1933 年初，经周扬介绍加入中国左翼作家联盟，半年后加入中国共产党。1935 年秋，他辞去铁路局职务，随夏征农南下，在陈道望主持的广西师专任教，1936 年 6 月至 1939 年，在苏联塔斯社上海分社做电讯翻译，同时为《世界知识》等刊物撰写军事和国际时事评论，进行抗日救亡和国际反法西斯的宣传活动。抗战爆发后，初期他仍留在孤岛上海，为《导报》《译报》《译报周刊》等报刊撰稿，坚持抗日斗争，1939 年底赴香港，为《星岛日报》撰写军事评论，与俞颂华合编《光明报》，以丰富的知识、敏锐的观察、优美的文字和独到的见解赢得大批读者，成为职业专栏作家。1941 年太平洋战争爆发后，他和许多香港文人一样，撤退到了桂林。1942 年秋，到湖南衡阳主编《大刚报》成为他人生的重要节点，他主持的“独家新闻”专栏以最快、最新、最准而闻名一时，《大刚报》与羊枣之名享誉新闻界。但仅 10 个月后，就因“言论左倾”，在官方的压力下，被解聘。离开报社后，他在衡阳筹创了一个英文排字所，承办英文印刷，业余时间做英文辅导。1943 年夏湘桂战役即起，他凭着敏锐的观察，判断这次非逃不可，实时准备去昆明，后转向福建。

1944 年 6 月，经黎澍介绍，他来到了福建省会永安，任省社会科学研究所研究员，兼任美国驻华大使馆新闻处东南分处中文部主任，主编《民主报》专刊《国际时事研究周刊》，用笔开辟“第二战场”，无情地揭露日本帝国主义的侵略行径，尖锐地抨击消极抗战积极反共的国民党当局。1945 年 7 月 23 日，曾参与策划过“皖南事变”的顾祝同，下令逮捕了当时在永安的羊枣等 29 位进步文化工作者。1946 年 1 月 11 日午夜，羊枣不幸病逝，时年仅 46 岁。

学识渊博　为人倔强

羊枣《大刚报》时的同事严问天在《人物杂志》第九期中的《忆名记者羊枣》一文中，以真挚的感情、动人的文字，记叙了羊枣工作、生活与性格。

1942 年时的《大刚报》处于稳中求进时期，报社试图创立自己的特色。当时桂林《大公报》有人能够直接收听国外新闻广播，国际消息既早更真，报社遂以 1000 元高薪聘请到了羊枣。在欢迎会上，同仁们以满腔的敬仰、兴奋的心情迎接他，但他很平静地说道，我来这里两天，这班朋友都非常可爱，希望我们能够合作，以后的

第九期《人物杂志》

事情更好做了。只见他长长的脸，厚厚的嘴唇，带着沉静的微笑，一副不深不浅的眼镜，身着中式衫裤。给人的第一个印象，既具都市中年绅士风格的外形，又有乡下人朴素的内在的气质。

羊枣的月薪是其他编辑的近五倍，为此，他深感不安，此后同仁加薪时，他主动表示已经很高，不必再加了。他的工作主要是翻译电文和核阅重要新闻标题，每周还要撰写两篇社评。每晚大约十一时开始工作，五六小时无片刻暇晷，大约四时左右截稿，紧张吃重，更无人替代。他必须每天上班，偶尔病了，就让人将电稿送到他的住所，撑在病榻上翻译。

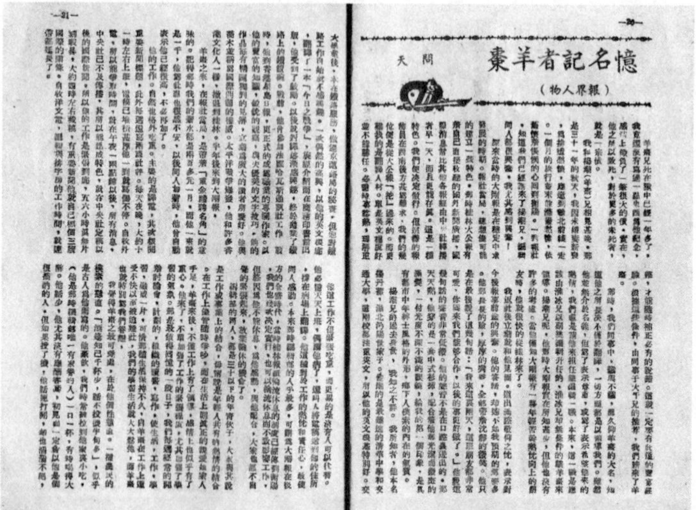
—21—

—20—

憶名記者羊棗

（報界人物）

問天

《人物杂志》中严问天撰写的《忆名记者羊枣》一文

他的工作热忱和责任心为《大刚报》带来了全盛时代。

羊枣的可爱之处就是性格憨直,一种朴素农民的憨直。“酒逢知己千杯少,话不投机半句多”,似乎古人就是为他而写的。他话少,尤其没有应酬客套,初次见面的人一定以为他是个非常拙讷的人。但如果遇到知己,他的话匣子一旦打开,也是滔滔不绝,热情奔放。他为人豪爽慷慨,与他打交道尽可放心,他绝不会叫人吃亏。他是编辑部唯一带家眷的人,便经常请大家到他家吃饭。他爱喝酒,一口一杯,时常喝得大醉。

他脾气不好也是出了名的,但绝非遇事使性。他也能忍耐,沉默就是他忍耐的最后限度。超过这个限度,他就会发脾气,一发而不可遏。他口快心直,认为必须说的就非说不可,不计后果。争辩中的他面红耳赤、青筋暴涨。他经常当面指摘别人的错误,最让人难堪的是还得让别人当面认错。他只对事不对人,脾气发过了,问题解决了,立刻烟消云散。对于他的脾气,初受者确实不好受,但大家渐渐清楚了他的发作全部过程,也就不以为意了。一是对他学识和能力的尊重,一是了解了他的为人和工作方法,争吵少了,默契多了。

他是国际问题专家,常能在不完全的材料和新闻的夹缝中,得出高人一筹的精准判断。当年在德军攻打苏联的巅峰时刻,竟然打到了斯大林格勒,别人认为苏联将要战败,他却大胆预言:德军攻势已至尽头,此战正是苏军反攻的转折点。众人听了,未免咋舌难信,但此后的事实却印证了他的判断。为此,他也就成了国内正确预测德苏战争的第一人。在他撰写的社论中，始终表现出对盟国必胜的坚定信心，即使在局势最危险的时刻，仍能给读者带来无限的希望。作为中国的一个传统文人，羊枣的书法确实很差，但他并不以此为憾。他说，如果将来中国仍以字取人，以字为职业或谋生的条件，那么，中国就没有希望了。

羊枣多才多艺，经济学的修养也是相当深厚，甚至对艺术的理解也达到了极高的境界。马思聪来衡阳演出后，羊枣撰写了一篇名为《马思聪与贝多芬》的评论。他对于音乐的造诣和理解就连音乐系的教授们也为之折服。他还是中国提倡话剧的早期人物之一，早年曾在上海出资创办过一个创作和演出话剧的剧团，为此，曾一度靠典当度日。他的业余生活丰富多彩，下棋、养鸟、钓鱼，样样精通。

福建被捕　坚贞不屈

在上海出版的 1946 年第二期《文萃》中，刊发了多篇追思羊枣的文章，也记叙了他被捕前后的情形。被捕前，羊枣和他的妻子沈强曾由友人护送至福建永安的美国驻华大使馆新闻处东南分处。该处的主任美国人兰德（Rand）先生为了表示维护自己职员的安全，与羊枣睡在一起，这样持续了三天。第三战区的国民党特工和福建省政府的人一连几天找上门来，要求兰德交出羊枣，三番五次地威胁说：“你们不交出羊枣来，我们就抓杨太太。”沈强几次夜里偷偷地回到住处，远远地看见家里坐了好多陌生人。邻居看见她连忙说："你快跑吧，他们在等着抓你呢！"

到了第三天，也就是1945年7月23日的晚上，特工们武装包围了新闻处，声称如果再不交人就要冲进去强行抓人。面对如此的高压态势，新闻处顶不住了，任凭羊枣有理由充分的申述，任凭沈强不断地苦苦哀求，兰德还是把羊枣送给了当局。他提出了三个条件：一是希望能准羊枣立刻交保，随传随到；二是如果不能交保，希望由美新闻处派一美籍同事与羊枣同住，直至审判告一段落；三是审判时，希望美新闻处有人参加。但这三个条件均没有得到批准。兰德要求每日上午7时至9时派人去看望羊枣。而到了8月1日，连看也不准看了。于是，新闻处只得派一位美籍职员乐博（Rabough），住进省保安处监狱的会客室里。乐博在的那几天，羊枣没有受到什么苛待。

8月中旬，因工作关系，兰德要到各地视察。因此，他要求省当局立刻审判羊枣，以便得出结果。当局听说兰德要走，更采取了拖延政策。羊枣的妻子和朋友们深知国民党特工的残忍，一致劝说兰德在羊枣未获出狱之前不要离开。但兰德公务在身，终于还是离开了永安，行前对羊枣的朋友们保证，一定尽早回来，回来后再设法营救。但当兰德两个星期后回到永安时，羊枣已被秘密押往江西铅山第三战区长官司令部了。

羊枣到了铅山后，已经完全变成了囚犯。因为他是所有被关押者中名气最大、地位最高的政治犯，因此监狱当局便对他格外“关照”。他们认为凭借监狱的各种手段，羊枣一定会成为一名叛徒。狱方将羊枣与一名20岁的青年同关在一间小房子里，门窗全被钉死，不能打开一个缝隙。酷热的暑天，湿气把他们的牢房变成了蒸笼。一天只给两个饽饽和一碗米汤。

羊枣的被捕，国民党当局从未有一纸正式的控告文件，也没有一次正式的审判，政府官员只是告诉沈强，羊枣被捕的原因是“他的左倾思想，而且也许与新四军地区的共产党人有关”。据说，羊枣之所以一直被羁押未获自由，就是因为他“不愿变更错误思想”。由此可知，羊枣的意志坚定和坚贞不屈。

抗战胜利后，蒋介石曾在公开场合许下了释放政治犯的诺言，但羊枣依然被关押。1945年12月31日，狱中的羊枣开始发烧，但直到1946年1月7日才被送进医院，当时他已陷入口不能说、目不能视的重度昏迷状态。延至1月11日午夜时分，羊枣停止了呼吸。

国民党当局对外宣称，羊枣系因患“恶性疟疾”，不治身亡。第三战区政治部主任李某则在公开场合声称，羊枣的死是因为在送进医院前，自己服用过多的阿司匹林所致。他在解释迟送医院的原因时说，是因为负责批准移送政治犯进医院的人正好没有到差。实在荒唐可笑。

各界痛悼　祭奠英灵

羊枣病逝的消息传出，举国震惊。1946年1月13日、14日，延安的《解放日报》、重庆的《新华日报》、上海的《联合日报》和《大公报》纷纷发表社论，谴责国民党当局的罪恶行径。1月15日，《新华日报》发表了题为《迅速释放政治犯》的社论，要求国民政府释放政治犯。23日，上海新闻记者金仲华等61人联名发表向国民党当局抗议的声明，要求彻底查清羊枣死因，严惩非法下令逮捕羊枣的祸首，立即平反永安冤狱，释放同案被捕的一切人士。从2月1日到8月23日，《解放日报》连续发表了10篇新闻、通信和悼念文章，对羊枣之死做了追踪报道，表达了党中央对羊枣的关怀。美国新闻界24位著名人士、加拿大群众团体和华人团体致电国民党政府或发表声明，对羊枣之死表示强烈抗议。羊枣的亲人、同事、友好先后发表悼文，对羊枣的逝世表示沉痛的哀悼。他的妹妹杨刚发表了《我的哥哥羊枣之死——敬致顾祝同将军的一封信》《杨刚致全国新闻界同业电》等文章，控诉国民党顽固派的倒行逆施。

2月3日，沈强辗转将羊枣的遗体从杭州运回上海，羊枣的生前友好在上海发起筹募纪念基金，一为安葬羊枣和抚恤其家属，二为设立“新闻自由基金”。

5月19日，上海各界人士千余人举行羊枣追悼大会。追悼会由郭沫若主持，他大声疾呼：“朋友们！我们要誓与一切不民主、假民主、反民主的分子作毫不容情的斗争，完成死者未有完成的任务。”社会知名人士马叙伦、梁漱溟、许广平、熊佛西、金仲华、田汉等先后演讲，沉痛悼念羊枣逝世。举殡时，羊枣生前友好数百人为其执绋，柳亚子为墓碑题字。

追悼会上摆满了社会各界送来的挽联。时任中共中央宣传部部长的陆定一挽联曰：“新闻巨子，国际专家，落落长才惊海宇；缧绁蒙冤，囹圄殒生，重重惨痛绝人寰。”郭沫若的是：“天下得澄清党锢无端戕孟博；江南余瘴疠抬魂何处哭灵均。”萧萍林的是：“我们爱你，为了顾祝同恨你。我们要爱遍千万杨潮，恨遍所有顾祝同。安息吧，杨潮！我们在你墓前发誓，担起你的担子，走你未走尽的路！”

潘小萼遭遇灭门之灾

1946年3月19日，由重庆飞往上海的中航159号飞机，因气候恶劣，在湘汉交界处失事，坠入江中，机上所有乘客

PICTORIAL SHANGHAI
民國十九年六月十二日
上海畫報
首都名歌女曹俊佩
安康答嗣丸
OKASA
大光明大戲院
今日 三時 五時半 九時一刻開映
美國環球影片公司之五彩歌舞對白有聲巨片
異軍突起之電影界最新最偉大之出品
上海繁華夢
預定佳座以免臨時擁擠
洋洋大觀
春明外史
全書到滬

《上海画报》的封面女郎曹俊佩

和机组人员全部遇难，其中最为惨烈的就是国民政府善后救济总署厅长潘小萼一家三代6口人惨遭灭门。当年各家报刊在报道这一惨剧的同时，竟然又爆料出十几年前潘小萼与南京著名歌姬曹俊佩的一段感情纠葛，一时炒得沸沸扬扬。

医学博士　赈恤厅长

潘小萼，名骥，1904年出生，江苏吴县人，早年毕业于上海同济大学，后留学美国，为哈佛大学医学博士，学成归国后从事医务行政多年，曾为多所大学的兼职教授。熊式辉任江西省主席时，委任潘小萼为江西省卫生处长。此后又相继担任中国红十字秘书长、新运总会和卫生组长兼警务委员会执行委员，在滇西各地带领着新运医疗队为军人和百姓诊疗疾病。1945年1月1日，国民政府成立行政院善后救济总署，宋美龄将潘推荐给了署长蒋廷黻，潘遂担任赈恤厅长一职。

潘小萼做事认真，待人诚恳，说话时带着浓浓的江苏老家乡音，鼻子上架着一副近视眼镜，一身文人气质。由于他的腰不好，手中常持一根拐杖，走起路来一摇一摆的。

抗战胜利后，大量的难民从四川等地涌进重庆，每位难民都急需找到归宿，或遣送回老家，或就地安置。由于当时严重缺乏交通工具，许多难民无法处置。于是，潘小萼的办公地经常被成百上千的难民包围着。他们见潘厅长没有船只

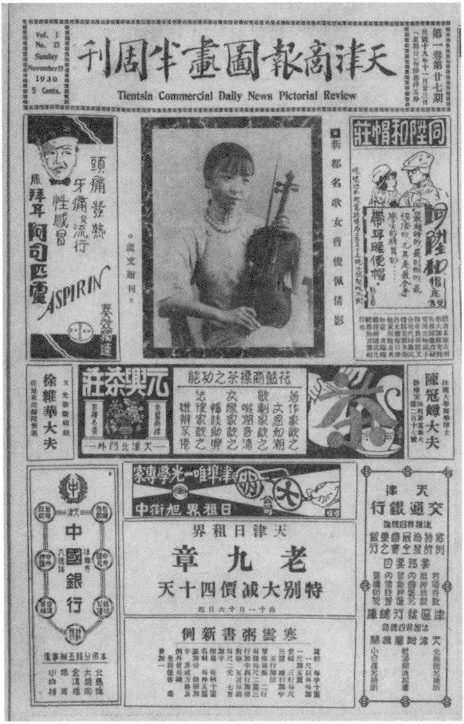

《天津商报图画半周刊》中的曹俊佩倩影

送他们回家，就毫不客气地占据了他的办公处。潘一面无可奈何地笑着摇头，一面不断地搬家躲避难民潮。先是从中三路迁至上清寺，再搬到嘉陵新村，之后是学田湾，最后干脆迁到了南京。1946 年 2 月间，奉蒋介石之令，潘曾赴东北各地视察赈恤业务。在他出事前时常往返南京、重庆、上海之间。

与名妓、校花的感情纠葛

潘小萼任江西省卫生处长时，年方三十,一表人才，举止儒雅，尚未婚娶。当时他曾追求过两位女性，一位是当年金陵大学的校花周铭，另一位就是当年秦淮河畔最著名的红歌妓曹俊佩。

周铭出身名门，大家闺秀，美貌出众，气质非凡，故而在金陵大学时赢得众多男生的追求。潘在一次慈善活动中与周相遇，遂生怜爱，公开追求。周已答应，但相处一段时间后，被周的家人闻知，其父坚决反对，二人只得含泪作别。正在失恋之时，潘又遇到了曹俊佩。

曹俊佩是艺名，本姓林，芳名蕴华，原为浙江永嘉县的宦门之女，后因家道中落，生活无着，遂拜师曹三红学艺，专工须生。时在江淮一带颇负盛誉，与陆艳秋、陈怡红、王熙春，并称“秦淮四小名妓”“秦淮四大金刚”。其中曹俊佩的声势最隆，艳名在其余三人之上，更深得张素心、张秋柳、郭东史、杨无境等附庸风雅的文人们欣赏，揄扬之作散见于南京、上海各报。

曹俊佩色艺俱佳，性情孤傲，冷若冰霜，虽处风尘之中，却能出淤泥而不染，守身如玉，绝无艳迹可寻。据报界称，好色的陈公博在任实业部长时，曾在南京征歌选色，曹在纳入其视线后遂成猎取目标,陈对曹展开疯狂攻势。但曹个性强烈，尤厌官场之徒，对陈更无任何好感，身处歌场，只得虚与委蛇，逢场作戏。后来，此事被小报记者获悉，将陈与曹的艳闻公之于报端，陈遂老羞成怒，几与记者涉讼，一时落下笑柄。

曹在南京天韵楼茶社时，潘因公来京半载，工作之余来茶社消遣。曹对潘一见钟情，愿以终身相许。潘在彼时，正因追求周铭不成而情场失意，得曹热烈追求，内心甚得抚慰和满足，数月后潘曹即订婚约，时为1935年春。双方约定是

秋海棠
生前三角戀愛·死後一箭雙鵰
潘小蕚黃泉路上追尋情歡！
律師代表林蘊華(即曹俊佩)向潘驥催告結婚
韓壽再世、設計偷香
賊骨頭獻技·活躍青浦
潘妃九娘之奇疾
每月不絕之紅白事
春光明媚
自我宣傳
民主國家初次嘗試
選舉市參議員怪現狀

1946年第1期《秋海棠》记录了潘、曹、周之间的三角恋情

年夏日同往庐山完婚。之后潘即返回江西。

曹因心中有爱，遂摒弃铅华，告别歌坛，投考上海私立上海女中读书，一边读书一边专候婚期。当婚期临近时，潘忽致信与曹，伪称目前事务繁巨，望将喜期改至10月。曹并不疑有变而爽快应允。迨至10月间，潘复来信，推诿身体有恙，须休养一段时期，欲将婚期改至次年春举行。至此，曹渐起疑窦，乃只身赴江西一探究竟。至则先于暗中见潘工作应酬如常，并无病容，继而所见潘与周重修旧好，亲密无间，一时泪如泉涌，悲愤交集，遂不别而归，在南京延请律师刘哲，代表其登报催告潘履行当年婚约。这场风流债事曾在全国轰动一时。此举虽曝光了潘的移情别恋，但真正受伤的还是曹俊佩。她的心灵遭此打击几近崩溃，竟然一病不起，青灯古佛伴其余生。俟至第三年，即1940年6月20日，终至过度抑郁，香销玉殒，含恨长逝，葬于苏州七子山上。

机毁人亡　遗骸无寻

1935年秋，潘与周即在重庆成婚，相亲相爱，感情甚笃，生有两子。周与宋美龄曾为同学，且关系友善，在陪都重庆时，二人常相聚首，为此宋对潘格外关照。在宋的介绍下，潘与宋的秘书长黄仁霖关系甚好，两家更有通家之谊。此次潘家由渝飞沪，黄仁霖也是亲至机场相送。

潘母时已70多岁，俗话说叶落归根，她时时念着要回上海老家。潘遂设法搞到数张机票，携全家飞沪。潘母原本不肯乘坐飞机，经潘和周反复劝说，才勉强允许一试。同行的还有潘的两个公子和潘的一个未婚姐姐。据说，潘家曾有一位女仆，在他家服务已经十年有余，此次女仆一定要跟随主人一同飞往上海，继续服侍潘母。但潘老太太以机票不易弄得为由，婉言谢绝。女仆竟因此而幸免于难。

飞机失事后，南京某报曾刊登消息称，潘小萼与其妻曹俊佩同机身亡，这才引起社会对曹俊佩的关注，引出潘与曹、周的感情纠葛。后经调查核实，曹已去世6年，与潘同机实为周铭。

潘小萼举家罹难后，潘周两家的数名亲友屡次找到中航公司，询问亲人下落，探求调查结果。但因机身坠入江中，最终连逝者的遗骸都没有找到。

忧愤而终的俞颂华

今年（2017年）是曾被黄炎培称为“新闻界之释迦牟尼”的一代报人俞颂华先生逝世70周年。近些年，对他的研究文字较多，但对他的生活和病因却少有人提及。笔者查阅了1947年10月至12月期间的《人物杂志》《国讯》《大公报》《申报》等报刊，从其家人、友人、同事、学生的追思文章中，看到了一个为了生活颠沛流离，为了信念屡遭排挤，为了事业殚精竭虑的俞颂华。他的不幸遭遇折射出那一代文人的悲惨命运。

一代报人　进步人士

俞颂华（1893—1947），江苏太仓人，早年就读于上海澄衷中学、复旦公学，从小立志做一名利国利民的记者。他1915年赴日本留学，开始研读马克思、恩格斯著作。1918年毕业于东京法政大学，获学士学位。回国后，1919年初，他曾赴海参崴担任日文秘书，终因旨趣不合，不别而行。同年4月任职于上海《时事新报》，陆续刊发介绍马克思主义的文

《人物杂志》封面上的俞颂华

章，全文转载毛泽东在《湘江评论》上发表的《民众的大联合》。1920年他与瞿秋白、李仲武一同赴苏联采访，拜访了列宁、莫洛托夫、季诺维也夫等苏联领导人，撰写了《旅俄之感想与见闻》长篇通讯。1924年在上海担任中国公学教授兼教务长，1928年到商务印书馆编辑《东方杂志》。1932年5月，应《申报》总经理史量才之邀主编《申报月刊》（后改周刊），这是他一生从事新闻工作的最佳时期。他特邀鲁迅、茅盾、巴金等进步人士撰文，讴歌正义和光明，鞭挞反动与黑暗。《申报周刊》深受广大读者的青睐，成为当时全国期刊发行量最多的刊物。

1937 年 4 月，他赴陕北采访，受到毛泽东、朱德、周恩来等中共中央领导人接见。他撰写的《从上海到西安和陕北》，介绍了陕北革命根据地的真实情况。

抗战爆发后，《申报周刊》的停办成为他人生的一个转折点，从此，他便开始了颠沛流离的生活。他在香港先任《星报》总主编，由于与同仁志趣不同，数月后赴新加坡任《星洲日报》总编辑。9 个月后，因国民政府需要控制海外华侨舆论，他又被排挤回了香港，1941 年 10 月，他应梁漱溟之邀任同盟机关报《光明报》总编辑，太平洋战争爆发后香港沦陷，转移到桂林，任《广西日报》主笔。1943 年 5 月，应《大刚报》社长毛健吾之邀，他赴衡阳任该报总编辑。1944 年 4 月，《大刚报》馆迁往贵阳，他回到重庆任黄炎培主办的《国讯》半月刊主编，1946 年夏赴上海，过着清苦的生活。同年，国立社会教育学院由四川璧山迁到苏州，他应邀任该院新闻系主任。1947 年夏秋以后，他肺病加重，卧榻不起，10 月 11 日在拙政园病故，时年仅 54 岁。

不进仕途　不入党派

俞颂华的女婿葛思恩在《悼先岳俞颂华先生》一文中介绍说，俞颂华先生一生生活淡泊，不计名利，立志坚定，嫉恶如仇，时常提起的两句口头禅是“知足常乐”“无欲则刚”。他立志不进仕途，不入任何党派。在《东方杂志》任职期间，主编

—14—

頌華先生逝世紀念特輯

暮鼓晨鐘一生盡瘁爲報業
凄風苦雨半夜迴腸哭先生

悼先岳俞頌華先生

葛思恩

（一）

回思往事，我第一次和先岳父見面，是在湘西的芷江。廿七年春，有一天我去王文賚先生處接洽赴西南若干省份旅行的事，他也在那裏。那時他剛離開漢口申報，應馬根野先生的邀請，去芷江中央政治學校新聞系任教。經過王文賚先生的介紹我第一個印象是他身材不高而態度非常謙和。後來知道他對于學生的態度，總是和對于朋友一樣的謙和。但是無論學生朋友，若有任何過失，則常當面指責甚嚴，絕不寬假。這種態度，會使他一生得罪了許多人，但也因此使許多熟知他的人，對他格外尊敬。（中略）

（二）

先岳生於民國前十九年（光緒十九年）正月廿一日，原籍江蘇太倉，因先太岳曾在上海電報局中任事，故生長上海。兄弟姊妹共四人，胞兄俞鳳賓先生是海上名醫，而胞妹俞慶棠女士則爲教育專家。先岳幼時曾入上海某書塾肄業，那個私塾很注重英文，故他的英文根底，即在那時打定。後來曾考入清華大學，那時校長是周詒春先生。但旋即離去，轉入復旦公學。畢業以後，自費留學日本，歷時四年，得學士學位。日本返後，因先太岳去世，曾患一次嚴重的傷寒病，愈後，在民國八年由張東蓀先生約往時事新報主編學燈，這是他正式從事新聞工作的開始。以後始終從事新聞工作，前後垂三十年。

今年夏天的一個上午，先岳曾對我詳談從加入時事新報到留學德國的一段往事，接連談了三小時。遺憾的是以後他的病勢，日見沉重，醫囑不能抽烟看報和談天，以致未得續聽的機會。民八先岳加入時事新報時，該報總編輯爲張東蓀先生。同年，時事新報發行解放與改造雜誌，該刊名義上由張主編，而實際上也由先岳主編。解放與改造曾介紹各種新思想，如烏托邦，共產主義民主主義無政府主義等，故風行一時，影響深遠。每期銷行五六萬份，而最初一二期則銷達十萬份，在民國初年，這是一個可驚的數字。該刊後來由蔣百里接編，並改由中華書局發行。

民國八年底，先岳曾隨李蘭洲赴海參威工作一個時期，任日文秘書。那時蘇聯正當革命之後，各國出兵干

俞颂华女婿葛思恩的追思文章

钱智修等曾力荐他出任监察委员，当即遭到他的拒绝，甚至对于进入仕途的朋友他也有意疏远。1940 年夏他离开重庆的原因之一，就是国民党中央社会部长陈立夫要他加入国民党，他拒绝后远去香港。此后，虽然他在香港为梁漱溟编过《光明报》,在重庆为黄炎培等办过《国讯》,但并未加入民盟或“职教社派”。抗战胜利后，民主社会党主席张君劢曾邀他赴北平

办报，但前提条件是必须加入该党。俞颂华坚守信念，仍旧未允，始终保持新闻记者超然独立的身份。

《大刚报》编辑、俞颂华的属下严淮冰，在《一代报人，寂寞长逝——俞颂华先生的生平》一文中写道，俞颂华先生自幼就是一个职业记者，靠应得的收入养家糊口，在这一点上，与名报人张季鸾先生不同：张先生是《大公报》的老板，有事业在手，意志比较自由，生活上不受任何威胁；而俞颂华一向做伙计，虽然有意志的自由，但只有在报社老板与他的意见相接近的前提下，始能合作下去。所以，俞颂华 30 年以来，是在"合则留，不合则去"的情形下由这家报馆到那家报馆，为了坚持自己的主张和信念，甘愿受尽生活上的磨难。

俞颂华有两句座右铭："欲除烦恼须忘我""各有因缘莫羡人"。晚年的他两袖清风，一身是病，假若看重"我"的存在，他就根本失去了生趣。所以，他以"忘我"的精神，忘掉身体上的痛苦，强作挣扎，拼命工作。以早年的成就和社会关系，他完全可以飞黄腾达，但却因看清了"因缘"二字，对那些和他同事甚至是曾当过他的助手的朋友，一个个高官厚爵，成了汽车洋房阶级，他从不羡慕。抗战胜利后，他借住在上海亲戚家的亭子间中，仍斩钉截铁地说："30 年前，我是不妥协，30 年后，我虽然贫病潦倒，我还是不妥协。就这几根老骨头，是要硬到底的！" 30 年的沧海桑田，而俞颂华坚守着自己钟爱一生的新闻事业，一直为时代的号角。

生活清贫　平易近人

俞颂华的太太在上海某银行做事，儿子俞彪文在上海中央信托局工作，女儿俞湘文在常熟教书，女婿葛思恩是俞颂华的“得意之作”,政治大学新闻学院毕业,衣钵相承。按常理讲，这个家应该相当于现在的小康之家了，但因俞颂华体弱多病，全家收入的大半都用于诊病吃药上了，所以他们一直过着清贫的生活。

俞颂华生活淡泊，安贫乐道，对于衣衫也从不讲究。葛思恩回忆说,1946年冬天,俞颂华的大衣破烂不堪而无力添置，幸而后来俞庆棠女士赠他一袭，才得勉强过冬。但他却有公无私，一丝不苟。在《申报月刊》《申报周刊》时代，凡举行座谈会、招待会，他都是自掏腰包，不开公账。

在重庆时，虽然俞颂华的背已经弯成45度，但为了生活，还得工作下去。担任《国讯》的主编时，因收入微薄，他参加集团的大伙食，饭菜令人难以下咽，但他却不以为苦。他夫人为增加收入，为他加点营养，后来不得不出来工作，他的儿子白天做事，夜晚读夜大，自食其力。在这种艰苦的情形下，每当别人问及他的经济情况，他总是怒目以视，不要身边的人谈及此事，他说：“我是可以活下去的！”

俞颂华对于自己的学生不仅在工作上、学习上尽心指导，生活上也是至为关切。一个失去健康的人更知健康的宝贵，所以，他总是对学生多方照顾，以免他们重蹈自己的覆辙。

严淮冰回忆说：

> 记得为了我少吃酒，曾当面使我的一些酒友难看。为了使我有足够的睡眠，便更是一早就坐在房门口，不论任何人，一概不准来打扰我。关于我与严问天兄的婚姻问题，他老人家也常常操心。记得我与我妻刚认识的时候，俞先生就担任我的恋爱顾问。每天晚上归来，他总要对进行情形垂询一番，并且告诉我第二天的步骤。我本是情场的失败者，果然，这次在俞先生的指导下，我圆满地完成了婚事。

俞颂华的友人谢在田在《哭俞颂华先生》一文中记述道，学生来访时，俞先生总是一脸笑容地热情招待，先送过来一支烟，再用顶好的茶叶沏上水。他很健谈，学生说的时候少，听的时候多。他说的告一段落，就笑着问，你看我说的对不对。问过了又笑。谈得高兴，上午谈过，下午再来。谈的小半是时局，大半是为人处世的道理，有时也谈他自己的经历，娓娓道来，不知疲倦。关于时局，他总是叹息，因为现实生活多是事与愿违。到后来，他说得越来越少了，终至三缄其口。他劝学生们多研究，少发表意见，总要学生“把握时间，努力读书”。对于学潮后离院的学生，他嘱咐他们不要进报馆，最好去教书。他认为，在当年的形势下已经无报可办，清一色的论调，进了报馆势必要做违心之论，不如教书自修为好。

香港沦陷后，撤退下来的文化人，多集中在桂林，桂林也被称为“文化城”。这期间，他拖着病体，夜晚忙于《广西日报》的编辑工作，白天还要去科学书店策划该店的出版工作。他常说，报人是直接对读者负责的，所以，他不愿放弃任何可为读者服务的机会。陶行知先生是由大学办到小学，越办兴致越高；俞颂华先生是由大报办到小报，越办越有劲。

在衡阳主编《大刚报》时，是俞颂华相对安逸的一段时间。他的月薪2000元，是社长的五倍，同事们对他都很敬重，很少让他上夜班。但他住在报社，卧室就在编辑室的隔壁，半夜醒来常跑到编辑部，大家总设法让他安心，要他提早回去睡觉。尽管在这段时间，俞颂华的病症没有加重，但由于没有及时医治和疗养，也未见好转。晚间，他躺在床上，每一翻身，因腰酸背痛，情不自禁地惨叫，异常痛苦，就像囚犯受刑一般。听到这种声音，同事们都觉得，活着对于他来讲，实在是一件苦事。

晚年因为身体原因，俞颂华改在苏州从事新闻教育事业，但仍念念不忘办报。他常与人说，等我身体恢复后，还要回到南洋去办报，可惜他的希望终未实现，饮恨而终。

积劳成疾　忧愤而逝

1918年留学回国后，俞颂华曾患过一场大病，医生建议将他的右手开刀，他坚持不答应，并说，日后写字的工作，将全靠右手。

抗战爆发后，俞颂华开始了颠沛流离的生活，工作环境和生活条件让他的身体每况愈下。特别是到了香港后，俞颂华的工作吃重，精神压力大，俞夫人又不在身边，在生活上缺乏照料。他自己也认为，身体的坏就是从那时造成的。香港逃难，黔桂流亡，及至重庆与夫人见面时，欲作根本挽救，但为时已晚。以致刚过五十岁，他便已是老态龙钟了：背弯了，耳聋了，眼花了，牙也掉光了。为了生存，他不但得不到休养，还要拖着百病身体，竭其最后的生命力，继续工作。他吃的是青草，挤出来的奶，一个人生命有限，最后自然有干涸的一天。

抗战胜利后，俞颂华认为，总该过些好日子了，精神上不再遭受恐惧，物质上不虞匮乏，首先要把自己的身体调养好。说着，他天真地挺了挺那已经弯曲变形的胸部说："我还可以再好好干十年嘛！"因此，当陈礼江请他去国立社会教育学院开办新闻系时，他很高兴地答应下来。他计划用四年的时间，一面养病，一面训练干部，身体恢复后，他便可以带着自己亲自训练出来的青年，一同赴南洋开发这块文化的处女地，创办一份像样的报纸。

国立社会教育学院位于苏州拙政园内，俞颂华住在园内的教职员宿舍内。清水、池塘、杨柳、荷花，环境很好，但糟糕的国事却让他的心绪无法好起来。战乱频仍、物价飞腾的残酷现实击碎了他的美梦。1947 年 5 月，上海、南京、北平、昆明等地学生发动"反饥饿、反内战、反迫害"斗争，学院学生积极响应，他也为学生捐款。但院方听命于国民党当局，勒令30名学生退学，眼见新闻系自己的学生默默地离院，他受到的刺激很大，肺病一下子加重，竟然吐血了。更使他难过的是学院新闻系不能完全贯彻自己的计划，他要聘请的刘尊棋教授，院方未能通过，而学校聘请的教授，学生又不欢迎。心灰意冷的他绝望地说："我的事业计划只有老虎（俞颂华儿子的乳名）来完成了！"言罢，老泪纵横。

署名明心的作者在《颂华先生逝世前的情况》一文中记述了俞颂华的最后时刻。双十节的前一天，作者从上海赶到苏州看望俞先生。在教职员宿舍里，看见他一个人孤寂地躺在病床上，身边只有一个临时雇用的老妈子。他的太太和孩子都在上海工作，不能常来看他。他的肌肉瘦弱得很厉害，吃粥需要人喂，小便也要人把便壶拿到床上，他已经没有力气再支撑着坐起来了。听说校医每天过来给他打针，作者就劝他应该住进医院，一切医疗护侍可以方便些。俞先生有气无力地回答说，住医院就得预缴保证金一百万元（实际上这个数目是公家医院最少的了），像我这样的穷苦公教人员，又哪里来这许多钱请特别看护呢？所以，只有请校医给我诊疗了。作者听后，心中一阵酸楚。病榻上的俞先生仍关心上海方面一些朋友们的近况和有关文化出版的情形，言谈之间，他总是喟叹："民生太苦，仗是不能再打下去了！"他感慨时艰，关心世变，但身处病榻，无能为力，惟剩叹息了。看到俞先生的身体这样糟糕，作者沉默着不敢多言，只是安慰他好好地静养，早复健康，但心中却想，这样地养法，怎么能够早日康复呢？

两天后，作者又约了朋友搭早车一同来苏州探望俞先生。在列车上，买了一份《大公报》翻开阅读，竟然看到了“国际问题专家、现任国立社教学院新闻系主任俞颂华，因平时积劳过度，患病多年，卒于11日晨10时零8分病故”的消息。

各界痛悼　拷问政府

俞颂华病逝后，遗体厝于昌善局殡仪馆，1947年10月12日下午4时举行大殓。11月2日上午10时，在苏州东北街上的国立社会教育学院大礼堂，隆重举行俞颂华追悼会，除该校全体师生参加外，各界代表及俞先生生前友好近千人前来致奠。为纪念俞颂华从事新闻事业30年，其生前友好出资设立“俞颂华新闻奖学金”，以资纪念。追悼会后，将其遗体葬于苏州城胜地灵岩山上，以期使后人览胜凭吊。

1947年11月，国立社会教育学院、商务印书馆、江苏省立教育学院、《东方杂志》社等单位，江问渔、王芸生、张东荪、潘光旦、周诒春、叶圣陶、朱经晨、章乃器等90人，在上海发起成立俞颂华追悼会委员会，12月1日下午2时，在静安寺隆重举行追悼会。

《大公报》《申报》《国讯》等报刊纷纷刊登消息和追思文章。梁漱溟的《悼念俞颂华先生》、黄炎培的《新闻界之释迦牟尼——俞颂华先生》尤为真切感人。报人王芸生撰挽联：“有德有言不朽，无党无派而终。”黄炎培的挽联是：“既痛逝者，行自念也；不有君子，其能国乎？”1947 年 12 月 15 日《人物杂志》的“颂华先生逝世纪念特辑”，刊登了葛思恩的《悼先岳俞颂华先生》，严淮冰的《一代报人，寂寞长逝——俞颂华先生的生平》和阴心《颂华先生逝世前的情况》等文章。

在诸多追思文章中，有的表达了亲人、学生对俞颂华深深怀念之情。陈礼仁在《悼俞颂华先生》一文中写道，8 月以后，俞先生几度吐血，于呻吟床褥之际，犹急急地物色优良教授，拟订教学计划，其忠于职守之精神，诚可谓鞠躬尽瘁。俞先生刚正而遇人和淑，视学生如子侄，爱之以至诚。因此，学生痛哭失声，同仁无不暗自神伤，泪如雨坠。有一位学生写道，我衷心地敬爱他，视他如父亲一般，我的悲痛亦不仅止于师生之情。我不但是为了个人失掉一位敬爱的良师，也不单是为了新闻系失掉了一位系主任而痛苦，为了目前负他生前的教训和期望。

有的文章在对俞颂华的不幸遭遇叹惋的同时，更在追问他英年早逝的原因，矛头直指国民政府。吕竹的《敬悼报人俞颂华先生》写道，抗战胜利后，虽然俞先生一家均在工作，但工薪的收入远远不及飞腾的物价。俞先生月薪不足百万元，平素的诊病吃药皆由夫人省吃俭用地供给。“余惜俞氏早逝，报界无穷损失，社会无尽损失，而今日之社会有责任焉？”储裕生在《敬悼俞颂华》一文中拷问：“以他这样一个有学问又正直的人，社会上竟不能好好地保养他，让他受着凌霜傲雪的欺侮，这是谁的责任呢？”

严淮冰在《一代报人，寂寞长逝——俞颂华先生的生平》则将俞颂华的死归结为一代文化人的悲剧。社会没有给他以应有的同情，对于一个有成就的文化人，在任何一个国家都是没有这种漠不关心的现象。俞颂华的逝世，可以说是国家战乱悲剧下的牺牲者，他是社会对有成就的文化人的缺乏保障制度下的牺牲者。今日烽火连天，社会现象更加反常，俞颂华忧愤而终，不过是文化人悲惨下场之一例而已。

政坛学究梁寒操

素有“老学究”之称的梁寒操，在国民政府的官员可算是多才多艺、文人本色的杰出代表。称他为“老学究”并不

1935 年第 105 期《良友》中介绍梁寒操

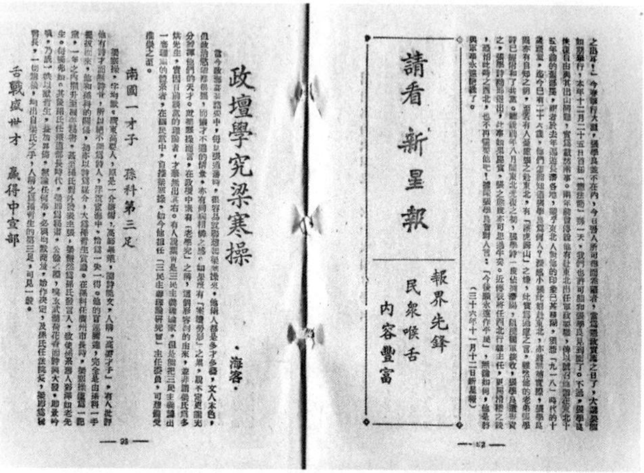

（三十六年十一月十二日新星報）

請看新星報

報界先鋒
民衆喉舌
内容豐富

政壇學究梁寒操

·海客·

南國一才子　孫科第三足

舌戰盛世才　贏得中宣部

是说他是糊涂迂腐的“冬烘先生”，而是盛赞他在民国时期是一个宣讲三民主义的理论家，其才华当时无人能出其右。他曾任三民主义理论研究会的主任委员。1947年12月《中国内幕》第二期中海客的《政坛学究梁寒操》一文，讲述的是这个老学究在政坛上的故事。

梁寒操，字均默，广东高要（今属肇庆）人，高师毕业，能诗能文，擅长书法，人称“高要才子”。有人批评他有诗才而无诗骨，所以不能成为真正的诗人。浮沉宦海中，恰为一失一得。他曾一度官运腾达，由孙科一手提拔。他和孙科的关系，初亦以诗为媒介，其诗人气质大为孙科赏识。孙科任广东市长时，梁寒操初仅为一记室，一年之内已擢升至机要秘书。孙对外发表主张时，也请梁为发言人，就连孙系旧人邓泽如老先生也是自叹弗如。此后，孙任铁道部长时，梁仍为秘书。

工作之余，二人常到玄武湖走走，嗅着荷花的香气，梁不禁诗兴大发，即景吟哦，乃成一帙，以献哲生（孙科字哲生）。自此，遂成莫逆。孙益加倚重梁，无论大事小情必与梁商议后始作决定。孙任立法院长后，梁仍为秘书长，孙的一切讲稿，均出自梁之手。毫不夸张地说，孙的一行一动，均有梁如影随行地伴其左右。因此，时人称梁为孙的第三足。

梁寒操在广州时，曾穷研胡汉民册籍，对胡的理论多有阐发，对三民主义更有独到解释，人所共知，他是国民党中少有的理论家。1942 年秋，盛世才任新疆边防督办，对国民政府阳奉阴违，与苏联若即若离。中央人员在新疆境内屡有人被幽禁，新疆成为既恐怖又神秘之地。国民政府乃派大员做西北巡视，蒋介石夫人宋美龄偕朱绍良赴新疆视察，梁寒操同行。及至迪化，盛世才招待甚殷，但言语中却多傲慢。酒席宴前，就三民主义是否即为赤化的问题，梁与盛展开了激烈舌战，未分伯仲，遂转战盛公馆，辩论整整三个昼夜，盛终被说服，亲送梁于门外，连称“某今乃茅塞顿开”。盛世才的归顺给国民政府带来了极大的向心力，大后方的大批青年志士偕家带眷飞赴新疆，一度出现“新疆热”。因当时有汉回不通婚之旧例，为避免引起种族摩擦，故申请赴新疆的青年，有妻室者方准。据说还有另外一个作用，即盛世才接受中央人员前往，还附加了一个条件，不许在此做新疆人的“工作”，带家属俨如“人质”性质。梁寒操正是因为此行的成效，得到蒋介石的肯定。更有人说，梁是因为得到了蒋介石夫人的帮助，后来才赢得了中宣部长的宝座。

但实际上，梁寒操在宦海中并不得意，名与利仅得到前者。除了长期做孙科的幕僚外，任职中宣部长，是他初次做独当一面的官。但是抗战期间的中宣部长,比后来要难上几倍。一方面为国民党与政府宣传，另一方面还要掌握极强的外交政策。以梁的才华，做这个受累不讨好的差事，自然不合胃口，任职不及数月即改调海外部。海外党务无疑是个闲缺，梁又有抑郁不得志之感。时国民政府正在发起知识青年从军上前线的运动，梁竟突发奇想，首先在从军册上签名，志愿当老兵一名。翌日，国内各报竞载《海外部长梁寒操当兵》的新闻，梁因此声名大振。但是也有人说他是标新立异，个人炒作，讥之为沽名钓誉。据说，梁当时曾收到一封怪函，函中多有冷嘲热讽之语。梁阅后愤而辞去海外部长，大有“真实从军、童叟无欺”之慨。怎奈，兵役署认为梁已超过 45 岁标准，不合兵役年限，遂未准从军。于是，堂堂的海外部长想当一名小兵而不得的故事，一时成为政坛上的一段笑谈。

尽人皆知，梁寒操是太子派的红人。但梁既为才子，各方自然也要拉他入伙。梁是一个聪明人，在孙科抑郁不得志之时，他也曾一度向陈立夫、陈果夫暗送秋波，更与政学系的人眉来眼去。论政治水平梁可称深厚，惟文人潦倒，自古已然。可叹梁寒操在民国时期并未正式当过一次家，做过一次真正的主人。1947 年，罗卓英位置不稳时，梁曾一度有主粤的呼声，但终究未成事实。

太子派力争上游，孙科眼见党中元老尽数凋零，以正统国民党继承人自居的孙科态度大变，开始倡导革新运动。制定了一个紧急计划：一、竭力革新国民党运动；二、扩大本系组织。关于第一项工作，实际即由梁寒操负责，拟定一个具体计划“党政革新运动”，期使此运动成为各地方的一种组织。梁多方奔走，各地设座谈会，创办《革新》杂志，大声疾呼：“国民党要走活路，不要走死路！”但事实证明，这个革新运动的作用不是很大，只是国民党披上一袭新衣罢了。

齐白石点化张道藩

画家齐白石为人耿直孤介、不媚权贵，少与政府官员往来。但 1947 年底，他在南京举办画展时却意外收徒国民党政客张道藩，并在国府路（今长江路）香铺营文化运动委员会上演了一幕拜师大典。有人认为张道藩真的是对艺术有着至

1936 年 1 月，张道藩在南京宴请戏剧界闻人，右起前排俞珊、欧阳予倩、白杨，后排田汉、应云卫、张道藩、唐槐秋、余上沅、洪深、马彦祥

大的热忱而弃政从艺，也有人认为齐白石与张道藩有着什么幕后交易，更有人认为张道藩的政治目的远远超过了艺术欲望。张道藩确也曾研究过戏剧，导演过戏剧，但拜师一幕的背后却有着一段鲜为人知的故事。今天笔者通过 1947 年 11 月《中国内幕》中《齐白石点化张道藩》一文的资料，旧事重提，意在使读者体味国民时期政坛宦海的内幕，判辨艺术与政治的分野。

木匠出身一生本色

齐白石，原名纯芝，字渭青，号兰亭，后改名璜，字濒生，号白石、白石山翁、白石草人、白石老农、龙山社长、借山吟馆主者、寄萍堂上老人、三百石印富翁、木人、木匠王等。生于湖南湘潭的白石村，先世业农，幼年家境贫苦，连私塾都不曾读过，30 岁前全靠做木匠过活。后因改习雕刻木板花纹，他才有机会和《芥子园画谱》接近。他以卓越艺术的天才，不断地努力进取，一面研习国画，一面从事金石学习，屡有佳作问世，声誉鹊起。他的画最先被军人郭葆生赏识。郭葆生是齐白石的同乡，清时官至军门，雅好书画，待齐白石甚厚。齐白石从此有了一个研究艺术的好环境。其后他随郭葆生出游广州、桂林等地，视野阔达，交游益广。夏午诒主政陕西时，曾有爱妾姚无双，酷爱书画，久仰齐白石大名，愿得亲传。夏午诒遂邀齐白石赴陕西教画。

(8)

齊白石與張道藩

藝術是一件艱苦的工作，從事藝術的人，須要懷抱清高，心志淡泊，這豈是熱中政治的人如張道藩所能一心一意從事的工作？張之拜齊為師，實在是由於一時的外感，而非基於對藝術有至大的熱忱。

·默 廬·

中華全國美術會理事長張道藩所主持的國慶美展，已於日前閉幕了。由於這次美展把齊白石近作的一幅牡丹掛在最顯著的地位一事，使人聯想到齊白石和張道藩的關係。

留心時事的人們，或許還未忘記去年齊白石由平來京，張道藩在國府路香鋪營文化運動委員會所演的一幕拜師典禮。當時，也許有人以為張道藩眞有意從事藝術，其實不然。現在不妨舊事重提，略論齊張關係。

就齊白石的性情說，根本就和張道藩是兩樣。齊性孤僻、好靜、山林氣習最深，厭惡政治生活，以圖畫爲其終身事業；張性活躍，富領袖慾望，以藝術爲其活動的工具。這些不同的特徵，可就他們兩人所做的事，找出一些實例。

齊白石平民出身，他生長在湖南湘潭的白石村，先世業農，並沒有顯赫的人物，因此他幼年家境貧苦，連私塾都不曾進過，一直到三十歲，完全靠做木工過活。後來因改習雕刻木板花紋才有機會和芥子園畫譜接近，他利用其超過的藝術天才，再加上繼續不斷的努力，對國畫有了長足的進步。同時，他一面習國畫，一面從事詩文和金石的學習，更具備了一般國畫家所應該具備的條件，三十歲以後，在湘潭已很有名了。

他的畫，最先被他的一個同鄉軍人郭葆生賞識，郭在滿清時，官至軍門，爲清末名將郭松齡的兒子，雅好繪畫，並且自己也能畫。他回湘潭時，聽到齊白石的畫名，便請人去找齊氏和他見面，一見之下，立即情投意合，可是郭是一個赫赫有威的軍官，而齊卻是一個鄉氣十足的寒士，怎樣會發生友情呢？好在郭對齊非常體諒，齊氏不喜歡多見賓客，郭就另覓一靜室讓他獨居；齊不喜歡和軍人混在一塊吃喝，郭就指定一衛士專送飯菜茶水，在這樣的環境下，齊對藝術更有修養。

他認識了郭葆生以後，不久就隨着郭出遊番禺、桂林等地，不僅胸襟日見開擴，而且交遊益廣，夏午詒在陝西作官時，他曾被邀到過陝西，夏午詒有愛妾姚無雙，頗能寫畫，齊就在夏府作西賓，這時，他已經有了錢，不像做木匠時那樣窮了。夏午詒爲了愛護他，以爲他既不是科第中人，又不是政治舞台上的人物，不免遺憾，便勸他拿出所有的錢捐一個分縣，他傲慢地說：「我要捐個分縣做什麼？況且我現在沒有幾個錢，卽使有了錢，回到故鄉，買山一所，買田幾畝，教兒子們種田去。」夏午詒終無法引誘他走上官途。

過了一些時，他應樊樊山之約，到了北平，以後便長時期住在北平。首先住在法源寺裏，後來方以賣畫的錢買了西城跨車胡同十五號的房子。他住在那裏，閉門謝客，專事繪畫，很少與時人往來，就是有名的書法家曾農髯也曾吃過他的閉門羹，他的詩，曾有「一旦得三過不開門」之句。楊仲子接長北京藝專後，就請他擔任國

齊白石與張道藩

1947 年第 2 卷第 4 期《周末观察》刊文《齐白石与张道藩》

在陕西期间，齐白石名利双收。1902 年应樊樊山（即樊增祥）之约来到北平，此后长期定居于此。齐白石虽获“当代唐伯虎”美誉，但并不以出身木匠为低微，故常在自己画作上钤“老木匠”章。

如果说“文人忘形”，那么作为一个艺术家的齐白石更多怪癖。据说，有一次他搭乘飞机去南京，唯恐飞机失事，曾

先立下遗嘱，后被友人知晓，一时传为趣闻。1927 年杨仲子执掌北京艺专时，邀请齐白石担任图画教授。任教后，齐白石深感受课程和时间的制约，多有不便，不久便辞职了。杨一再派人将聘书送至齐宅，齐则一再退回。后来杨将聘书改由邮局寄去，齐仍原信原路退回，并在信封上写了“齐白石已于某月某日死去矣”等字。

正如他的木匠出身，齐白石绘画和为人仍然保持着朴实的作风。有些人说他过分吝啬爱财，但有一次齐白石屈于某位高官的淫威，被迫为其刻了一颗图章，高官遣人送来纹银百两以为报酬。齐接钱后，马上赏给来人作为酒资，充分体现了他孤傲清高的本性。

1947 年底，齐白石赴南京举办画展，行前曾郑重声明:“我到南京、上海，第一个条件就是不拜会任何达官贵人。”到了南京后，除蒋介石召见时，齐白石曾在宪兵司令张镇的陪同下去过黄埔路官邸外，其余未曾踏过任何达官贵人的门槛。及至齐白石收下张道藩为门徒后，再次引起世人的猜测。

政治失意　沽名钓誉

张道藩，贵州盘县人，出身书香门第，自幼发奋读书，1916 年考入天津南开中学，1919 年西渡英国，1921 年入伦敦大学大学院美术部就读，1922 年加入国民党，后成为 CC 系骨干人物。他历任广东省政府秘书、贵州省党务指导员、国民党中央组织部秘书、南京市政府秘书长、中央组织部副部长等职。

张道藩是一个政治狂热人物。抗战胜利后，他卸任中央宣传部长、海外部长后，只有一个中央文化运动委员会主任委员的闲散职务。据说，1946年国民政府最高当局曾许给他一个南京市长的职位，谁知南京市长马超俊下台时，张道藩母亲去世，他只得赶回贵州料理母丧。待他重回南京时，市长的宝座已被黄郛的内弟沈怡捷足先登了。张道藩一时情绪低落，心灰意冷，满腹牢骚无处发泄。就在这时，听说齐白石要来南京办画展，他便重振精神，决心“弃政从艺”，并宣称专心从事艺术，身体力行，提倡尊师重道的风气。

语讥弟子　官气误人

1936年，经清华校长梅贻琦介绍，张道藩曾赴北平得与齐白石相识，曾欲拜师，但遭婉拒。此次，张道藩对齐白石大献殷勤，阻拦记者和官吏们的打扰，凡事亲历亲为，一切安排周到备至。听说齐白石身体有恙，张遂请金陵名中医张简斋专为齐搭脉看病，并请托已故国民政府前主席谭延闿的女儿谭祥和国民党元老程潜身边的秘书长萧作霖出面，向齐白石二次恳请拜师。齐白石见事已至此，只得做个顺水人情。

张道藩获知后，欣喜若狂，广泛宣传。拜师前，他向书画界、政界、军界、学界、新闻界等社会各界广发观礼请柬，竟然还向蒋介石递上签呈。如此这般，明眼人一看便知，他的拜师之举，完全是一时失意的牢骚表现，哪里是有志于艺术啊！

艺术是一件艰苦的工作，从事艺术的人，须要怀清抱高，心志淡泊，如不能摒除名利二字，实难进入艺术之宫。张道藩是以政治为背景的艺术热，自然不能博得闭门谢客、懒见要人的齐老师的同情。齐老师已是七八十岁的人了，怎能洞悉不到张弟子的真性情。所以，当张道藩拿出自己画的葫芦和贵州的特产植物请齐老师题跋时，齐老师挥毫写下了："道藩弟初学作画，气魄雄伟，能舍胭脂……惟恐官气误人雅趣耳！"齐老师又应张弟子之请，在一本所谓"时贤墨宝"的折子上写上一首诗："门前池水清，未有羡鱼情。鱼亦能知我，悠然逝不惊。"诗外之意，读者一望而知。

了解了上述内幕，读者便可以知道张道藩并不是为了追求艺术而师事齐白石。那么，齐白石也就不会在意这位以艺术为手段、以政治为目的的新进弟子了。因此说，他们两人之间的关系，只是一次偶然的遇合而已。

张伯驹的收藏生涯

张伯驹生长在官宦之家，曾入军界，搞过金融，扬名于诗词、文物，是中国近代著名的诗词家、书画家、收藏家和戏曲艺术家，与张学良、溥侗、袁克文并列为“民国四公子”。他收藏书画 30 载，藏品以质优量大而闻名遐迩。其中晋代陆机的《平复帖》是我国传世书法作品中年代最早的一件名人手迹，隋代展子虔的《游春图卷》则是传世最早的卷轴画，也是我国最早的独立山水画。

30 年收藏生涯从天津起步

张伯驹，生于 1897 年，字丛碧。其父为曾任直隶总督、盐业银行董事长的张镇芳。他自幼随父来津，天性聪慧，7 岁入私塾，9 岁能诗文，曾有“圣童”之誉。15 岁时与袁世凯的几个儿子同在天津新学书院就读。毕业后，在袁世凯的陆军混成模范团骑兵科受训，由此进入军界，先后在军阀曹锟、吴佩孚、张作霖等部任职，与当时的达官贵人多有往来，但从不趋炎附势。也正是与高层人物的频繁接触和交往，让他了解了许多鲜为人知的官场内幕，看清了社会的黑暗与腐败。为此，他从内心厌倦了军旅生活，遂不顾双亲和友人的反对，毅然退出军界。

20 世纪 20 年代，张伯驹在丛碧山房寓所

退出军界后，张伯驹把自己的兴趣完全转移到了陶冶性情的文化艺术活动上来。他利用优厚的家庭条件，在家藏的古典文史书中寻找到了一方驰骋的天地，各种古书典籍陪伴他送走了无数个日日夜夜。他乐于和文人雅士们交往，一起歌吟畅咏，填词作画。

张伯驹收藏生涯始于 1927 年，止于 1957 年，历时整整 30 年。1924 年末代皇帝溥仪被逐出宫后移居天津日租界张园，生活窘困，以出卖书画维持生计，为向银行借钱，曾将数十幅书画抵押于天津盐业银行。当时张伯驹正在天津，见到了这批国宝，平素擅长书画的他一下子就被吸引了，出资购买了《姚山秋霁图》《三友图》《观梅图》《五清图》《山水》等传世名画。可以说，张伯驹 30 年的收藏的生涯正是从天津起步的。此后，他又陆续收藏了唐杜牧《张好好诗》、宋范仲淹《道服赞》卷、宋蔡襄《自书诗》卷、宋黄庭坚《诸上座》卷、宋吴琚《诗帖》卷、元赵孟頫《草书千字文》等书画珍品。但张伯驹平生最得意的藏品还是号称天下第一墨宝的《平复帖》和天下第一名画的《游春图》。

《平复帖》是西晋文学家、书法家陆机所写的一封信札，是中国现存的最古老的一件名人墨迹，有1700多年的历史，比王羲之的《兰亭序》还要早上60多年，历代收藏家都奉之为至宝。宋徽宗亲自书写标题“晋陆机平复帖”。信札卷后有董其昌、溥伟、傅增湘的跋文，上面还有唐殷浩、梁秀藏印，宋“宣和”“政和”双龙玉玺，以及明代韩逢禧父子，清代梁清标、安岐、载治等人的几十方鉴藏印，可谓是朱印累累，满卷生辉，被天下视为“墨皇”，辗转流传落在了恭亲王奕訢的孙子溥儒手上。

20世纪30年代初，在湖北赈灾书画展览会上，张伯驹第一次见到《平复帖》后，便开始苦心孤诣地设法把它买到手。他辗转托人找到收藏此帖的清恭王府袭爵将军溥儒，婉转表达了要买此帖的想法。溥儒开出的20万大洋的天价却又让张伯驹不得不知难而退。1936年，当听说溥儒收藏的唐代著名宫廷画家韩干《照夜白图》卷画被专做洋人生意的上海画商叶某买去，正欲售往国外时，张伯驹立即写信给时在北京主政的宋哲元，试图阻止这笔生意，但为时已晚，该画已被一个英国商人带出国境。张伯驹惟恐《平复帖》也遭此厄运，遂通过张大千提出愿以 6 万大洋收购此帖，但溥儒仍未答应。1937 年初，张伯驹应故宫博物院之邀来京鉴定古代字画。春节前夕，获悉溥儒的母亲病故急需用钱，执着的张伯驹通过好友傅增湘第三次与溥儒洽商，双方经过一番讨价还价，终以 4 万大洋成交。

张伯驹收得《平复帖》的消息很快传到几个深知中国文物价值的日本人的耳朵里。他们通过古董商找到张伯驹，声称愿出 30 万大洋高价收买，被张伯驹严词拒绝。抗战期间，北平沦陷，张伯驹携眷入秦，为安全计，将《平复帖》藏在衣被之中。他们全家虽颠沛流离数载，但《平复帖》却仍安然无恙。1941 年，张伯驹被土匪绑架，绑匪索价 300 万元（伪币）。面对生死的紧要关头，张伯驹却对家人说，我的收藏是我的命，我死了不要紧，字画一定要留下，你们绝不能卖掉字画换钱来赎我，那样的话我不出去！就这样，张伯驹与绑匪僵持了近 8 个月，他宁可被撕票也不肯变卖一件藏品的信念始终没有动摇。

1937 年，张伯驹的夫人、画家潘素在上海

直到绑匪妥协，将赎金降到 40 万。张伯驹的家人经多方筹借，才凑足数目将张伯驹救出。

《游春图》是隋代展子虔的山水画，它是保留至今年代最早的绘画作品，画上有宋徽宗赵佶的题签和清乾隆皇帝弘历的题诗，可与凡高的《鸢尾花》、达·芬奇的《蒙娜丽莎》相媲美。此画一直深藏皇宫，后被溥仪携至长春，流落民间，被北京琉璃厂玉池山房的老板马霁川购得，欲以 800 两黄金出售。当时战乱频仍，国家凋弊，能够出此高价购买的只有外国人。张伯驹深知《游春图》随时有流落到海外的危险，遂游说故宫收购此图。然而故宫当时经费困难，无力购买。张伯驹只得硬着头皮找到文物商，晓之以理，动之以情，力陈《游春图》是国宝，无论如何不能流失国外的朴素道理。画商终被他的拳拳爱国之心所感动，降价至 220 两黄金。为了凑足这笔钱，张伯驹只得忍痛割爱，卖掉了弓弦胡同占地 15 亩的似园，凑足了 220 两黄金交给了马霁川。但马霁川却借口金子成色不佳，要求再追加 20 两黄金。最后，还是张伯驹的夫人变卖了首饰换得 20 两黄金。手中捧着来之不易的《游春图》，张伯驹不禁潸然泪下。他名其居为“展春园”，自号“春游主人”，以示纪念。

溥仪被赶出北京城时，带走了大量珍贵文物，宫中嫔妃及权臣也趁机偷走大量古玩字画。抗战胜利后，这些珍贵文物和古玩字画陆续出现在市面的古玩书画店中。张伯驹根据《故宫藏画目录》考定，在所失散的 1198 件书画中，有精品 400 余件。为了不使真迹国宝流失国外，张伯驹以舍我其谁的责任感，不惜倾家荡产，先后收购了数百件文物珍品。

但使国宝永存吾土

张伯驹为人淡泊，他收藏书画，不是为了发财，或是满足个人的癖好，而是为了传薪和光大中国传统文化。他曾在书画录里写道：“予所收藏，不必终予身，为予有，但使永存吾土，世传有绪。”这短短数语明确表达了他收藏的目的，也是他践行一生的座右铭。

张伯驹收藏的更为可贵之处，是他最终将收藏的珍品书画无偿地捐献给了国家。其中，李白的《上阳台帖》送给了毛泽东，后转归故宫博物院。1952 年，张伯驹先生将《游春图》捐献给国家，入藏故宫博物院。当时，文化部副部长郑

张伯驹抢救的展子虔的《游春图》

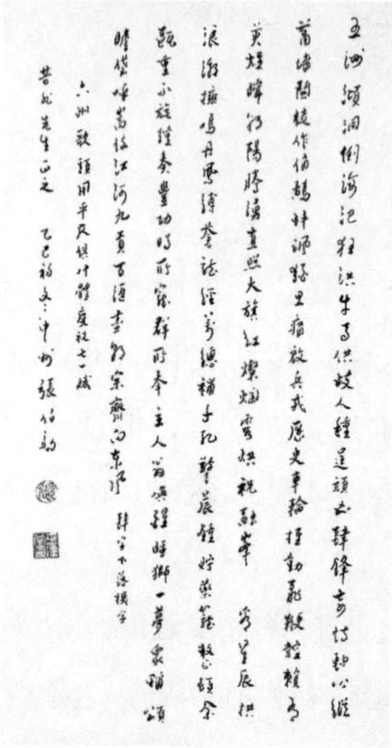

张伯驹条幅

振铎准备给一些报酬，张伯驹执意不肯接受，他说：“东西在我的手里，就是在国家的手里，我怎么能和国家分你我，一定上交国家，无偿捐献！”1956年，他将所藏的晋陆机《平复帖》、唐杜牧《张好好诗》、宋范仲淹《道服赞》、宋蔡襄《自书诗册》、宋黄庭坚《诸上座帖》、宋吴琚《杂书诗帖》、元赵孟頫《章草千字文》以及元俞和楷书帖等8件国宝级的书画捐给了文化部。当时的文化部部长沈雁冰签发了褒奖状，盛赞了张伯驹“化私为公，足资楷式”的义举。

1961年，经陈毅元帅介绍，张伯驹夫妇来到长春，张伯驹出任吉林省博物馆第一副馆长。4年后，他又将宋杨婕妤《百花图》、宋赵伯啸《仙峤白云图》、元赵孟頫《篆书千字文》、唐人写经《大般若波罗密多经》等30余件书画藏品捐献给了吉林博物馆。其中《百花图》是我国绘画史上保存下来的第一位女画家的作品。张伯驹曾说：“我终生以书画为伴，到了晚年，身边就只有这么一件珍品，每天看看它，精神也会好些。”但这样一件被他视为精神慰藉的作品，最后也毫无保留地捐献给了国家。

张伯驹先生的收藏，使一大批珍贵的书画避免了外流的厄运。今天，我们能够在故宫博物院、吉林省博物馆有幸目睹到一大批宋、元书画的真迹，应当归功于张伯驹先生30年的收藏，我们更应当向他表示最诚挚的感谢和崇高的敬意。

1982年2月26日，张伯驹先生在北京病逝，享年85岁。

木犀轩主人李盛铎

他出生于书香门第，世传藏书家风，四代藏书近 10 万卷，藏室“木犀轩”更是名动天下；他曾被世人称为“近代四大收藏家之一”“中国惟一大藏家”；他对所藏善本逐一校订，考证著者生平，记叙得书经过，介绍版本价值，编撰《木犀轩收藏旧本书目》《木犀轩藏书目录》等 10 余种藏书目录。他就是木犀轩的主人，我国著名收藏家、校勘家、版本家、目录学家李盛铎先生。

四代藏书　名动海内

李盛铎，字椒微，号木斋，1858 年生于江西九江。他自幼聪颖，勤奋好学，5 岁读四书作诗文，11 岁读《说文》《经典释文》及《四库全书总目提要》，12 岁就能写漂亮的文章，17 岁时即在江西文坛崭露头角，20 岁与归安石子韩宗建合编刊成《俪青阁金石文字》。他 1879 年乡试中举，1889 会试中进士，历任翰林院编修、国史院协修、京师大学堂总办、江南道监察御史、驻日本使馆公使等职。

辛亥革命爆发，袁世凯篡夺了大总统宝座，李盛铎被聘为大总统顾问，并先后担任了参政院参政、国政商榷会会长等职。在此期间，纂修了一部家乡县志——《德化县备考》，今科学院图书馆藏有其稿本。1920 年他退隐津门，从此不问政事，唯往来于京津书肆，一心收集古籍。

1931 年第 9 卷第 4 期《南浔铁路月刊》中李盛铎像

李氏藏书始于曾祖父李恕。李恕，字卉园，为清道光年间的贡生，喜藏书，并于道光初年在江州（今九江）谭家坂建书斋木犀轩，藏书逾 10 万卷，只可惜焚毁于太平天国的战火之中。李盛铎的父亲李明墀，字玉阶，号晋斋，九江府学廪膳生，以荫官知县，后改授兵部员外郎，官至湖南、福建巡抚，“生平好藏书，廉奉所余，辄购置经籍，所藏多至数十万卷”。著有《抚湘奏稿》《抚闽奏稿》《晋斋尺牍》等书。为将藏书家风传薪后代，李明墀常命李盛铎“搜集名家著述，有关经学、小学者汇刊丛书”，即李盛铎所辑刻的《木犀轩丛书》。自幼受家庭熏陶，耳濡目染，李盛铎遂继承祖业，12 岁开始购书，抄书、校书多部。出使日本期间，李盛铎结识日本目录学家岛田翰，在他的帮助下购买了大量日本、朝鲜的古刻本、旧抄本和一些中国流散到日本的宋元刊本。晚年寓津后，他的收藏事业步入黄金时期，宁波范氏、商丘宋氏、长沙袁氏等众多私家藏书，均被他收购庋藏，木犀轩藏书遂名震全国。

木犀轩是李氏藏书的总堂号。此外，李盛铎还根据古籍的不同性质分类收藏，分类后的藏室也都有堂号。如藏先代遗书之所称“建初堂”，藏御纂钦定图籍之所称“甘露簃”，藏先贤遗著之所称“古欣阁”，藏师友翰墨之所称“丽青阁”，藏写经及名人墨迹之所称“延昌书库”。而李盛铎著书之所称“凡将阁”，潜修之所称“师子庵”，与弟子讲学之所称“安愚守约之室”等等。

19 世纪末 20 世纪初，清王朝风雨飘摇、摇摇欲坠，大内档案库房由于年久失修而两次出现库墙坍塌事件。1909 年，为整修内阁大库，朝廷决定将所存大批档案移出库房全部焚毁。学部参事罗振玉奉派赴大库检取有关书籍，从中发现以满、蒙文字详细记载辽、金、元、明四代历史的珍贵史料，内容涉及“边务战事”的明代题本稿，清初开国要略，清代诸位皇帝的朱批奏折，以及与朝鲜、日本等国的外交档案等。学术造诣颇深的罗振玉马上意识到了这批档案极高的历史价值和学术价值，随即上奏朝廷请求撤销焚毁令予以妥善保管，清廷准奏后交由学部代为管理。

北洋政府成立后，这批档案改由教育部接管。1916 年，教育部决定成立历史博物馆，将其中较为完整的档案挑选出来放置故宫午门楼上，剩余档案装入麻袋堆放在端门门洞之中。1921 年，教育部、历史博物馆以经济拮据、经费紧张为由，将存放于故宫端门门洞内的大部分档案（约 15 万斤），装了8000麻袋，作为造纸原料，以4000银元的出售价卖给北京西单同懋增造纸店。翌年2月，当得知该纸店正在陆续出售这批档案时，罗振玉极为震惊，遂以原售价的3倍将其买回，运抵天津。

“八千麻袋事件”的发生，在社会上引起轩然大波，舆论鼎沸，北洋政府一度成了千夫所指、众矢之的。据说，当时政府也曾想从罗振玉手中收购回这批档案，清史馆也意欲收藏，但都遭到了罗振玉严词拒绝。然而，1924年，罗振玉却又如法炮制，将大部分档案以1.6万银元转卖给了李盛铎。李盛铎经过近一年的挑选，精选出部分珍贵史料收入木犀轩，将6万件档案献给了末代皇帝溥仪。其余部分则因其没有财力和精力整理而以1.8万银元转卖给中央研究院历史研究所。这批珍贵史料遂成为木犀轩收藏的重要组成部分。

在李盛铎数十年如一日的不懈努力下，散失多年的珍本、孤本也被他大海捞针般地收入藏室。《大定新编便览》二卷是极为罕见的星命古籍，近代众多藏书家的藏书目录中对它都没有著录。1917年春,李盛铎在一次偶然的机会购得其中的一卷。此后的日子里,他一直苦心孤诣地四处搜寻。功夫不负有心人，8年后，当终于觅到该书散失部分的踪迹时，他长途奔袭多个城市，最后终于在北京高价购得此书。多年的夙愿终于变成现实，他不胜狂喜，欣然题跋：“延津剑合，何其幸也！”

但李盛铎收藏古籍也并非一帆风顺，1893年任江南道监察御史时，他的扬州寓所遭受一场大火，200余筐藏书均被祝

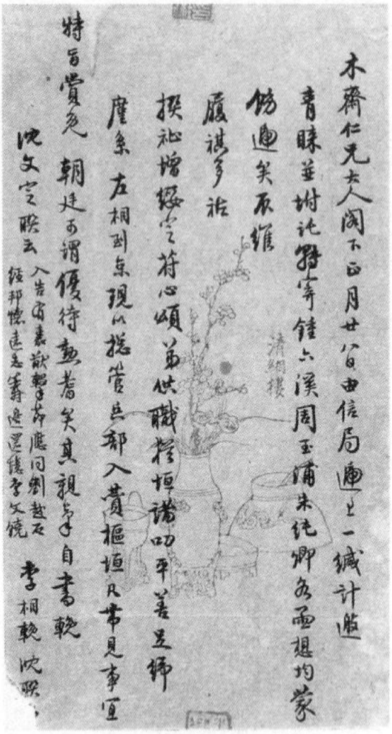

钱恂等致李盛铎书札

融所收，其中多为世间不经见的宋版书和明代珍本。这次灭顶之灾令李盛铎痛惜不已，大病数日。但不久，他即从心灰意冷中走出来，打起精神，重振旗鼓。

李盛铎耗尽毕生心血，矢志不渝地收藏古籍。至20世纪30年代，他的藏书已达9000余部、58000余册，其中宋元古本约300部，明刊本2000余部，抄本及手稿本2000余部。《太平圣惠方》《医说》《杨氏家藏方》《永类钤方》《孙真人备急千金方》等古代医学书籍均为我国罕见版本。由于他精鉴赏、富收藏的昭然成就，而与叶恭绰、罗振玉、傅增湘等共称中国近代四大收藏家，近代藏书家伦明称之为“吾国今日惟一大藏书家”。近代诗人黄秋岳（即黄濬）在民国著名笔记《花随人圣庵摭忆》一书中也给予李盛铎很高评价：“近日藏书，世称傅元叔丈（即傅增湘）之藏园，然以予所知，尚未逮李木斋先生之精。”

广交朋友　精于研究

李盛铎定居天津后，经常出入京津书肆，广交全国收藏界朋友，傅增湘、陶湘、周叔弢等近代藏书家都是他的座上客，时常向其求教。袁世凯的二儿子袁克文热衷收藏文物，金石、甲骨、古泉、古籍、邮票等均为他所爱，在很短的时间里就收得宋版书200余部。但他却博而不专，在广收博进的过程中难免会购得劣品、赝品，为收购真品、珍品，他特拜李盛铎为师，每次收购古籍时总要请李盛铎“掌眼”。从李盛铎为袁克文的藏书撰写了13篇题记中，也可略见他们师生友谊之一斑。

李盛铎是藏书家，也是校勘家、版本家、目录学家。他对所藏善本，皆逐一批订，或考证著者平生，或品译著述旨趣，或叙述得书经过、收藏源流及版本价值。所写“题要”“题识”计1500余条，约15万字。编撰《木犀轩收藏旧本书目》《木犀轩藏书目录》等10余种藏书目录。其中1916年，他为袁克文藏宋版两浙东路茶盐司刻本《礼记正义》所作题跋，首次提出了“注疏合刻于黄唐”之说，这一见解在版刻史上有着极其重要的学术价值。

古籍归宿不同

李盛铎晚境艰难，自1935年开始，木犀轩藏书陆续散出，或转让他人，或抵押于银行。1937年李盛铎因病去世不久，

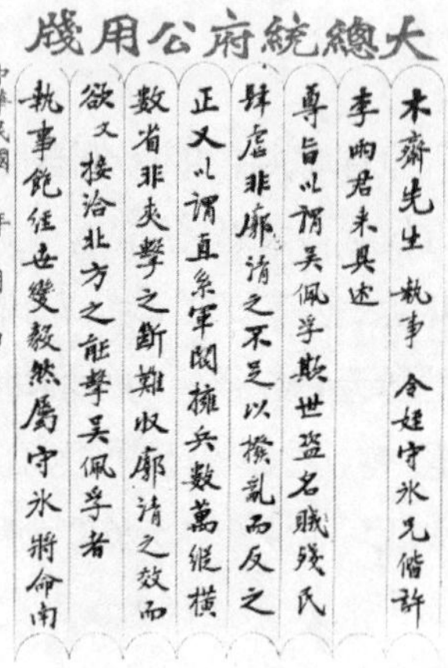

大總統府公用牋

第　頁

木齋先生執事　令姪守冰兄偕許李兩君來具述尊旨以謂吳佩孚欺世盜名賊殘民肆虐非廓清之不足以撥亂而反之正又以謂直系軍閥擁兵數萬縱橫數省非夾擊之斷難收廓清之效而欲又接洽北方之能擊吳佩孚者執事能任茲變毅然爲守冰將命南

中華民國　年　月　日

孙中山致李盛铎信

外国人与其后人联系，企图以重金收购木犀轩收藏。为防国宝外流，当时北平图书馆馆长袁同礼曾邀傅增湘、胡适赴天津与李家洽谈，计划以30万元收购，但因与李家开出的60万元差距较大，再加上抗战爆发而搁浅。1939年李盛铎之子李滂在天津汪伪政府任职，旧事重提，结果由临时政府以40万元整体收购，交北大图书馆收藏。

1950年，由著名版本学家赵万里等完成了《北京大学图书馆藏李氏书目》3册的编印工作，1956年正式出版，编入《全国善本联合目录》。从此，李氏藏书为世人所知，为世人所用。1985年，北京大学图书馆古籍特藏部主任张玉范编印出版了《木犀轩藏书题记及书录》。她在附录中写道：“李氏藏书经、史、子、集俱备，其数量之多，质量之高，内容之广泛，都是许多藏书家所不及的。”